Schriftenreihe

Innovative Betriebswirtschaftliche Forschung und Praxis

Band 131

ISSN 1437-787X

In der Schriftenreihe ***Innovative Betriebswirtschaftliche Forschung und Praxis*** werden neue wissenschaftliche Arbeiten aus dem Bereich der Betriebswirtschaft veröffentlicht.

Verlag Dr. Kovač

Sylke Riegel

Existenzgründungen aus Hochschulen

Unter besonderer Berücksichtigung von Ausbildungsprogrammen in Mecklenburg-Vorpommern

Verlag Dr. Kovač

VERLAG DR. KOVAČ

Arnoldstraße 49 · 22763 Hamburg · Tel. 040 - 39 88 80-0 · Fax 040 - 39 88 80-55

E-mail vdk@debitel.net · Internet www.verlagdrkovac.de

Die Deutsche Bibliothek - CIP-Einheitsaufnahme

Riegel, Sylke:
Existenzgründungen aus Hochschulen : unter besonderer Berücksichtigung von Ausbildungsprogrammen in Mecklenburg-Vorpommern / Sylke Riegel. – Hamburg : Kovač, 2002
(Schriftenreihe innovative betriebswirtschaftliche Forschung und Praxis ; Bd. 131)
Zugl.: Greifswald, Univ., Diss., 2002

ISSN 1437-787X
ISBN 3-8300-0672-1

Umschlagillustration:
anja krüger, 1980 geboren in rathenow, 1998 abitur in greifswald, seit 1998 studium der bildenden kunst und kunstpädagogik am caspar-david-friedrich-institut der uni greifswald.

Printed in Germany

Gedruckt auf säurefreiem, alterungsbeständigem Recyclingpapier RecyStar (Nordic Environmental Label – Blauer Engel – DIN ISO 9706).

Meinen Eltern

Geleitwort

„Entrepreneurship education" ist auch in Deutschland, spätestens seit Mitte der 1990er Jahre, ein aktuelles Thema bei der Überwindung oder zumindest der Reduktion des Mangels an unternehmerischem Nachwuchs. In den neuen Bundesländern ist in diesem Zusammenhang zusätzlich das historisch bedingte Fehlen einer nachhaltigen und ausreichenden marktwirtschaftlich orientierten unternehmerischen Tradition zu berücksichtigen. Allen Prognosen folgend wird sich daher an der Aktualität der Existenzgründungsproblematik auf absehbare Zeit wenig ändern. Universitäten und Fachhochschulen spielen dabei als Inkubatoren und Initiatoren eine zentrale Rolle bei der Vermittlung von Wissen und Können in der Ausbildung von potentiellen Existenzgründern.

Frau Riegel ist eine ausgewiesene Kennerin der „entrepreneurship education"-Aktivitäten in Mecklenburg-Vorpommern, hat sie doch als Projektleiterin von „start" (einem Projekt zur Förderung von Existenzgründungen aus Hochschulen) und als Lehrbeauftragte an der Fachhochschule Stralsund für das Fach „Entrepreneurship" umfangreiche Erfahrungen mit der Ausbildung und der Förderung potentieller Existenzgründer im Hochschulbereich sammeln können. Die daraus resultierenden Kenntnisse über Anforderungen an Ausbildungsprogramme bilden dann auch die praktische Basis für die vorliegende Arbeit. Auf diesem Hintergrund erfolgt eine Auseinandersetzung mit Begriffsbestimmungen von „academic spin-offs" wie auch eine Diskussion der relevanten theoretischen Ansätze und Modelle. Die spezifischen Umfeldbedingungen für potentielle Existenzgründer in Mecklenburg-Vorpommern werden analysiert und es wird der Versuch unternommen, Faktoren herauszufiltern, die nach Erfahrungen in den USA und in den Niederlanden sowie nach Erkenntnissen aus Sachsen das Gründungsaufkommen zu beeinflussen scheinen.

Hauptgegenstand der Untersuchungen bilden die Ausbildungsprogramme und Projekte für potentielle Existenzgründer an Universitäten, Fachhochschulen und bei externen Bildungsträgern in Mecklenburg-Vorpommern. Frau Riegel präsentiert dazu eine Bewertung von Kosten- und von Nutzenaspekten, die als Anhaltspunkt für die weitere Steuerung von Aktivitäten in diesem Bereich, von politischer wie von Hochschulseite, dienen kann.

Ich wünsche der Arbeit eine ihrer Bedeutung angemessene Verbreitung, vor allem bei Entscheidungsträgern, die sich in und um Hochschulen herum mit dem weiten Gebiet der Existenzgründung und der Ausbildung dazu befassen – insbesondere, aber nicht nur in Mecklenburg-Vorpommern.

Prof. Dr. Rainer Leisten

Vorwort

An Existenzgründer werden hohe Erwartungen gerichtet, sollen sie doch die Beschäftigung sichern, Innovationen durchsetzen und die wirtschaftliche Entwicklung ganzer Regionen positiv beeinflussen. Diese Hoffnungen werden auch mit Existenzgründungen aus dem Umfeld von Hochschulen in Mecklenburg-Vorpommern verbunden. Doch erweist sich das mikro- und makrosoziale Umfeld in Mecklenburg-Vorpommern als erschwerend für junge Unternehmen. Oft sind auch die Gründerpersönlichkeiten nicht vorhanden. Eine problemlösungsorientierte, unstrukturierte und nachfrageorientierte Ausbildung von Existenzgründern kann dazu beitragen, Gründungsaktivitäten und -erfolge zu erhöhen. Die bisherigen Ausbildungsangebote an und außerhalb von Hochschulen entsprechen aber kaum den Anforderungen der künftigen Unternehmer. Dennoch kann „entrepreneurship education" als notwendiger Bestandteil eines Maßnahmenkomplexes verstanden werden, der in Mecklenburg-Vorpommern eine Steigerung des Gründungsaufkommens bewirken soll.

Diese Dissertationsschrift konnte nur durch vielfältige Unterstützung entstehen. In erster Linie gebührt meinem akademischen Lehrer Herrn Prof. Dr. Rainer Leisten herzlichsten Dank. Durch sein langjähriges Interesse an der Fragestellung, durch viele Diskussionen und wertvolle Hinweise wurde es mir möglich, die Arbeit anzufertigen. Weiterhin bedanke ich mich bei der Landesregierung von Mecklenburg-Vorpommern, die durch die Ausreichung des „Franziska-Tiburtius Stipendiums" die Grundlage für die Erarbeitung der Dissertationsschrift legte. Frau Prof. Dr. Helga Bock von der Fachhochschule Stralsund und Frau Dr. Monika Schneikart von der Universität Greifswald halfen mir bei der Bewerbung um das Stipendium. Markus Kolbe, Christina Courtois und insbesondere Herr Prof. Dr. Hans Ulrich Guth scheuten keine Zeit und Mühe, um sich mit inhaltlichen Problemstellungen der Dissertationsschrift auseinanderzusetzen. Meinen Dank möchte ich auch an Herrn Prof. Dr. Burchert, der mich bei vielfältigen administrativen Dingen unterstützte und an Frau Gabriele Krüger, die die Korrekturlesung vornahm, richten.

Sylke Riegel

Inhaltsverzeichnis

Anhang

Abkürzungsverzeichnis

ADT	Arbeitsgemeinschaft Deutscher Technologiezentren e.V.
EKH	Eigenkapitalhilfe
EDP	„Entrepreneurship Development“-Programm
FB	Fachbereich
FMV	Forschungsverbund Mecklenburg-Vorpommern e.V.
F&E	Forschung und Entwicklung
HRD	Human Resource Development
ISI	Institut für Systemtechnik und Innovationsforschung
M-V	Mecklenburg-Vorpommern
NORD-LB	Norddeutsche Landesbank
PEC	Personal Entrepreneurial Competencies
TBU	Technologiebasierte Unternehmen
TOU	Technologieorientierte Unternehmen

Abbildungsverzeichnis

Tabellenverzeichnis

Symbolverzeichnis

e_{ik}	Erfüllungsgrad
g_k	Gewichtung
i	Alternative
k	Zielkriterium
n_{ik}	Nutzwert

1 Einleitung

1.1 Entwicklung der Existenzgründungen aus Hochschulen

Die Diskussion um die Bedeutung von Existenzgründungen für Innovation, Strukturwandel und vor allem für die Beschäftigungspolitik wird auch in Deutschland seit etwa 20 Jahren anhaltend intensiv geführt.[1] Die Beiträge der jungen Unternehmen für eine positive wirtschaftliche Entwicklung sind, wie das häufig zitierte Beispiel "Silicon Valley" zeigt, offensichtlich und überzeugend.[2] Wissenschaftliche Untersuchungen aus den 70er und 80er Jahren in den USA belegen, daß Innovationen für neue Produkte und Dienstleistungen häufig nicht aus Großunternehmen, sondern aus kleinen dynamischen Unternehmen kommen.[3] Auch in Deutschland soll durch Aktivierung des Gründungspotentials ein Beitrag zum Strukturwandel von der Produktionsgesellschaft in eine Informations- und Dienstleistungsgesellschaft vollzogen werden. Durch Neugründungen von Unternehmen können Arbeitslosigkeit abgebaut, benachteiligte Regionen entwickelt, wissenschaftliche Erkenntnisse aus Hochschulen und aus Forschungsabteilungen etablierter Unternehmen in innovative Produkte umgesetzt und letztendlich ein anhaltendes Wirtschaftswachstum realisiert werden.[4] Statistisch gesicherte Zahlen zum Gründungsgeschehen in Deutschland lassen aber eher den Schluß zu, daß sich das Aufkommen an Existenzgründungen der letzten Jahre auf einem historisch niedrigen Niveau befindet.[5] Auch die Gründungen, die in Ostdeutschland zwischen 1990 und 1993 erfolgten, verändern das Bild nicht, da diese das Resultat des Transformationsprozesses der sozialistischen Planwirtschaft in die Marktwirtschaft waren.[6]

Wirtschaft und Politik stellen sich deshalb das Ziel, Gründungswillige und -fähige aufzuspüren, zu motivieren und zu unterstützen, damit sie den Schritt zum Aufbau einer

---

1 Vgl. Kokalj u. a. (1997), S. 67; Pleschak/Sabisch (1996), S. 313; Semlinger (1994), S. 89; Kirschbaum (1984), S. 81; Kulicke (1993), S. 3; Acs/Audretsch (1992), S. 20; Maier u. a. (1994), S. 127.

2 Vgl. OECD (1996), S. 57.

3 Vgl. Birch (1979), S. 26 ff.; Birch (1987).

4 Vgl. Pannenberg (1997); Wimmer (1996), S. 40; Koschatzky/Zenker (1999), S. 2; Bundesministerium für Wirtschaft und Technologie (2000[a]), S. 10.

5 Vgl. Bögenhold (1994), S. 11; Kulike (1987), S. 253; Braun (1999), S. 7.

6 Vgl. May-Strobl/Paulini (1994), S. 10; Felder u. a. (1997), S. 74.

eigenen wirtschaftlichen Existenz wagen. Entsprechende Aktivitäten gibt es europa- und bundesweit (s. Abschnitt 5.4.1 und Anhang 7). Besonders intensiv sind die Bemühungen zur Steigerung des Existenzgründungsaufkommens in den neuen Bundesländern, da die wirtschaftliche Entwicklung in diesen Regionen nicht durch übliche klassische infrastrukturelle Entwicklungsmaßnahmen und auswärtige Großinvestitionen gelungen ist.[1] Die Forcierung von Existenzgründungen erfordert in Ostdeutschland viel Geduld, denn es ist notwendig, jahrzehntelang gewachsene Verhaltensweisen zu verändern, Vorurteile gegenüber dem Unternehmertum abzubauen und ein Klima zu schaffen, das selbständige Existenzen ermöglicht und begünstigt.[2] Berücksichtigt werden muß außerdem, daß neu entstandene Unternehmen bei einer Überlebensquote von etwa 50% in den ersten drei Jahren ihrer Existenz kein Garant für eine nachhaltige wirtschaftliche Belebung einer Region oder eines Bundeslandes sind. Da wiederum nur 17% von ihnen hinsichtlich der Bereitstellung von Arbeitsplätzen und des Umsatzes wachsen und nur 5% sich als echte „Senkrechtstarter" erweisen, müssen unterstützende Maßnahmen für junge Unternehmen langfristig angelegt werden.[3]

Seit einiger Zeit kann in den neuen Bundesländern besonders im Umfeld von Universitäten und Fachhochschulen von einem beachtenswerten Gründungsaufkommen gesprochen werden. Existenzgründungen in der Nähe von Hochschulen finden ihr Vorbild in den Vereinigten Staaten von Amerika.[4] Dort setzte nach 1945 eine massenhafte Ausgründung aus Hochschulen ein und führte z. B. zu den heute bekannten Ansiedlungsgebieten innovativer Unternehmen in Raleigh, North Carolina (Triangle Park) oder in der Region um Boston (Route 128). Aber nicht nur in den Vereinigten Staaten von Amerika, auch in den Niederlanden und in anderen Ländern Europas werden Unternehmen von Studenten oder Absolventen schon während oder direkt nach dem Studium gegründet. Die so entstandenen akademischen Unternehmen werden häufig als

[1] Vgl. Semlinger (1994), S. 89.
[2] Vgl. May-Strobl/Paulini (1994), S. 1; Schmude (1998), S. 111; Stille (1992), S. 151; Bannasch (1993), S. 188.
[3] Vgl. Preisendörfer (1996), S. 17; Hunsdiek/May-Strobl (1986), S. 1; Olofsson u. a. (1994), S. 2.
[4] Vgl. Roberts (1991), S. 32; Schäfer (1986), S. 19; Rothfuß (1997), S. 25 ff.

(academic) spin-offs" bezeichnet.[1] Dieser Prozeß, dessen Hauptmerkmal der „Wissenstransfer durch Köpfe“ ist, leistet einen entscheidenden Beitrag zur wirtschaftlichen Entwicklung einer Region.[2]

Seit den 80er Jahren des vergangenen Jahrhunderts werden in Deutschland die verschiedenen, eine Existenzgründung beeinflussenden Faktoren innerhalb der Entrepreneurship-Forschung untersucht. Im besonderen werden die Person des Gründers sowie das ihn umgebende Umfeld betrachtet, das man hinsichtlich der Nähe zur Person in einen Mikro- und Makrobereich einteilen kann.[3] Eine wichtige Rolle kann die gezielte Vorbereitung des Gründers durch eine theoretische Ausbildung und durch Training spielen. Diese auf die Selbständigkeit orientierende Ausbildung wird mit dem Begriff „entrepreneurship education" bezeichnet.

Gegenstand dieser Arbeit ist die Untersuchung des Existenzgründungsgeschehens im Umfeld der Hochschulen in den neuen Bundesländern am Beispiel Mecklenburg-Vorpommerns, einem Land mit geringer industrieller Tradition. Es wird analysiert, in welchem Maße das Gründungsgeschehen dem in anderen Regionen ähnelt und wo Spezifika existieren, die sich als typisch für dieses Bundesland erweisen. Bisher gibt es nur wenige gesicherte Erkenntnisse über die Faktoren, die den Erfolg oder Mißerfolg einer Existenzgründung aus einer Hochschule bestimmen. Die Auswirkungen von „entrepreneurship education“ auf den Erfolg einer Gründung wurden in der Literatur kaum beschrieben. Deshalb wird der Versuch unternommen festzustellen, welchen Beitrag „entrepreneurship education“ für potentielle Existenzgründer an Universitäten und Fachhochschulen leisten kann. Dazu werden international und national erfolgreiche Programme auf ihre Relevanz und Wirkung für Mecklenburg-Vorpommern geprüft.

---

1 Vgl. Bank Boston Economics Department (1997), S. 2; Lamont (1972), S. 119 ff.; Brett u. a. (1991), S. XIX; Klein (1997), S. 87; Knecht (1998), S. 7; Bräunling (1986), S. 214; Szyperski/Klandt (1981), S. 16.

2 Vgl. Bundesministerium für Bildung und Forschung (1999), S. 160; Semlinger (1994), S. 89; Ple schak/Sabisch (1996), S. 310.

3 Vgl. Klandt (1984[a]), S. 49; Müller-Böling/Klandt (1990), S. 159; Knecht (1998), S. 19.

1.2 Vorgehensweise und Gliederung der Arbeit

Die Arbeit gliedert sich in sieben Kapitel. Nach der Einleitung werden im zweiten Kapitel Existenzgründung begrifflich bestimmt sowie theoretische Ansätze der Gründungsforschung diskutiert. Weiterhin erfolgt eine Darstellung möglicher Einflußfaktoren auf eine Existenzgründung, wie die Gründerperson und das mikrosoziale und makrosoziale Umfeld.

Ausgehend von diesen allgemeinen theoretischen Grundlagen wird im Kapitel 3 das spezifische makrosoziale und das mikrosoziale Umfeld für Existenzgründer in Mecklenburg-Vorpommern analysiert. Dabei wird insbesondere auf die herausragende Bedeutung der Hochschulen als Bestandteil des mikrosozialen Umfeldes im regionalen Kontext abgestellt.

Die Hochschulen geben den Studenten Möglichkeiten, in Praktika oder bei der Arbeit in Drittmittelprojekten Gründungsideen zu entwickeln, gleichzeitig bieten sie Ausbildungsprogramme für potentielle akademische Existenzgründer an. Notwendige Anforderungen an diese Ausbildungsprogramme und Projekte hinsichtlich Methodik, Didaktik, Lehrinhalte und Anforderungen an die Lehrkräfte werden in Kapitel 4 formuliert. Von den Anforderungen werden Strukturierungs- und Bewertungsansätze abgeleitet, die auf internationalen Erfahrungen basieren. Diese Ansätze sind die Arbeitsgrundlage für Analysen, die im Kapitel 5 vorgestellt werden.

Um die Frage zu beantworten, wie Existenzgründungen aus Hochschulen unterstützt und forciert werden können, werden Konzepte und Ergebnisse regionaler Entwicklungen aus der internationalen Literatur im Kapitel 5 analysiert.

Insbesondere werden Fördermechanismen aus den USA und den Niederlanden untersucht, da diese Länder als Vorreiter gelten. In einem Vergleich wird im Anschluß die Entwicklung des Gründungsgeschehens in Land Sachsen herangezogen, das traditionell über eine breite Industriestruktur und eine - in Ansätzen vorhandene - unternehmerische Kultur verfügt. Weiterhin werden „entrepreneurship education"-Aktivitäten der Hochschulen auf ihre Wirksamkeit für Existenzgründungen untersucht. Ziel ist es, bewährte und sich als erfolgreich erwiesene Methoden und Modelle für „entrepreneurship education" herauszustellen und Möglichkeiten sinnvoller Adaptationen für Mecklenburg-Vorpommern aufzuzeigen.

Hauptgegenstand der Ausführungen im Kapitel 6 sind Untersuchungen zu „entrepreneurship education"-Aktivitäten in Mecklenburg-Vorpommern. Das Ziel besteht darin, die Wirksamkeit der Lehrveranstaltungen für potentielle Existenzgründer an Universitäten und Fachhochschulen in einem strukturschwachen Bundesland zu ermitteln. Die Aktivitäten an den Hochschulen und in ihrem Umfeld werden systematisch aufgezeigt und deren Wirkung beurteilt. Die Lehrveranstaltungen werden z. B. nach Didaktik, Zielsetzung, Praxisnähe und nach Gebieten der Wissensvermittlung analysiert. Es wird versucht, den Erfolg der Veranstaltungen auf unterschiedlichen Ebenen zu messen. Durch die Anwendung der Nutzwertanalyse werden die einzelnen Ausbildungsprogramme und Projekte miteinander verglichen, um für die Zielgruppe „Studenten und Absolventen" die wirksamsten Maßnahmen herauszufiltern. Aus einer Befragung von Hochschullehrern, die sich wissenschaftlich mit dem Gründungsgeschehen beschäftigen, von Leitern von Förderprojekten, die in wirtschaftsfördernden Einrichtungen tätig sind, sowie von Studenten und Unternehmern, die derartige Fördermaßnahmen genutzt haben, ergeben sich zusätzliche empirische Erkenntnisse zur Wirkung von „entrepreneurship education". Es zeigt sich, daß problemlösungsorientierte Ausbildungsformen, die das Training von unternehmerischen Fähigkeiten beinhalten, den Bedürfnissen der zukünftigen Unternehmer entsprechen. Der auslösende Faktor für eine Entscheidung zur Existenzgründung ist aber in der Gründerperson zu sehen. „Entrepreneurship education" als Bestandteil des mikrosozialen Umfeldes kann bei der Gründungsentscheidung lediglich unterstützend wirken. Im Kapitel 7 erfolgt eine Zusammenfassung der gewonnenen Erkenntnisse, von denen Schlußfolgerungen für die Verbesserung des Gründerklimas in Mecklenburg-Vorpommern - auch durch „entrepreneurship education"-Maßnahmen - abgeleitet werden.

2. Gründungsforschung

2.1 Begriffliche Bestimmung der Existenzgründung

Der Entstehungsprozeß eines neuen Unternehmens ist ein Vorgang von erheblicher Komplexität. Deshalb konnte sich eine einheitliche Definition für den Prozeß der Existenzgründung in der Literatur bisher nicht durchsetzen.[1] Es gibt, je nach betrachtetem Teilaspekt des Problems, eine Reihe von Bestimmungsversuchen, deren Spannweite von einer Definition der Gründung als zeitpunktbezogenen Akt bis zur prozessualen Beschreibung reicht.[2]

Die Gründung eines Unternehmens kann zunächst als formal-juristischer Akt, wie es der Eintrag eines Unternehmens in das Handelsregister darstellt, oder als ein Sonderfall der Finanzierung betrachtet werden. In einer anderen Begriffsbestimmung wird auf einen ganz bestimmten Zeitraum innerhalb der Entwicklung betrieblicher Einheiten Bezug genommen (s. Abbildung 2.1).

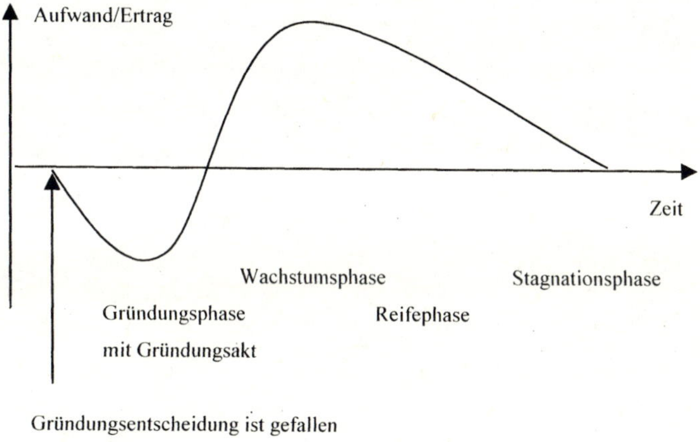

Abbildung 2.1: Lebenszyklusmodell betrieblicher Einheiten
Quelle: Nerlinger (1998), S. 186.

---

[1] Vgl. Kulike (1987), S. 12; Schubert (1997), S. 50; Kokalj u. a. (1997), S. 3.
[2] Vgl. Wimmer (1996), S. 33.

Der Gründungsakt kann dann als zeitliche Phase zwischen Vorbereitung, Planung und technologisch-organisatorischem Aufbau des Unternehmens im Entstehungsprozeß einer Unternehmung dargestellt werden.[1]

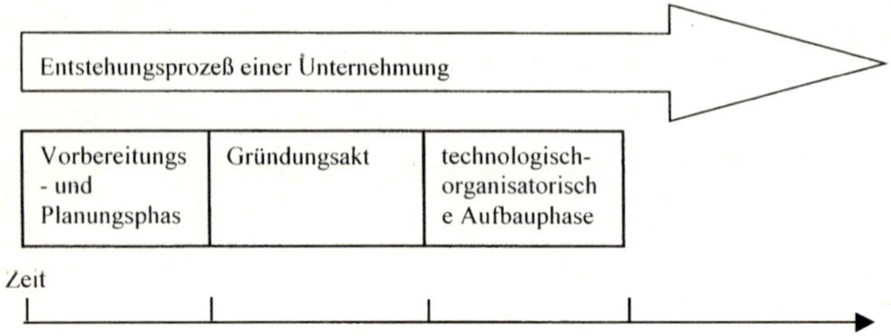

Abbildung 2.2: Gründungsakt als Bestandteil des Entstehungsprozesses einer Unternehmung
Quelle: Eigene Darstellung.

Nach Auffassung von Kirschbaum bedeutet Gründung eine neue Kombination möglicher Aktionsalternativen, durch die eine bisher nicht existierende Wirtschaftseinheit geschaffen wird. Unternehmensgründer sind gemäß dieser Begriffsbestimmung dann Personen, die eine neue Kombination produktiver Faktoren durch die Schaffung eines gegenüber seiner Umwelt qualitativ abgegrenzten Systems durchsetzen und dabei die besondere Art des wirtschaftlichen Risikos tragen.[2] In einer, den systemischen Charakter betrachtenden Definition, stellt nach Kulike die Gründung „... einen kreativen Prozeß dar, in dessen Verlauf ein gegenüber seiner Umwelt abgegrenztes und vorher in gleicher Struktur nicht existierendes System Unternehmung geschaffen wird"[3]. Diese Begriffsbestimmung soll die Grundlage für alle weiteren Überlegungen im Rahmen dieser Arbeit sein, denn sie beschreibt die selbständig-originäre Gründung.

Selbständig-originäre Gründungen (s. Tabelle 2.1) stellen den Aufbau einer völlig neuen betriebswirtschaftlichen Einheit ohne Rückgriff auf vorhandene Strukturen dar.

---

1 Vgl. Kulike (1987), S. 12; Kirschbaum (1982), S. 31.
2 Vgl. Kirschbaum (1982), S. 33; Szyperski/Nathusius (1977[b]), S. 27.
3 Kulike (1987), S. 12.

Bei derivaten Gründungen werden bereits existierende Unternehmen übernommen oder umgegründet.[1] Die selbständig-originären Gründungen verkörpern damit die „klassische Existenzgründung", bei der ein Gründer eine neue betriebswirtschaftliche Einheit aufbaut.[2]

Tabelle 2.1: Gründungsformen
Quellen: Kirschbaum (1982), S. 34; Vgl. Nerlinger (1998), S. 81.

Personenbezogene Grundform / **Unternehmensbezogene Grundform**	**Selbständige Gründung**	**Unselbständige Gründung**
Originäre Gründung	Selbständig-originäre Gründung (Existenzgründung)	Unselbständig-originäre Gründung (Betriebsstättengründung)
Derivate Gründung	Selbständig-derivate Gründung (Betriebsübernahme)	Unselbständig-derivate Gründung (Umgründung)

Neben dem Begriff der Existenzgründung findet auch der der Unternehmensgründung Verwendung. Diese Begriffe werden häufig synonym verwandt. Gründet eine Person aus einer abhängigen Beschäftigung heraus und hat sie die Absicht, den Lebensunterhalt mit dem Unternehmen zu bestreiten, dann handelt es sich um eine Existenzgründung. Werden durch Personen neue Unternehmensstrukturen in oder für vorhandene Unternehmen geschaffen, kann von einer Unternehmensgründung gesprochen werden.[3] Existenzgründungen von Akademikern werden in der Literatur vielfach als (academic) spin-offs bezeichnet. Dieser Begriff entstand in den 50er Jahren in den USA, als junge Akademiker kleine Unternehmen in den Bereichen Mikroelektronik und Computertechnik gründeten.

Silicon Valley und Route 128 wurden zum Symbol dieser Entwicklung. Aber auch bereits vor dieser Zeit gab es Gründungen aus dem akademischen Bereich. Im Report der Bostoner Bank über das Massachusetts Institute of Technology (MIT) wurde von

[1] Vgl. Szyperski/Nathusius (1977[b]), S. 27.
[2] Vgl. Kokalj u. a. (1997), S. 9.
[3] Vgl. Klandt (1984[a]), S. 31 f.

spin-offs berichtet, die 1900 aus der Universität Boston hervorgingen.[1] Weitere Zentren für akademische Existenzgründungen waren die Universitäten in Stanford (Kalifornien) und Austin (Texas).

Die Aktivitäten in den USA prägten weltweit den Begriff „spin-off". Eine einheitliche Definition des Terminus der Existenzgründungen aus Hochschulen scheint aber nicht vorhanden zu sein. Das zeigt der Überblick in Tabelle 2.2, der einen Teil der Begriffsbestimmungen und Definitionsversuche widerspiegelt. Neben dem Begriff spin-off wird in der Literatur z. B. auch der der Campus Companies verwandt. Danach handelt es sich um „...wirtschaftlich autonom arbeitende Organisationen mit eigenem Rechtsstatus..., die in einer direkten räumlichen und/oder fachlichen Verbindung mit der Hochschule/Forschungseinrichtung stehen und deren wettbewerbs- und marktorientierte Leistungen vom Markt im weitesten Sinne, das heißt einschließlich des öffentlichen Sektors, nachgefragt und finanziert werden"[2]. Dazu gehören z. B. eigenständige Hochschullabore oder An-Institute genauso wie technologieorientierte Unternehmen (TOU) und spin-offs.

Versucht man, die vielen unterschiedlichen Begriffsdefinitionen zu ordnen und zusammenzufassen (s. Tabelle 2.3), so bietet es sich an, einen Zusammenhang zwischen den beteiligten Wissenschaftlern, deren akademischer Forschung und der Umsetzung der Forschungsergebnisse in marktfähige Produkte oder Dienstleistungen als Kriterium auszuwählen.

---

[1] Vgl. Bank Boston Economics Department (1997), S. 7.
[2] Heidrich (1997), S. 25 ff.

Tabelle 2.2: Definitionen von spin-offs (exemplarisch)
Quellen: Vgl. Bank Boston Economics Department (1997), S. 2; Lamont (1972), S. 119 ff.; Brett u. a. (1991), S. XIX; alle Quellen in Übersetzung der Autorin; Klein (1997), S. 87; Knecht (1998), S. 7; Bräunling (1986), S. 214; Szyperski/Klandt (1981), S. 16.

Quelle/Autor	**Definition von spin-offs**
Bostoner Bank	Spin-offs sind Unternehmen, deren Eigentümer ein Diplom des MIT erhalten haben, oder deren Gründer Mitglieder der Fakultät oder Angestellte waren. Es sind auch diejenigen, die sich von einem großen MIT-Labor abgespalten oder die sich auf der Grundlage von MIT-Lizenzen gegründet haben.
Lamont	Ein technologieorientiertes Unternehmen, das unter Transfer von Technologie und unternehmerischem Talent aus einem Industrieunternehmen, aus einem Universitätsinstitut oder aus einer Großforschungseinrichtung gegründet wurde.
Brett, Gibson, Smilor	Spin-offs werden definiert als Unternehmen, in denen ein Produkt hergestellt oder eine Dienstleistung angeboten wird, die auf Forschungsleistungen der Universität basieren. In vielen Fällen gründen Fakultätsmitglieder, die an der Forschung beteiligt waren und die Universität verlassen haben, oder ein Managementteam von außerhalb findet sich zusammen.
Klein	Spin-offs entstehen in Verbindung mit Forschungsaktivitäten an Hochschulinstituten und werden typischerweise als technologieorientierte kleine Unternehmen gegründet. Im Durchschnitt sind 2-3 Wissenschaftler an der Gründung beteiligt. Im Laufe der Entwicklung des Unternehmens werden 6 weitere Personen beschäftigt. Spin-offs sind oft in Gründerzentren oder Technologieparks etabliert. Die Gründer von spin-offs konzentrieren sich auf die Herstellung und den Vertrieb von Nischenprodukten oder bieten Dienstleistungen wie Beratung und Planung für Hochtechnologien an.
Knecht	Spin-off bedeutet die Gründung eines Unternehmens, dessen Ursprung in einer Universitätsarbeitsgruppe bestand. Es handelt sich um eine selbständige, unabhängige Geschäftseinheit, die durch ehemalige Mitarbeiter aus Forschungseinrichtungen sowie Universitäten gegründet wurde.
Bräunling	Spin-offs sind aus den Hochschulen heraus neugegründete Unternehmen, deren geschäftliche Basis in der Verwertung von Ergebnissen der Forschung und Entwicklung oder der eigenen Weiterentwicklung (spitzen)technologischer Anwendungen besteht.
Szyperski, Klandt	Spin-offs sind neugegründete technologiebasierte Unternehmen (TBU), mit denen Gründer oder Gründer-Teams als ehemalige Mitarbeiter von Unternehmungen, Forschungseinrichtungen oder Universitäten und anderen F&E-Organisationen Innovationen auf den Markt bringen.

Tabelle 2.3: Begriffsbestimmung der Existenzgründung aus Hochschulen
Quellen: Vgl. Arbeitsgemeinschaft Deutscher Technologie- und Gründerzentren e.V. (1998), S. 7, und eigene Zusammenfassung.

Definition	Grad der Auslegung
Existenzgründung von Wissenschaftlern, um eine an einer Hochschule oder akademischen Forschungseinrichtung entwickelte Technologie o.ä. zu vermarkten.	Eng
Existenzgründung durch Wissenschaftler mit dem Ziel der praktischen Umsetzung von Forschungsergebnissen	Weiter
Jede Existenzgründung durch eine Person mit einem Hochschulabschluß	Weit

Eine enge Auslegung der Definition bedeutet z. B., daß Wissenschaftler an einer Hochschule im Rahmen eines Forschungsprojektes ein neues Wirkprinzip finden und darauf aufbauend eine Technologie entwickeln. Diese wird benutzt, um ein Produkt herzustellen, das große Marktchancen aufweist. Die Wissenschaftler gründen für die Produktion des Produktes ein Unternehmen. Der Zusammenhang zwischen der Forschungsarbeit an der Hochschule und der Existenzgründung ist somit sehr eng und direkt. Eine weite Auslegung der Definition erfaßt demgegenüber jede Form der Existenzgründung durch einen Akademiker. Eine direkte Beziehung zwischen der Ausbildung oder der Hochschule oder von Forschungsleistungen zum neu gegründeten Unternehmen besteht nicht. So fällt auch die Existenzgründung eines promovierten Physikers mit einem Blumenladen unter die Bezeichnung spin-off.

In der vorliegenden Arbeit, die sich mit Ausbildungsprogrammen und Projekten an den Hochschulen in Mecklenburg-Vorpommern auseinandersetzt, wird jede Existenzgründung durch eine Person mit Hochschulabschluß als spin-off betrachtet.

Akademische Unternehmensgründungen finden im engen Zusammenhang mit Inkubatororganisationen statt. Als Inkubator wird im folgenden eine Organisation verstanden, in der ein Klima herrscht, das die Gründung neuer Unternehmungen begünstigt, insbesondere durch das „Ausbrüten" von Ideen.[1] Dabei handelt es sich auf der einen Seite um Universitäten oder Großforschungseinrichtungen, deren Mitarbeiter neben der

[1] Vgl. Keune/Nathusius (1977), S. 13; Knecht (1998), S. 19-21.

Lehre mit Forschungs- und Entwicklungsaufgaben beschäftigt sind, auf der anderen Seite um erwerbswirtschaftlich orientierte Unternehmen, in denen neue Ideen beispielsweise durch die angewandte Forschung oder Produktion entstehen können.[1] Häufig wird im Zusammenhang mit Gründer- und Technologiezentren von Inkubatoren gesprochen. Diese sollen mit dieser Definition aber nicht erfaßt werden, da es sich hier überwiegend um Institutionen handelt, die in erster Linie Räume und Bürodienstleistungen zur Verfügung stellen.

Tabelle 2.4: Arten von Inkubatororganisationen
Quelle: Vgl. Szyperski/Klandt (1981), S. 28 ff.

Nicht erwerbswirtschaftlich ausgerichtete Organisation	**Erwerbswirtschaftlich ausgerichtete Organisation**
Z. B. Hochschulen oder Institute von Großforschungseinrichtungen	Z. B. privatrechtlich Unternehmen wie Aktiengesellschaften, GmbH, GbR

Führt man die bisher diskutierten Definitionen der spin-offs und des Inkubators zusammen, ergibt sich die Möglichkeit einer Typologie der Begriffe. Diese wird in der Abbildung 2.3 dargestellt. Die wichtigsten Termini sollen nachfolgend erklärt werden.

Greifbare spin-offs beinhalten den Transfer eines bereits existierenden Produktes auf einen neuen Anwenderkreis (z. B. ein für die Raumfahrt entwickelter Stoff wie Gore Tex wird von der Bekleidungsindustrie verwendet), im Gegensatz dazu wird bei abstrakten spin-offs „abstraktes", bisher nicht praktisch angewandtes technologisches Wissen z. B. aus der angewandten Forschung für die Produktion genutzt. Derivate spin-offs bedeuten, daß bereits vorhandene Strukturen verselbständigt werden, originäre spin-offs kennzeichnen den Aufbau einer neuen, noch nicht vorhandenen Struktur. Einverständliche spin-offs entstehen, wenn die Inkubatororganisation der neugegründeten Einheit Hilfestellungen in irgendeiner Form zukommen läßt (z. B. Nutzung von Räumen).

[1] Vgl. Szyperski/Klandt (1981), S. 28.

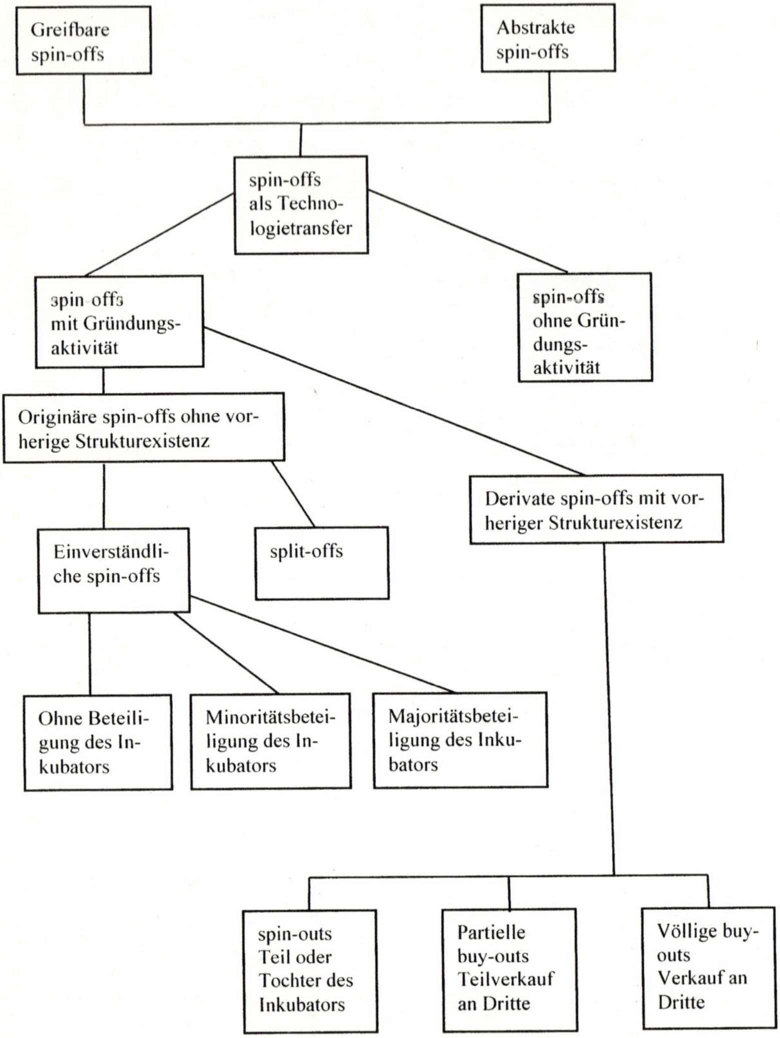

Abbildung 2.3: Erscheinungsformen von spin-offs
Quelle: Szyperski/Klandt (1981), S. 18.

Split-offs werden ohne besonderes Einverständnis der Inkubatororganisation gegründet. Einverständliche spin-offs ohne Beteiligung des Inkubators entstehen aus nichtkommerziellen Inkubatororganisationen wie z. B. Universitäten oder Großforschungseinrichtungen, die eine gewinnbringende Auswertung der F&E-Arbeit nicht anstreben. Eine Förderung ist aber z. B. durch die Bereitstellung von technischem Know-how gegeben. Spin-outs und buy-outs stehen dafür, daß eine bisher unselbständige Teileinheit durch Außenstehende aufgekauft und verselbständigt wird.[1]

Spin-off-Gründer sind demnach häufig eng mit den Inkubatoren verbunden. Dort ist eine Unterstützung bei der Vorbereitung auf eine Existenzgründung oder bei deren Realisierung möglich. Dafür kommen vielfältige Formen in Betracht. Die Inkubatororganisation kann durch die Bereitstellung von finanziellen Mitteln und Ausrüstungen oder auch durch spezielle Weiterbildungsangebote, für die sich international der Terminus „entrepreneurship education" durchgesetzt hat, zum Gelingen der Vorhaben beitragen. In diesen Ausbildungsprogrammen lassen sich Kenntnisse vermitteln und Fähigkeiten trainieren, die bei der Gründung und beim Aufbau eines Unternehmens notwendig sind. „Entrepreneurship education" kann deshalb allgemein als Schlüsselqualifikation verstanden werden, die Methoden vermittelt, um vorhandenes Fachwissen und Fähigkeiten zielgerichtet zur Erschließung von neuen unternehmerischen Potentialen einzusetzen.[2] „Entrepreneurship education ist vorzugsweise auf das kreative Erkennen und Nutzen neuer Geschäftschancen in Sinne einer ganzheitlichen Unternehmerrolle in der jungen und wachstumsorientierten Unternehmung ausgerichtet."[3] Bezogen auf die Ausbildung an den Hochschulen handelt es sich dabei um eine anspruchsvolle, breit anzulegende Aufgabe, nicht nur um die Förderung absoluter Spitzenunternehmer.[4]

Nach der Definition von Begriffen, die im Zusammenhang mit der Existenzgründung,

---

[1] Vgl. Szyperski/Klandt (1981), S. 17 f.
[2] Vgl. Ripsas (1997), S. 241.
[3] Klandt (1999), S. 243.
[4] Vgl. Schubert (1997), S. 42.

insbesondere mit der von Akademikern, stehen, erfolgt nun die Darstellung und Diskussion von spezifischen theoretischen Ansätzen und Modellbetrachtungen, die die Entstehung eines Unternehmens zu erklären versuchen.

2.2 Theoretische Ansätze

Die Genese eines Unternehmens ist ein Gesamtprozeß, der von einer Vielzahl von Faktoren abhängt, und dessen befriedigende ganzheitliche Beschreibung und Erklärung trotz intensiver Bemühungen bisher nur unzureichend gelungen ist.[1] Mit der Entwicklung und Anwendung einer Vielfalt von spezifischen theoretischen Ansätzen und Modellbetrachtungen wird deshalb versucht, die einzelnen unterschiedlichen Aspekte des Geschehens zu durchdringen. Dabei haben sich ökonomische und soziologische Forschungsschwerpunkte[2] herauskristallisiert, von denen in der Tabelle 2.5 einige exemplarisch aufgeführt werden.

Schwerpunkt in der ökonomischen Forschungstradition ist das Unternehmen selbst, von der Person des Unternehmers wird abstrahiert.[3] In den Gleichgewichtsmodellen der neoklassischen Ökonomie finden dynamische, mehr oder weniger eigenwillige Unternehmer keinen Platz, sondern die gewinnmaximierenden Unternehmer reagieren unmittelbar auf Preissignale des Marktes.

> „Eine erhöhte Nachfrage induziert eine Erhöhung der Produktion und des Angebotes, die Koordinationsprobleme bei der Erstellung von Gütern und Dienstleistungen werden über relativ einfache Produktionsfunktionen abgebildet. Ungewißheit wird durch die Annahme vollständiger Informationen ausgeschlossen, und längerfristige Marktungleichgewichte treten nicht auf. Konsequenz dieser Annahmen ist die Unterstellung eines unproblematischen 'Angebotes an unternehmerischen Talenten'. Sofern die Marktsignale in die richtige Richtung gehen, wird sich – nach den Modellannahmen – stets eine hinreichend große Anzahl von Personen finden, die unternehmerische Initiativen ergreifen und den Markt zum Gleichgewicht ... zurückführen."[4]

---

1 Vgl. Rispas (1997), S. 49; Paul (1985), S. 37; Wimmer (1996), S. 47; Kulike (1987), S. 1; Barth (1995), S. 35; Brüderl u. a. (1996), S. 65.

2 Vgl. Becker u. a. (1999), S. 5 f.; Kulike (1993), S. 17; Weihe u. a. (1991), S. 274; Nerlinger (1999), S. 147; Knecht (1998), S. 11.

3 Vgl. Manz u. a. (1994), S. 31 ff.

4 Brüderl u. a. (1996), S. 25 f; vgl. Knecht (1998), S. 11 f.

Tabelle 2.5: Theorien, Modelle und Ansätze zur Existenzgründung (exemplarisch)
Quellen: Vgl. Brüderl u. a. (1996), S. 45 ff.; Picot u. a. (1989), S. 66; Nerlinger (1998), S. 187; Shapero (1972), S. 79; Liles (1974), S. 5 ff.

Theoretische Ansätze und Modelle	**Diskutierte Aspekte zum Gründungsgeschehen**
Produktlebenszyklustheorie	Übernahme des Produktlebenszyklus auf die Lebensphasen einer Unternehmung
Evolutionstheoretische Ansätze	Genese eines Unternehmens, Veränderungs- und Selektionsmechanismen
Systemtheoretische Ansätze	Unternehmen als selbstorganisierende Systeme
Revitalisierungsansatz	Generierung von jungen Unternehmen aus etablierten erstarrten Unternehmen
Ökonomische Ansätze der Organisationstheorie, besonders Transaktionskostentheorie	Abgrenzung der Unternehmung nach außen unter Betrachtung der Grenzkosten
Modelle zum Markteintritt und zur Selbständigkeit	Eintritte in die Wirtschaft durch junge Unternehmen in Abhängigkeit von der Gewinnerwartung
Modell von Liles zum Zusammenhang von Bereitschaft und Fähigkeit zur Existenzgründung	Alter und Risikobereitschaft von Existenzgründern
Theorie zum Ansatz des innovativen Milieus	Auswirkungen des mikrosozialen Umfeldes in einer Region auf Existenzgründungen
Deplazierungswirkungen nach Shapero	Gründungsbegünstigende oder verhindernde Faktoren und Rahmenbedingungen
Theorie der sozialen Netzwerke	Auswirkungen des mikrosozialen Umfeldes auf den Gründungserfolg
Humankapitaltheorie	Einfluß der Qualifikation, der Berufs- und Branchenerfahrung der Gründerperson auf Gründungsaktivitäten und -erfolge
Theorie der langen Wellen wirtschaftlicher Entwicklung	Regionale Ungleichheiten und die Zyklizität technologischer Neuerungen

Die besondere Bedeutung des Unternehmers im Wirtschaftsgeschehen wird bei neoklassischen Modellen völlig ausgeblendet. Auch Picot kritisiert die neoklassische Gleichgewichtstheorie als ungeeigneten theoretischen Bezugsrahmen für die Erfassung der Komplexität der Prozesse und fordert, wie Paul und Kulike, eine dynamische und prozeßorientierte Sichtweise analog den evolutionstheoretischen Ansätzen.[1] Brüderl, Preisendörfer und Ziegler versuchen, die Komplexität und das Phänomen der Unternehmung durch die Diskussion spezifischer Theorien, wie die Transaktionskostentheorie, die Humankapitaltheorie, die Organisationsökologie und die Perspektive der sozialen Netzwerke, zu erfassen.

[1] Vgl. Picot u. a .(1989), S. 9 ff.; Paul (1985), S. 51; Kulike (1993), S. 139.

„Die Humankapitaltheorie scheint geeignet, etwas Licht in den dichten Dschungel mutmaßlicher personenbezogener Einflußgrößen zu bringen. Für die betriebs- und umfeldbezogenen Faktoren kann die Gründungsforschung wohl am ehesten wertvolle Anregungen aus der Organisationsökologie beziehen. Der Zwischenbereich des mikrosozialen Umfelds läßt sich eventuell gewinnbringend mit der Perspektive sozialer Netzwerke angehen. Und insbesondere dann, wenn innovative und/oder größer dimensionierte Betriebsgründungen ... untersucht werden, verspricht die Anwendung des Transaktionskostenansatzes zusätzliche Einsichten.“[1]

Die Annahmen von Brüderl, Preisendörfer und Ziegler lassen sich in folgenden Punkten zusammenfassen:

- Der Transaktionskostenansatz eignet sich bei einer Kopplung der Existenzgründung an eine Analyse der zwischenbetrieblichen Verflechtungen und der Einbindung des jungen Unternehmens in Firmennetzwerke. Gerade bei Ausgründungen aus etablierten Unternehmen ist dieser Aspekt zu beachten, denn zahlreiche Gründungen dieser Art sind in der Anfangsphase durch Aufträge und Verträge ausschließlich mit ihrer „Mutterfirma“ verbunden.
- Organisationsökologische Ansätze helfen, Variations- und Selektionsprozesse innerhalb und zwischen Organisationspopulationen zu untersuchen. Durch sie wird die Möglichkeit der Diskussion der Gründungs- und Absterbeprozesse von Organisationen eröffnet. Zu den analysierten Prozessen gehört das erhöhte Risiko von neugegründeten Betrieben, besonders in der Anfangsphase ihres Bestehens zu scheitern. Weiterhin erlauben sie die Betrachtung des Einflusses der Unternehmensgröße auf die weitere Entwicklung des Unternehmens.
- Die Humankapitalausstattung der Unternehmensgründer, differenziert nach allgemeinem, branchenspezifischem und unternehmerischem Humankapital, wirkt sich positiv auf die Erfolgschancen einer kleinbetrieblichen Neugründung aus.
- Unternehmensgründer, die ein breites und vielseitiges soziales Netzwerk in der Gründungs- und Anfangsphase des Betriebes aufweisen, profitieren davon auf vielfältige Art und Weise. Auf der einen Seite leisten Familienangehörige soziale, finanzielle und emotionale Hilfestellungen, und auf der anderen Seite können sich im Netzwerk erste Kundenkontakte durch Freunde oder Verwandte ergeben.[2]

---

1 Brüderl u. a. (1996), S. 66.

2 Vgl. Brüderl u. a. (1996), S. 45 ff.; ähnliche Ansätze bei Picot u. a. (1989), S. 66; Nerlinger (1998), S. 187.

Shapero demgegenüber erklärt das Gründungsgeschehen durch Deplazierungswirkungen. Auslösender Faktor für oder gegen eine Existenzgründung ist seiner Auffassung nach in erster Linie eine reale oder erwartete Deplazierung, die den oder die Gründer dazu bewegt, die notwendigen Schritte zu unternehmen.[1] Nach Meinung von Shapero ist der Gründungsentschluß nicht das Ergebnis von langfristigen und sorgfältigen Planungen oder Aktionen, sondern von persönlichen und externen Einflußfaktoren. Diese Faktoren befinden sich unter normalen Lebensumständen in Balance, da sie sich ergänzen oder aufheben. Wird diese Ausgewogenheit stark gestört, wird der potentielle Existenzgründer aus einer bisher stabilen Lage oder Lebensstellung deplaziert. Durch eine tatsächliche Existenzgründung versucht er dann, das verlorene Gleichgewicht wieder herzustellen und für ihn befriedigende Lebensverhältnisse zu schaffen. Diese Deplazierung kann durch negative wie auch durch positive Faktoren erfolgen. Negative Deplazierungswirkungen können von folgenden Ereignissen ausgehen:

- Kündigung,
- fehlende Anerkennung durch Vorgesetzte (Nichtberücksichtigung bei Beförderungen),
- Verlegung des Arbeitsplatzes in andere Regionen,
- Nichtberücksichtigung von Vorschlägen oder technischen Ideen.

Positive Deplazierungswirkungen dagegen sind:

- Gründungsanregungen durch Bekannte, Verwandte,
- Gründungsanregungen potentieller Kunden als erste Auftraggeber,
- Nachfrage eines schnell wachsenden Marktes,
- günstige Finanzierungsmöglichkeiten,
- eine einmalige Gelegenheit.[2]

Viele Menschen werden in ihrem Leben mit solchen Faktoren konfrontiert. Die Reaktion darauf ist aber unterschiedlich und umfaßt in der Spannweite von Resignation bis zur Aktion auch eine Gründungsaktivität. Der potentielle Existenzgründer reagiert, bedingt durch seine Persönlichkeit, die durch spezifische psychologische Komponenten gekennzeichnet ist, wie auch auf Grund von positiven Erfahrungen im Elternhaus,

---

1 Vgl. Shapero (1972), S. 79.
2 Vgl. Shapero (1975), S. 84.

in der Ausbildung oder im Berufsleben, mit der Gründung eines Unternehmens.[1] Die Verhaltensforschung, insbesondere die Soziologie und Psychologie, untersuchen diese Vorgänge.[2] Das Forschungsziel besteht darin, eine Vielzahl von schwer quantifizierbaren Faktoren, die auf die Gründungsentscheidung einwirken, zu bestimmen. Beispielhaft sei hier die grundlegende Arbeit von McClelland zu erwähnen, in der besonders die Leistungsmotivation und die hohe Leistungsbereitschaft von Existenzgründern diskutiert werden.[3]

Das Gründungsgeschehen wird also mit Hilfe von theoretischen Ansätzen, Modellen und psychologischen oder soziologischen Erkenntnissen in einzelnen Facetten interpretiert und prognostiziert. Eine in sich geschlossene Theorie, die das Gründungsgeschehen in historisch gewachsenen marktwirtschaftlichen Wirtschaftsstrukturen umfassend und in allen Richtungen widerspiegelt, existiert nicht. Hier ist ein besonderes Theoriendefizit zu beklagen.[4] Dieses Defizit verstärkt sich bei der Interpretation von Existenzgründungsaktivitäten und -erfolgen, die beispielsweise in den neuen Bundesländern nach dem Übergang von der Planwirtschaft in die Marktwirtschaft stattfanden. Durch den Versuch der Analyse und Strukturierung der vielfältigen Einflußfaktoren auf das Gründungsgeschehen kann dennoch ein tieferer Einblick in die Geschehnisse gewonnen und eine Voraussage über den Gründungsverlauf gewagt werden. Die Einordnung der Faktoren in einen Bezugsrahmen liefert weiterhin einen notwendigen Beitrag zur Strukturierung.

2.3 Strukturierung der Gründungsforschung

2.3.1 Forschungsobjekte und Bezugsrahmen

In Deutschland haben sich zwei zentrale Fragen zur Strukturierung der Gründungsforschung herauskristallisiert. Dabei handelt es sich um:

---

1 Vgl. Keune/Nathusius (1977), S. 56.

2 Vgl. Institut für Mittelstandsökonomie an der Universität Trier e.V. (1998), S. 16 ff.; Schubert (1997), S. 8; Becker u. a. (1999), S. 4.

3 Vgl. McClelland (1966), S. 299 ff.

4 Vgl. Barth (1995), S. 24.

- die Frage nach der Gründungs- bzw. Frühentwicklungsaktivität, d.h. wer gründet unter welchen Bedingungen und entwickelt welche Unternehmen? Wie sind diese Aktivitäten zu erklären (Verhalten, Struktur, der typische Gründer, Strukturverteilung der Gründungsfälle einer Region nach Rechtsform, Größe etc.)?
- die Frage nach dem Gründungs- bzw. Frühentwicklungserfolg, d.h. wer hat unter welchen Bedingungen mit welchen Gründungsaktivitäten welchen Erfolg? Wie kann der Erfolg beschrieben, erklärt, gestaltet und positiv beeinflußt werden (Startbedingungen, gründungsbedingte Erfolgspotentiale, erfolgreicher Gründer)?

Besonders die Fragestellung nach und die Diskussion von Erfolg oder Mißerfolg erweisen sich in der Gründungsforschung als schwierig, da es bei bisherigen empirischen Untersuchungen keine einheitlichen Kriterien zu deren Messung gegeben hat. Grundlegender Indikator für den Gründungserfolg ist nach Brüderl, Preisendörfer und Ziegler der Bestand eines jungen Unternehmens, der sich als „Minimalkriterium" betrieblichen Erfolges definieren läßt. Jedoch kann „Nichtüberleben" nicht automatisch mit Mißerfolg gleichgesetzt werden und „Überleben" nicht mit Erfolg. So kann ein erfolgreiches Unternehmen nach einigen Jahren verkauft werden, wie auch ein bestehendes völlig überschuldet sein.

Als „harte" Kriterien oder als ökonomische Indikatoren für den Erfolg haben sich nach Brüderl[1] das Umsatz- und Beschäftigungswachstum herauskristallisiert. Ein Anstieg der Anzahl der Beschäftigten in einem Unternehmen gibt zwar allein keine Auskunft über dessen betriebswirtschaftliche Lage; es ist aber anzunehmen, daß gerade bei der Gründung von kleinen betrieblichen Einheiten eine Aufstockung des Personals Geschäftserfolge signalisiert. Auch der Anstieg des Umsatzes[2], betrachtet im Zusammenhang mit der Zunahme der Arbeitskräfte, läßt auf wirtschaftliche Prosperität schließen.

---

1 Vgl. Brüderl u. a. (1996), S. 91 f.; Knecht (1998), S. 16 f.; Institut für Mittelstandsökonomie an der Universität Trier e.V. (1998), S. 18.

2 „Auch beim Umsatz läßt sich argumentieren, daß er nur ein Näherungsmaß für betrieblichen Erfolg ist. Allerdings bauen die meisten differenzierten Kennziffern, die die Betriebswirte verwenden, auf der Höhe des Umsatzes auf." Brüderl u. a. (1996), S. 92. Die Berücksichtigung der Renditen wäre eine weitere Möglichkeit zur Beschreibung des Erfolges von Unternehmen, wird aber von den zitierten Autoren aus o.g. Grund nicht angewandt.

Weitere ergänzende Erfolgsmaße können die Lebensdauer des Unternehmens oder die Entwicklung des persönlichen Einkommens des Unternehmers sein.[1]

Die Erforschung der Aktivitäten und des Erfolges sind demnach die beiden zentralen inhaltlichen Bereiche der Gründungsforschung, denen alle anderen Fragestellungen zugeordnet werden können.[2] Damit ergeben sich die beteiligten Personen, das mikrosoziale Umfeld, das makrosoziale und sonstige Umfeld als relevante Forschungsobjekte. Von den inhaltlichen Bereichen der Gründungsforschung und den Forschungsobjekten läßt sich der Bezugsrahmen des Gründungsgeschehens ableiten (Abbildung 2.4).

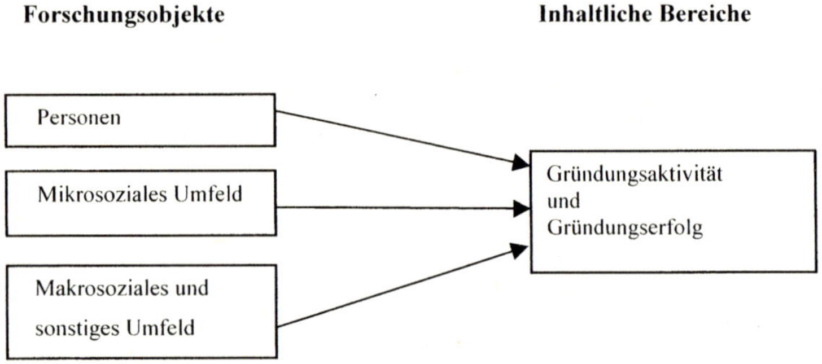

Abbildung 2.4: Bezugsrahmen des Gründungsgeschehens
Quellen: Vgl. Schubert (1997), S. 111; Klandt (1984[b]), S. 47; Klandt (1994[a]), S. 94 f.; Klandt (1997), S. 16 f.

Eine erste kurze Charakteristik der Forschungsobjekte zeigt: Personen (Existenzgründer) werden durch Begabungswesenszüge, stilistische Wesenszüge und dynamische Wesenszüge charakterisiert.[3] Unter den Begabungswesenszügen wird die allgemeine Intelligenz, angeboren oder erworben, verstanden. Dazu gehören auch Berufserfahrun-

[1] Vgl. Brüderl u. a. (1996), S. 91 f.; Knecht (1998), S. 16 f.; Institut für Mittelstandsökonomie an der Universität Trier e.V. (1998), S. 18.

[2] Vgl. Klandt (1984[a]), S. 46 f.; Klandt (1994[a]), S. 94 f.; Frank u. a. (1999), S. 256; Müller-Böling (1984), S. 20; Klandt (1996), S. 138; Hunsdiek/May-Strobl (1986), S. 3; Szyperski/Nathusius (1977[b]), S. 38, 86; Keune/Nathusius (1977), S. 11 f.; Szyperski/Klandt (1981), S. 44, 52, 206; zu Gründungsprozessen technologieorientierter Unternehmen Kulike (1987), S. 7.

[3] Vgl. Klandt (1984[a]), S. 49; Müller-Böling/Klandt (1990), S. 159.

gen und Branchenkenntnisse. Stilistische Wesenszüge verdeutlichen den „Charakter" eines Menschen (Rigidität, Heiterkeit, Unterwürfigkeit usw.). Dynamische Wesenszüge geben Auskunft über die Triebfedern des Handelns (Motivation, Einstellungen).[1] Das mikrosoziale Umfeld wird durch die familiäre, berufliche und finanzielle Sphäre des Gründers beschrieben. Dabei unterscheiden sich die Sphären entsprechend der Gründungs- und Entwicklungsaktivität. In der Phase der relativ unverbindlichen Reflexion über eine Existenzgründung als berufliche Alternative entscheidet mitunter die Herkunft aus einer Familie, in der ein Elternteil bereits selbständig ist, über die Intensität der weiteren Beschäftigung mit dem Gedanken „Gründung". Auch die Ausbildung und erste berufliche Erfahrungen können förderlich sein. In der Phase nach der eigentlichen Gründung ist dann die Unterstützung des Ehepartners und die berufliche Verwirklichung im eigenen Unternehmen kennzeichnend für den Einfluß des mikrosozialen Umfelds. Das makrosoziale und sonstige Umfeld beschreibt z. B. das Gründer-, Unternehmerimage, das Leistungsklima, den Wertewandel in einer Gesellschaft und Trends, wie auch klimatische und topographische Größen, die Einfluß auf Gründungsaktivität und -erfolg ausüben können.[2]

Man findet auch eine Einteilung der Forschungsobjekte in intrinsische und extrinsische Faktoren oder, wenn die Ermittlung des Erfolges von neugegründeten Unternehmen im Fokus steht, eine weitere Differenzierung in personenbezogene, betriebsbezogene und umweltbezogene Erfolgsfaktoren vor.[3]

Zur Darstellung der relevanten Einflußfaktoren auf Existenzgründungen aus Hochschulen wird im folgenden die Einteilung der Forschungsobjekte in Personen, mikrosoziales und makrosoziales Umfeld herangezogen. Damit können Faktoren, die eine Gründungsentscheidung beeinflussen, wie der Ausbildungsstand des potentiellen Gründers, dessen gründungsrelevantes Wissen sowie der Einfluß des mikrosozialen Umfeldes in Form der Ausbildungsangebote an den Hochschulen dargestellt und diskutiert werden.

---

1 Vgl. Klandt (1984[a]), S. 49; Müller-Böling/Klandt (1990), S. 159.
2 Vgl. Klandt (1984[a]), S. 48; Müller-Böling/Klandt (1990), S. 156; Klandt (1997), S. 16 ff.
3 Vgl. Brüderl u. a. (1996), S. 33.

Durch eine weitere Strukturierung der Forschungsobjekte kann der Einfluß der fachlichen Qualifikation der Gründerperson auf Gründungsaktivität und -erfolg verdeutlicht werden (s. Abbildung 2.5). Dadurch läßt sich die Bedeutung von Aus- und Weiterbildung potentieller Existenzgründer sichtbar machen. Durch eine Verbesserung der fachlichen Qualifikation der potentiellen Existenzgründer auf gründungsrelevanten Feldern könnte Einfluß auf die Gründungsaktivitäten genommen, wie auch möglicherweise der Gründungserfolg gesteigert werden.

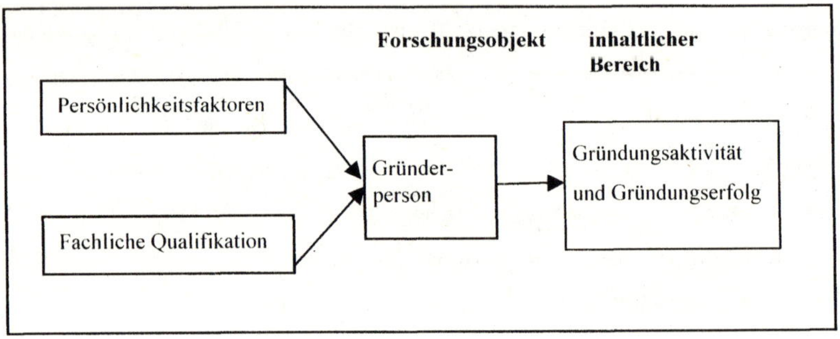

Abbildung 2.5: Einfluß der fachlichen Qualifikation des Gründers auf Gründungsaktivität und -erfolg
Quelle: Eigene Darstellung.

Auf Grundlage der zunächst nur kurz charakterisierten Forschungsobjekte wird im folgenden deren Einfluß auf Gründungsaktivitäten und -erfolge detailliert diskutiert. Besondere Aufmerksamkeit wird dabei dem akademischen Gründungsgeschehen in Deutschland und den Aus- und Weiterbildungsangeboten an Hochschulen für potentielle Gründer geschenkt.

2.3.2 Einflußfaktoren auf die Existenzgründung

2.3.2.1 Gründerperson

Der Person des Gründers wird in der Entrepreneurship-Forschung viel Aufmerksamkeit entgegengebracht, denn die Erwartungen in der Gesellschaft sind groß, wird doch vermutet, daß Existenzgründer bahnbrechende wissenschaftliche oder technische Erkenntnisse umsetzen, den technologischen Wandel ermöglichen und die Arbeitswelt der Zukunft mit hochintelligenten Arbeitsplätzen gestalten.[1] Zu klären bleibt, ob die Gründer von vielfach sehr kleinen Unternehmen mit einem bescheidenen Geschäftsbetrieb diesen Anforderungen gerecht werden können. Es fragt sich auch, ob damit nicht ein Unternehmerbild entwickelt wurde bzw. wird, welches die Realität des kleinbetrieblichen Sektors eher nur am Rande trifft.[2] Diesen Fragen und der Struktur der Persönlichkeit des Gründers wird in vielfältigen Untersuchungen nachgegangen.

In Deutschland stellte sich besonders Klandt der Problematik und erarbeitete in den 80er Jahren einen breiten Überblick zu den charakteristischen Personenmerkmalen von deutschen Gründern. Dabei stellt er u. a. spezifische

- dynamische Merkmale (Motive, Einstellungen, Triebfedern des Handelns),
- Fähigkeitsmerkmale (Intelligenz),
- Temperamentsmerkmale,
- physiologisch-morphologische Merkmale (robuste Physiologie, um hart und ausdauernd arbeiten zu können)[3]

fest.

Darauf aufbauend, läßt sich das Bild eines erfolgreichen Unternehmers theoretisch grob skizzieren, aber „der Gründer“ kann dennoch nicht eindeutig bestimmt werden.[4] Allgemein wird jedoch angenommen, daß sich erfolgreiche Gründer auszeichnen durch:

- starkes Dominanzstreben, hohe Begeisterungsfähigkeit, soziale Initiative und Individualismus, Leistungsbereitschaft, Unabhängigkeitsstreben, Kreativität und
- eine starke und reife Persönlichkeit, Disziplin, Treue zu sich selbst, Willensstärke, Gelassenheit, Integrität, Zuverlässigkeit, Selbstkritik, Vertrauen in die eigenen Fähigkeiten.[5]

---

1 Siehe Abschnitt 1.1.
2 Vgl. Brüderl u. a. (1996), S. 26.
3 Vgl. Klandt (1984[a]), S. 82 ff.; Klandt (1980), S. 326 ff.
4 Vgl. Corsten (1982), S. 69.
5 Vgl. Müller-Böling/Klandt (1993), S. 146; Paulus (1998), S. 108 ff.; May-Strobl/Paulini (1994), S. 60; Corsten/Junginger-Dittel (1982), S. 299; Tamasy (1996), S. 144; Müller (1998); Maier /Dittmeier (1998).

Besonders das Leistungsmotiv, nach dem Existenzgründer außerordentlich leistungswillig und -fähig sind, wird als das häufigste Merkmal genannt und ist signifikant nachweisbar.[1]

Es ist anzunehmen, daß die beschriebenen Charaktermerkmale und Motivationen auch auf akademische Existenzgründer zutreffen. Im Rahmen unterschiedlichster Vorhaben und empirischer Erhebungen wurde die Ausgründung von Unternehmen aus Hochschulen analysiert.[2] So wurden Gründungsmotive für Hochschulabsolventen und Hochschulmitarbeiter ermittelt und bewertet. Hierbei stellte sich heraus, daß die Verwirklichung eigener Ideen und die Begeisterung für die Umsetzung eines begonnenen Forschungsthemas die ausschlaggebenden Motive für den Schritt in die Selbständigkeit nach dem Studium sind (s. Tabelle 2.6).

Neben der Analyse der charakteristischen Personenmerkmale wurden weitere Faktoren, die den Gründer skizzieren und den Gründungsentschluß beeinflussen können, wie das Alter, die formale Qualifikation und die Berufs- oder Branchenerfahrung, untersucht. Zum bestmöglichen Alter eines Gründers lassen sich recht gute Voraussagen treffen.

Tabelle 2.6: Rangfolge der Gründungsmotive akademischer Gründer
Quellen: Vgl. Olofsson u. a. (1994), S. 9; Arbeitsgemeinschaft Deutscher Technologie- und Gründerzentren e.V. (1998), S. 68.

Gründungsmotiv	**Rang**
Verwirklichung eigener Produktideen	1
Begeisterung für ein begonnenes Forschungsthema	2
Höhere Entscheidungsfreiheit	3
Möglichkeit zur Selbstverwirklichung	4
Wunsch nach Unabhängigkeit	5
Möglichkeiten zur Einkommensverbesserung	6
Drohende Arbeitslosigkeit	7
Positive Unternehmerbeispiele	8
Höheres Ansehen als Unternehmer	9

[1] Vgl. McClelland (1966), S. 299 ff.; Szyperski/Klandt (1981), S. 131; Szyperski/Nathusius (1977[a]), S. 305.

[2] Einen aktuellen Überblick geben: Vgl. Arbeitsgemeinschaft Deutscher Technologie- und Gründerzentren e.V. (1998); Chef/Müller-Merbach (1999); Minsk (1998); Bergmann/Rosskopf (1998[a]); Bergmann/Rosskopf (1998[b]).

Nach dem Modell von Liles (s. Abbildung 2.6.), in dem der Zusammenhang zwischen der Bereitschaft und der Fähigkeit zur Existenzgründung hergestellt wird, wächst die Befähigung, ein Unternehmen zu gründen, bis zum 35.-40. Lebensjahr nach 10-15 Jahren Berufstätigkeit. Die Bereitschaft zur Übernahme des Risikos einer Gründung erreicht das Maximum im Alter von Ende 20. Daher sind die Jahre um 30 das typische Gründungsalter.[1]

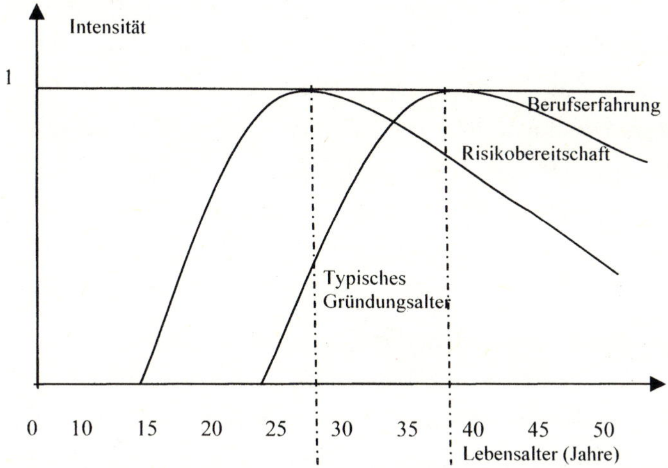

Abbildung 2.6: Typisches Gründungsalter in Abhängigkeit von Risikobereitschaft und Berufserfahrung
Quelle: Eigene Darstellung in Anlehnung an das Model von Liles.

Umfassende empirischen Untersuchungen bestätigen diese Annahme.[2] Das Durchschnittsalter der Gründer aus dem Hochschulbereich beträgt 35 Jahre.[3] Das Durchschnittsalter der Gründer in den neuen Bundesländern liegt bei 40,6 Jahren, damit sechs Jahre über dem der Gründer in den alten Bundesländern.[4] Ursachen dafür sind im Nachholbedarf in den neuen Bundesländern nach 1989 und oft in einer drohenden oder tatsächlichen Arbeitslosigkeit dieser Altersgruppe zu sehen.

---

1 Vgl. Liles (1974), S. 5 ff.

2 Vgl. Szyperski/Klandt (1981), S. 195; Kulike (1993), S. 33; Müller-Böling/Klandt (1993), S. 146; Schmude (1998), S. 117.

3 Vgl. Arbeitsgemeinschaft Deutscher Technologie- und Gründerzentren e.V. (1998), S. 66 ff.; Richert/Schiller (1994), S. 8.

4 Vgl. Valerius (1994), S. 214; May-Strobl/Paulini (1994), S. 24.

Die Qualifikation und die Berufs- und Branchenerfahrungen von Gründern sind weitere ausschlaggebende personenbezogene Kriterien, deren Darstellung auf Grund ihres Einflusses auf die Gründungsentscheidung und den Gründungserfolg notwendig erscheint.[1] Die Aussagen in der Literatur über den Zusammenhang von Ausbildung und Gründungsaktivitäten sind aber sehr widersprüchlich. Auf der einen Seite wird betont, daß Gründer bedingt durch einen niedrigen Ausbildungsstand die eigene Existenz als Alternative zu einer weiteren Ausbildung oder zur Arbeitslosigkeit ansteuern. Auf der anderen Seite ist nachweisbar, daß der Ausbildungsstand von Existenzgründern überdurchschnittlich hoch ist, jedoch niedriger als beim angestellten Manager.[2] Generell kann aber angenommen werden, je höher die Qualifikation und je größer die Berufs- und Branchenerfahrungen sind, desto erfolgreicher verlaufen die Gründungsvorhaben. Empirische Untersuchungen belegen diesen Zusammenhang besonders bei Gründungen im Technologiebereich.[3]

Unter den Studenten und Absolventen erweisen sich bestimmte Studiengänge gegenüber anderen als gründungsinteressierter. Insbesondere bei Absolventen von Ingenieur- und Naturwissenschaften ist die Gründungsbereitschaft, damit läßt sich aber nicht auf deren tatsächliche Gründungsaktivitäten schlußfolgern, deutlicher ausgeprägt. Dazu gehören vor allem Fachhochschulabsolventen der Richtungen Maschinenbau/Verfahrenstechnik und Elektronik.[4] Doch nur wenige Hochschulabsolventen schätzen, wie in der Tabelle 2.7 sichtbar wird, den Zeitpunkt unmittelbar nach dem Hochschulstudium als günstig für den Beginn einer eigenen unternehmerischen Existenz ein.

---

1 Vgl. Klandt (1984[a]), S. 247 ff.
2 Vgl. Klandt (1984[a]), S. 247 ff., S. 253; Picot u. a. (1989), S. 84.
3 Vgl. Kulike (1987), S. 127; Valerius (1994), S. 214; Kulike (1993), S. 33; Klandt (1980), S. 328; Müller-Böling/Klandt (1993), S. 146; Schmude (1998), S. 117; Felder u. a. (1997), S. 98 f.
4 Vgl. Kulike (1987), S. 127; Bargel/Ramm (1998), S. 164; Knecht (1998), S. 92; Richert/Schiller (1994), S. 5.

Tabelle 2.7: Günstigster Zeitpunkt für eine Existenzgründung
Quelle: Arbeitsgemeinschaft Deutscher Technologie- und Gründerzentren e.V. (1998), S. 67.

Meinungen	**Wissenschaftliche Mitarbeiter**		**Studenten/Absolventen**	
	Anteil	Fälle	Anteil	Fälle
Während oder direkt nach dem Studium	16%	45	39%	28
2-3 Jahre nach Abschluß des Studiums	19%	50	47%	33
Nach mehreren Jahren Berufserfahrung	65%	175	14%	10
Summe	100%	270	100%	71

Nach Untersuchungen der Deutschen Ausgleichsbank liegen zwischen dem Studiumsabschluß und der Existenzgründung durchschnittlich 10 Jahre, in denen der potentielle Existenzgründer Branchenerfahrung erwirbt und Eigenkapital ansammelt. Bei jedem achten von der Ausgleichsbank betreuten Existenzgründer lag der Studienabschluß bereits 20 Jahre oder länger zurück.[1] Der Anteil der Absolventen, die sofort nach dem Studium gründen, ist sehr gering. Eine Sonderanalyse der Hochschul-Informations-System GmbH ergab, daß 2% der Hochschulabsolventen des Prüfungsjahres 1989 im Jahr 1993 den Schritt in die Selbständigkeit gegangen waren. Eine Befragung auf dem Absolventenkongreß Köln 1995 unter 150 Dauerbesuchern belegte, daß 1% von ihnen Gründungsinteresse direkt nach Studiumsabschluß zeigte. Eine Analyse des Existenzgründer-Institutes in Berlin im Jahr 1996 ergab indes, daß sich 55% von 27 befragten Studenten bereits während des Studiums oder unmittelbar danach selbständig machen wollten.[2] Eine Einschätzung des Gründungszeitpunktes der Studenten fällt somit nicht leicht. Es ist aber anzunehmen, daß die Studenten, die unmittelbar nach dem Studium gründen, sich durch besondere Voraussetzungen und Motivationen auszeichnen. So können sie bereits vor dem oder parallel zum Studium praktische Berufs- und auch Branchenerfahrungen gesammelt oder sich gründungsrelevantes Wissen angeeignet haben.

---

1 Vgl. Richert/Schiller (1994), S. 6 f.; Kulike (1987), S. 146; Kulike (1993), S. 33; Picot u. a. (1989), S. 85; Schmude (1998), S. 117; Deutsche Ausgleichsbank (1988).

2 Vgl. Bergmann/Rosskopf (1998[a]); Bergmann/Rosskopf (1998[b]). Die sehr geringe Stichprobe (n=27) wirft Signifikanzprobleme auf.

Spezifische Persönlichkeitsmerkmale, eine Ausbildung in den Naturwissenschaften oder im Ingenieurwesen, Berufserfahrung und Branchenkenntnisse erweisen sich demnach als förderliche Voraussetzungen für eine Existenzgründung. Neben diesen positiv wirkenden Faktoren existiert aber auch eine Reihe von negativ wirkenden Momenten. Die Vorbehalte der Hochschulabsolventen und Hochschulmitarbeiter gegenüber einer Existenzgründung lassen sich folgendermaßen beschreiben:

- begrenzte praktische Erfahrungen,
- möglicher zu hoher wissenschaftlicher Anspruch bei Gründungen auf innovativem Gebiet,
- zu hohes Risiko bei der Gründung und der Selbständigkeit gegenüber einer Angestelltenposition,
- fehlende fachliche und betriebswirtschaftliche Kompetenz zur Führung eines Unternehmens,[1]
- zu starke Verschmelzung von Arbeits- und Privatleben,
- unzureichende Marktkenntnisse,
- fehlendes oder zu geringes Startkapital für die Gründung.[2]

Viele dieser Hemmnisse können durch die Vermittlung von gründungsrelevantem Wissen abgebaut oder vermindert werden. Dabei ist nach Gries u. a. zu beachten, daß in Abhängigkeit von den einzelnen Phasen des Existenzgründungsprozesses unterschiedliches Wissen mit einem steigenden Individualisierungsgrad angeboten werden sollte, um den sich verändernden Anforderungen der Existenzgründer gerecht zu werden (s. Abbildung 2.7). Partner aus dem mikrosozialen Umfeld können diese Aufgabe übernehmen. Der Einfluß des mikrosozialen Umfeldes auf die Gründungsaktivitäten und -erfolge wird im nächsten Abschnitt dargestellt.

---

[1] Vgl. Kück (1999), S. 1.

[2] Vgl. Arbeitsgemeinschaft Deutscher Technologie- und Gründerzentren e.V. (1998), S. 71 f.; Deutscher Industrie- und Handelstag (1997), S. 25; Corsten/Junginger-Dittel (1982), S. 299 ff.; Knecht (1998), S. 88.

Existenzgründung ist gekennzeichnet durch...

Ausgangs-situation Beruflich, Privat, Finanziell, Bildung, Qualifika-tion	**Entschei-dung für die Selb-ständigkeit** Motive, Ziele, Gründungs-klima	**Geschäfts-idee und Vorberei-tung** Ideenfin-dung, Erfolgsaus-sichten	**Planung/ Grün-dungs-konzept** Standort, Rechtsform, Finanzie-rung, Orga-nisation	**Durch-führung** Anmel-dung, Genehmi-gungsver-fahren, Verträge

...und erfordert eine steigende Individualisierung der Informationen von der allgemeinen Informationen bis zur individuellen Beratung und Weiterbildung.

Abbildung 2.7: Existenzgründungsprozeß und Informationsbedarf
Quelle: Vgl. Gries u. a. (1997), S. 10.

2.3.2.2 Mikrosoziales Umfeld

Nach Klandt lassen sich drei Bestimmungsfaktoren des mikrosozialen Umfeldes herausfiltern. Dabei handelt es sich zum ersten um die familiäre Sphäre, d.h. um die Familie, in der der Gründer aufgewachsen ist und die, in der er selbst lebt, und zum zweiten um die berufliche Sphäre. Diese ist durch den bisherigen Arbeitgeber und später durch das eigene Unternehmen bestimmt. Als dritter Faktor spielt die finanzielle Sphäre eine maßgebliche Rolle.[1]

Familiäre Sphäre

Verschiedene empirische Erhebungen belegen, daß die familiäre Herkunft einen entscheidenden Einfluß auf die Einstellung und den Entschluß zur Existenzgründung aus-

[1] Vgl. Klandt (1984[a]), S. 50.

übt.[1] Nach Bargel und Ramm sind Studierende, deren Eltern eine freiberufliche oder unternehmerische Tätigkeit ausüben, einerseits in weit größerem Umfang an einer selbständigen Tätigkeit interessiert als Studierende aus anderen Elternhäusern, andererseits lehnen sie eine Tätigkeit im öffentlichen Dienst mehrheitlich ab.[2] Das bestätigt auch Minsk, der feststellt, daß die Herkunft aus Elternhäusern, in denen unternehmerisches Denken und Handeln alltäglich ist, bisher die verläßlichste Sozialinstanz für die Herausbildung entsprechender persönlichkeitsrelevanter Eigenschaften darzustellen scheint. Bei potentiellen Selbständigen zeigt sich ein deutliches Übergewicht von selbständigen Vätern. Befindet sich die Mutter im Selbständigenstatus, ergeben sich keine signifikant häufigeren Absichten zur eigenen Selbständigkeit bei den Absolventen.[3] Auch die Untersuchungen der Arbeitsgemeinschaft Deutscher Technologiezentren (ADT) bescheinigen, daß 60% der potentiellen Gründer aus den Hochschulen selbständige Eltern, Großeltern, Freunde oder Arbeitskollegen haben.[4] Diese Bewertung schwächen Szyperski und Nathusius in ihrer Studie zu Gründungsmotiven und Gründungsvorbehalten ab, in der sie die Familientradition als das schwächste Motiv zur Gründungsentscheidung einschätzen.[5] In Anbetracht des Gründungsgeschehens in den neuen Bundesländern, das nur im geringen Maße auf Traditionen aufbauen konnte, erscheint diese Auffassung beachtenswert. Neben der Herkunftsfamilie übt die vom Existenzgründer selber eingegangene familiäre Beziehung als Bestandteil des mikrosozialen Umfeldes Einfluß auf das Gründungsverhalten aus. Die Familienangehörigen können moralische Unterstützung geben, den Lebensunterhalt in den ersten Jahren aufbringen und Finanzierungsquellen für das Gründungsvorhaben bereitstellen.[6]

Berufliche Sphäre

Die entscheidende Rolle im mikrosozialen Umfeld aber spielt der Herkunftsinkubator, d.h. die Hochschule, die öffentliche Einrichtung, das Unternehmen oder das Institut, in

---

1 Vgl. Müller-Böling/Klandt (1993), S. 146.
2 Vgl. Bargel/Ramm (1998), S. 171.
3 Vgl. Minsk (1998), S. 20 f.
4 Vgl. Arbeitsgemeinschaft Deutscher Technologie- und Gründerzentren e.V. (1998), S. 68.
5 Vgl. Szyperski/Nathusius (1977[a]), S. 305.
6 Vgl. Szyperski/Klandt (1981), S. 195; Müller-Böling/Klandt (1993), S. 146; Arbeitsgemeinschaft Deutscher Technologie- und Gründerzentren e.V. (1998), S. 67; Brüderl u. a. (1996), S. 131 f.

dem der potentielle Gründer arbeitet. Die meisten Gründungsideen entstehen während der beruflichen Tätigkeit. Nach Kulike arbeiten 66% der Gründer vor ihrem Entschluß zur Selbständigkeit in der Industrie, 6% in Großforschungseinrichtungen und 18% in Hochschulen.[1] Auch nach den Untersuchungen von Valerius rekrutieren sich nur 2,3% von den befragten Gründern direkt aus der Hochschule.[2] Picot, Laub und Schneider bestätigen diese Auffassung. Sie ermittelten 80,3% der untersuchten Existenzgründungen als Ausgründungen aus Unternehmen und nur 17,3% als Gründungen aus Forschungs- und Entwicklungseinrichtungen der Universität oder aus Großforschungsinstituten.[3]

Festzuhalten bleibt somit, daß die bestehenden Unternehmen in einer Region einen wesentlichen Einfluß auf das zu erwartende Existenzgründungsaufkommen ausüben, denn die Mehrheit der Existenzgründer mit einer akademischen Ausbildung gründet nicht aus einem Anstellungsverhältnis an einer Hochschule oder an einem hochschulnahen Institut, sondern aus einem Unternehmen heraus. Die enge örtliche Begrenzung auf die Region ergibt sich aus der Tatsache, daß Gründer in der Nähe des Wohnortes ihre unternehmerischen Aktivitäten entfalten. Ihre Mobilität ist relativ gering, wie die Angaben in der Tabelle 2.8 verdeutlichen.[4]

Tabelle 2.8: Entfernung zwischen Unternehmenssitz und Wohnstandort
Quelle: Nasner (1994), S. 86.

	Distanz zwischen vorherigem Beschäftigungsort und Wohnstandort (%)		**Distanz zwischen heutigem Unternehmen und Wohnstandort (%)**	
Distanz	Frauen	Männer	Frauen	Männer
bis 5 km	31,2	26,8	64,4	68,5
6-10 km	15,6	17,9	12,4	13,8
11-20 km	26,6	21,7	16,5	11,4
21-50 km	15,6	15,4	3,3	5,4
51-100 km	4,5	5,5	3,3	0,9
über 100 km	6,4	12,7	-	-
	n=109	n=604	n=121	n=651

[1] Vgl. Kulike (1987), S. 120, 146; Kulike (1993), S. 33.
[2] Vgl. Valerius (1994), S. 216.
[3] Vgl. Picot u. a. (1989), S. 167.
[4] Vgl. Nerlinger (1999), S. 13; Steil (1999), S. 45; Kirschbaum (1982), S. 336.

Es ist weiterhin anzunehmen, daß Strukturmerkmale der Inkubatororganisation Neugründungen erheblich prägen. Das äußert sich darin, daß

- der Inkubator den Standort des neuen Unternehmens beeinflußt,
- Deplazierungseffekte im Inkubator, wie drohende Arbeitslosigkeit oder die Unmöglichkeit, die eigenen Ideen zu verwirklichen, zum Anlaß für den Schritt in die Selbständigkeit werden,[1]
- im Inkubator Fähigkeiten, Marktkenntnisse, Wissen über Marktchancen vermittelt werden,
- der Typ der Inkubatororganisation das Entwicklungsstadium des ersten Produktes bestimmen kann, d.h. bei Ausgründungen aus einer Hochschule kann noch angewandte Forschung und Produktentwicklung notwendig sein, bei Ausgründungen aus einem Unternehmen eventuell nur noch die Markteinführung eines entwickelten Produktes,
- Managementstile geprägt werden,
- Zulieferverträge oder Kooperationen mit dem Inkubator das Unternehmen fördern können; Konkurrenz kann es schädigen,
- die Struktur des Inkubators über die Anzahl der Ausgründungen entscheidet.[2]

Der Herkunftsinkubator als Bestandteil des mikrosozialen Umfeldes übt also einen beachtlichen Einfluß auf die potentiellen Existenzgründer aus. Andererseits beeinflussen die jungen Unternehmen auch in erheblichem Maße den Inkubator. Das trifft auch auf das Gründungsgeschehen im Umfeld der Hochschulen zu. Das Zusammenspiel, insbesondere die gegenseitige Beeinflussung von academic spin-offs und den Hochschulen, soll im folgenden erläutert werden.

Hochschulen und spin-offs

Die Wechselwirkungen zwischen den Hochschulen und den jungen Unternehmen sind sehr vielseitig. Spin-offs aus Hochschulen tragen z. B. zu einer besonderen Atmosphäre an den Universitäten und Fachhochschulen bei, wenn neue Produkte entwickelt werden und diese sich auf dem Markt behaupten können. Diese Atmosphäre schafft

---

[1] Vgl. Kulike (1987), S. 43.
[2] Vgl. Kulike (1987), S. 111.

direkte und indirekte Motivation für Studenten und Angestellte. Spin-offs aus Hochschulen haben außerdem einen positiven Einfluß auf die Forschungsbasis und auf die angewandte Forschung an der Hochschule. Sie beeinflussen die Lehre, indem Aktivitäten der Unternehmen auf realistische Art und Weise vorgestellt werden. Da die meisten Absolventen der Hochschulen ihr Arbeitsleben in Unternehmen verbringen werden, ist ein früher Kontakt mit dieser Umgebung wichtig. Die direkte Teilnahme von Personal der spin-offs an der Lehre ist zeitweise sehr wertvoll. Schlüsselpersonen können der Hochschule verlorengehen, wenn sie von der Industrie gewonnen werden, aber sie können weiterhin an der Forschung und Lehre teilhaben, wenn sie in einem spin-off arbeiten, das sich nahe dem Hochschulgelände befindet. Auch die regionale Rolle der Hochschule wächst durch die Präsenz von spin-offs. Das gibt ihr eine stärkere Position im Zusammenspiel mit den Regionalpolitikern.[1]

Die Wechselwirkungen zwischen einer Hochschule und den spin-offs zeigen sich auch in den Vorteilen für die Gründer. Deren Ansiedlung auf dem Campus kann einen weichen Start in die Selbständigkeit, z. B. durch Teilzeitarbeit an der Hochschule und im Unternehmen, ermöglichen. Kostspielige Ausrüstungen können von der Hochschule gemietet, spezieller Service kann genutzt und auch an der Lehre kann teilgenommen werden. Spin-offs, die sich auf dem Campus befinden, haben gute Möglichkeiten, Personal zu rekrutieren. Wenn Kontakte zu der „Eltern-Forschungsgruppe" bestehen, ergeben sich Vorteile in der Unterstützung der Forschung, besonders wenn ein zweites Produkt entsteht. Das Prestige der Hochschule kann außerdem eine große Hilfe für ein Unternehmen mit geringer Kreditwürdigkeit und geringen finanziellen Ressourcen sein. Die Unterstützung in Problembereichen wie Patentierung und Technologietransfer durch Angestellte der Hochschulen ist außerdem eine weitere wichtige Hilfe.

Neben diesen positiven Auswirkungen der spin-offs werden aber auch Nachteile befürchtet und diskutiert. Spin-offs können beispielsweise von den Vertretern der Hochschulen als Gefährdung der intellektuellen Freiheit in Forschung und Lehre empfunden

[1] Vgl. McQueen/Wallmark (1991), S. 104; Knecht (1998), S. 87; Olofsson u. a. (1994), S. 14, Wilem (1991), S. 184.

werden. Auch die durch die spin-offs möglicherweise zunehmende Größe der Hochschulen kann als Nachteil angesehen werden, und letztendlich kann sich das Ansehen der Hochschule in der Gesellschaft verändern.[1] Diese Befürchtungen sind trotz der bisher relativ geringen Anzahl von spin-offs aus deutschen Hochschulen gegenüber den vergleichsweise zahlreichen Ausgründungen aus bestehenden Unternehmen abzuwägen und zu beachten.

Spin-offs und Region

Durch die Symbiose von Hochschulen und Existenzgründern kann darüber hinaus auch die Region (eine Begriffsklärung erfolgt im Abschnitt 3.2.1) von kleinen Unternehmen, die sich aus den Hochschulen herausgründen, profitieren. Spin-offs wenden vielfach Hochtechnologie an und tragen oft zur Modernisierung der Wirtschaft in der Region bei. Häufig agieren diese Unternehmen außerdem dynamisch und expandieren, setzen Beispiele, die erneut potentielle Existenzgründer ermutigen. Spin-offs übergeben weiterhin Produktionsarbeit an externe Partner und fragen spezielle Dienstleistungen nach. Daraus entwickelt sich eine Infrastruktur der Produktion, der Dienstleistungen und des Transportes. Die Angestellten der spin-offs nehmen kommunale und private Dienstleistungen in Anspruch, wie Schulen, Gesundheitseinrichtungen, Wohnungen, Freizeiteinrichtungen, Banken und Geschäfte. Insgesamt wird daher die kulturelle Basis der Gesellschaft durch die Gegenwart der Akademiker an der Hochschule und in der Region gestärkt und erweitert.[2]

Hochschulen in den neuen Bundesländern stellen oft den einzigen bedeutenden Inkubator für Existenzgründungen dar. Universitäten und Fachhochschulen werden damit zu einem bestimmenden Faktor des mikrosozialen Umfeldes, auch wenn sie bisher eher unzureichend dieser Rolle entsprechen. Junge Unternehmen sind in den neuen Bundesländern zwar potentiell als Inkubatoren für spin-offs vorhanden, können aber auf Grund ihrer Problemlage nicht als Garanten für ein breites Gründungsgeschehen

---

1 Vgl. McQueen/Wallmark (1991), S. 104; Knecht (1998), S. 87; Olofsson u. a. (1994), S. 14, Wilem (1991), S. 184.

2 Vgl. McQueen/Wallmark (1991), S. 105.

angesehen werden.[1] Das liegt darin begründet, daß sich die Existenzgründungen in den neuen Bundesländern in einer beispiellosen wirtschaftlichen und gesellschaftlichen Umbruchperiode vollzogen haben. Die Gründer mußten oft das marktwirtschaftliche Verhalten erst erlernen und dabei Eigeninitiative und Risikobereitschaft entwickeln. Die äußeren Rahmenbedingungen, wie eine immer noch unzureichend entwickelte Infrastruktur, wirken zusätzlich erschwerend. Der „Gründungsboom" hat sich zudem seit 1993 verringert, und viele junge Unternehmen haben ihren Geschäftsbetrieb wieder eingestellt (zur Entwicklung des Gründungsgeschehens siehe 3.2.2). Damit sind nur wenige Unternehmen als potentielle Inkubatoren für Existenzgründer vorhanden, was die exponierte Stellung der Hochschulen in diesem Prozeß noch hervorhebt.

Finanzielle Sphäre

Unter der finanziellen Sphäre sind sowohl eigene finanziellen Mittel des Existenzgründers als auch der Zugang zu Krediten, Fördermitteln und Venture Capital zu verstehen. Die Problematik der Finanzierung von Existenzgründungen soll im folgenden nicht diskutiert werden. In diesem Zusammenhang ist aber die Feststellung interessant, daß für eine Vielzahl von Unternehmensgründern Probleme im Finanzbereich bereits an zweiter Stelle nach den Absatzproblemen stehen.[2] Davon kann die Notwendigkeit abgeleitet werden, Fragen der Finanzierung in der Ausbildung für potentielle Existenzgründer an den Hochschulen zu behandeln.

2.3.2.3 Makrosoziales Umfeld

Das makrosoziale Umfeld umfaßt gründungsrelevante Einflußfaktoren, die innerhalb einer Gesellschaft grundsätzlich auf alle Individuen einwirken.[3] Das makrosoziale Umfeld läßt sich in einen ökonomischen Bereich und einen außerökonomischen Bereich unterteilen. Weiterhin zählen das Klima und die Topographie dazu.[4] Diese Begriffsbestimmung wurde von der Entrepreneurship-Forschung aufgenommen und wei-

---

1 Vgl. May-Strobl/Paulini (1994), S. 11.
2 Vgl. Kokalj u. a. (1997), S. 134.
3 Vgl. Klandt (1984[a]), S. 48.
4 Vgl. Klandt (1984[a]), S. 82.

terentwickelt. Heute werden in das makrosoziale Umfeld vielfach zusätzlich die Standortfaktoren, die überregional, aber auch regional auf eine Gründung wirken, einbezogen.[1]

Beispielsweise bezeichnen Wimmer und Kirschbaum als ausschlaggebende Faktoren des makrosozialen Umfeldes

- das Arbeitskräftepotential,
- die staatlichen Rahmenbedingungen,
- das Infrastrukturpotential,
- die Kommunalabgaben,
- die Energiekosten,
- die Marktnähe und Wettbewerbsposition,
- den Straßenverkehr,
- die Möglichkeit für Massengütertransporte,
- das Gewerbeflächenpotential.[2]

Diese Faktoren können in zwei Richtungen auf das Gründungsvorhaben einwirken: positiv, wenn sie in einer für das Gründungsvorhaben notwendigen Quantität und Qualität vorhanden sind, und negativ, wenn durch einen Mangel die Realisierung des geplanten Vorhabens verhindert oder erschwert wird. So leitet Wimmer von diesen Standortkriterien ausgehende Hemmnisfaktoren ab. Dazu zählen:

- unzureichendes Facharbeiterreservoir,
- zu hohe Lohnkosten,
- zu hohe Kommunalabgaben und Energiekosten,
- zu hohe Gewerbeflächenpreise,
- Konkurrenz.[3]

Damit werden auf der einen Seite Faktoren, die für alle Individuen gelten, wie die staatlichen Rahmenbedingungen, auf der anderen Seite auch sehr regional begrenzt wirkende Faktoren, wie das Arbeitskräftepotential oder die Kommunalabgaben, beschrieben. May-Strobl und Paulini stellen ergänzend Hemmnisse für das Gründungs-

---

[1] Vgl. Wimmer (1996), S. 20 f., S. 174; Kulike (1987), S. 43; Kirschbaum (1982), S. 180 f.; Nerlinger/Berger (1999), S. 12; Steil (1999), S. 45.

[2] Vgl. Wimmer (1996), S. 117; Kirschbaum (1982), S. 180.

[3] Vgl. Wimmer (1996), S. 117 ff.

geschehen in den neuen Bundesländern fest. Erschwerend wirken dort besonders die äußeren Rahmenbedingungen, wie die mangelhafte Infrastruktur, insbesondere die schlechten Verkehrsanbindungen.[1]

Kulike spezifiziert die Faktoren des makrosozialen Umfeldes und definiert explizit Regionalfaktoren, die die Entstehung von technologieorientierten Unternehmen beeinflussen. Es werden die spezifische Branchenverteilung und Größenstruktur der ansässigen Betriebe, die spezifischen Merkmale der F&E-Einrichtungen, das Potential an entwicklungsfähigen Unternehmen und die technologische Infrastruktur der Region (Beratungsangebote, Technologie-Transfereinrichtungen, Unternehmen mit Forschungs- und Entwicklungsleistungen) berücksichtigt.[2]

Gründungsaktivitäten werden demnach durch die vorhandene Infrastruktur oder auch durch die Standortfaktoren positiv oder negativ beeinflußt. Der förderliche Aspekt einer entwickelten Infrastruktur auf das Gründungsgeschehen liegt nahe. Es muß in diesem Zusammenhang aber auch bedacht werden, daß Infrastrukturinvestitionen erst nach einer langen Laufzeit stets indirekt wirken und auf korrespondierende private Investitionen angewiesen sind. Infrastrukturinvestitionen erfordern einen hohen Kapitaleinsatz. Gleichzeitig werden damit Kapazitäten bereitgestellt, die auf absehbare Zeit nicht voll ausgelastet werden können, so daß sie weitere Subventionen erforderlich machen. Es hat sich zudem herausgestellt, daß mit den Investitionen verbundene reine Kapitalhilfen oft mehr schaden als nutzen, wenn z. B. die geistige Bereitschaft der Bevölkerung und der Behörden zur Existenzgründung weitgehend fehlt. Es müssen deshalb auch parallel dazu Veränderungen der sozialen und psychologischen Strukturen geschaffen werden, die sich in einem gründerfreundlichen Klima widerspiegeln, bevor die Investitionen in die materielle Infrastruktur die gewünschten Initialzündungen auslösen können. Infrastruktureinrichtungen sind somit eine notwendige Voraussetzung

---

1 Vgl. May-Strobl/Paulini (1994), S. 11.
2 Vgl. Kulike (1987), S. 43.

für die wirtschaftliche Entwicklung, aber noch keine hinreichende Voraussetzung für das Entstehen von Unternehmen in der Region.[1]

Zum Abschluß ergibt sich die Fragestellung nach dem Zusammenhang zwischen dem beschriebenen makrosozialen Umfeld und der Aus- und Weiterbildung der potentiellen Existenzgründer. Der Gründer benötigt Kenntnisse über staatliche Rahmenbedingungen, über Kommunalabgaben und über das Gewerbeflächenpotential. Dieses Wissen sollte vor der tatsächlichen Existenzgründung vermittelt werden, um die Standortfrage entscheiden zu können.

Nach der Diskussion und Analyse von Gründerperson, mikrosozialem und makrosozialem Umfeld sollen die für die Existenzgründungaktivitäten und für den Existenzgründungserfolg relevanten Erkenntnisse noch einmal zusammengefaßt werden. Es hat sich herausgestellt, daß eine eindeutige Charakterisierung und Identifikation eines Existenzgründers nicht möglich sind. Dennoch lassen einzelne Charakterzüge, wie beispielsweise eine hohe Leistungsbereitschaft, auf einen erfolgreich agierenden Gründer schließen. Das Qualifikationsniveau von potentiellen Existenzgründern beeinflußt die Gründungsaktivität und trägt maßgeblich zum Erfolg oder auch zum Scheitern des Gründungsvorhabens bei. Als entscheidende Faktoren haben sich das branchenbezogene Wissen wie auch die Berufserfahrung herauskristallisiert. Die Notwendigkeit der Aus- und Weiterbildung von potentiellen Existenzgründern besteht, da Gründungshemmnisse überwunden und gründungsrelevante Kenntnisse vermittelt werden müssen.

Im nun folgenden Kapitel werden die theoretischen Erkenntnisse der Gründungsforschung, besonders die Erkenntnisse zu den Einflußfaktoren auf eine Existenzgründung den tatsächlichen Begebenheiten in Mecklenburg-Vorpommern gegenübergestellt.

---

[1] Vgl. Kulike (1987), S. 180 ff.; Franke/Lüthje (2000), S. 13 f.

3 Mecklenburg-Vorpommern - Charakterisierung eines Bundeslandes in Hinblick auf Existenzgründungen

3.1 Makrosoziales Umfeld

3.1.1 Ausgewählte Determinanten des Wirtschaftsraumes

Mecklenburg-Vorpommern kann als Bundesland der ländlichen Räume und als Grenzregion mit wenig ausgeprägter Industrie-Agrarstruktur charakterisiert werden. Diese ging nach dem 2. Weltkrieg aus einer klassischen Agrarstruktur hervor. Das Bundesland ist durch seine geringe industrielle Dichte gekennzeichnet, nur in einzelnen größeren Städten wie Rostock, Stralsund, Greifswald, Schwerin und Neubrandenburg kann, wenn überhaupt, von industriellen Kernen gesprochen werden. Folgende Zahlen kennzeichnen diese Situation deutlich: 1995 arbeiteten noch 29,5% der Erwerbstätigen im produzierenden Gewerbe, 1999 waren es 26,6%. Das kann Ausdruck der zunehmenden Rationalisierung in der Branche, wie aber auch der Reduzierung der Anzahl von produzierenden Unternehmen sein. Auch die geringe industrielle Dichte in Mecklenburg-Vorpommern ist deutlich zu erkennen. So existierten 1998 im Bundesland 459 Unternehmen des Bergbaus und des verarbeitenden Gewerbes, deutschlandweit waren es 40.578 Unternehmen. Damit waren, im Vergleich zur gesamten Bundesrepublik, nur 1,13% solcher Unternehmen in Mecklenburg-Vorpommern angesiedelt. Mecklenburg-Vorpommern gehört, auch auf Grund der geringen Anzahl von produzierenden Unternehmen, zu den strukturschwächsten Regionen Deutschlands und Europas.

Das Bruttoinlandprodukt betrug im Jahre 1998 27.807,- DM/Einwohner und erreichte damit nur 56,1% des vergleichbaren Wertes der alten Bundesländer. Damit nimmt Mecklenburg-Vorpommern seit 1991 ununterbrochen innerhalb von Deutschland eine Position unter den drei wirtschaftlich schwächsten Bundesländern ein.[1] Probleme wie der große Arbeitskräfteabbau im Schiffbau, in der Landwirtschaft und in der Fischerei und ein gravierender Strukturwandel in der Industrie sind noch immer ungelöst. Die Arbeitslosenquote lag 1999 im Landesdurchschnitt bei 19,4%, 1997 und 1998 wurden

---

[1] Alle statistischen Angaben vgl. Bandelin u. a. (1999), S. 19; Bandelin/Braun (2000), S. 3.

20% überschritten.[1] Als eine von vielen Voraussetzungen für die Überwindung der wirtschaftlichen Schwierigkeiten wird neben der Förderung der bestehenden Unternehmen und der Unterstützung von Existenzgründern auch der Ausbau der Infrastruktur, insbesondere der Verkehrswege, angesehen, um beispielsweise Kunden schneller zu erreichen oder um Waren kostengünstiger zu transportieren.[2]

Aber die Entwicklung der Wirtschaft verläuft nicht reibungslos und oft nur schleppend, denn die jungen Unternehmen sehen sich mit einer Reihe von Problemen[3] konfrontiert, die z. T. aus der historischen Entwicklung von Mecklenburg-Vorpommern resultieren. Dazu gehören nach wie vor:

- Wegfall des traditionellen Marktes in Osteuropa, bis heute kein gleichwertiger Ersatz,
- nicht vorhandener Markt in Westeuropa, bescheidene Exporte nach Westeuropa und Übersee,
- Fehlen eigener weltmarktfähiger Produkte, mangelhafte Innovationen in den Unternehmen,
- Kapitalschwäche in den Unternehmen,
- Orientierung der Verbraucher an den Produkten aus den alten Bundesländern.[4]

Diesen Problemen und Nachteilen stehen die weichen Standortfaktoren als Vorteile gegenüber, wie beispielsweise eine relativ intakte Landschaft mit großen touristischen Möglichkeiten, die Nähe zu den Ballungsräumen Hamburg und Berlin und die lagebedingte Chance, zur Drehscheibe auf der West-Ost-Achse Hamburg - Baltikum sowie der Nord-Süd-Achse Skandinavien - Berlin - Sachsen zu werden. Diese Standortvorteile könnten eine prosperierende wirtschaftliche Entwicklung in Mecklenburg-

[1] Vgl. Statistisches Bundesamt (2000), S. 121.
[2] Vgl. Bandelin/Braun (1994), S. 78 f.; Brunner (1996), S. 28; von Waldenfels (1986), S. 47.
[3] Durch die Globalisierung der Wirtschaft stehen die jungen Unternehmen aber noch weit größeren Aufgaben gegenüber. Sie müssen eine zunehmende internationale Verflechtung von Handels-, Faktor-, Kapital- und Technologieströmen meistern. Vgl. Leisten/Ragg (1997), S. 124 f.
[4] Vgl. Hintze (1996), S. 62; Bundesministerium für Wirtschaft und Technologie (1996), S. 2 f.; Barth (1995), S. 11 f.; Kokalj u. a. (1997), S. 201; Becker u. a. (1999), S. 10.

Vorpommern unterstützen.[1] Hier stellt sich aber die Frage, inwieweit sie die Standortnachteile abschwächen oder aufheben können.

Zusammengefaßt betrachtet, ist das makrosoziale Umfeld ist für potentielle Existenzgründungen trotz positiver Faktoren kritisch zu bewerten. Strukturschwäche, eine kontinuierlich hohe Arbeitslosigkeit und ein landwirtschaftlich geprägter Wirtschaftsraum bieten kaum günstige Rahmenbedingungen. Eine langfristige Überwindung der Probleme ist nur deshalb auch nur dann möglich, wenn die im Land vorhandenen Vorteile und Potentiale in das Kalkül einbezogen werden.[2]

„Ungeachtet der in Mecklenburg-Vorpommern umfangreichen Investitionen in die materielle Infrastruktur, in den Straßenbau und in das Kommunikationswesen ist der langfristige Erfolg einer aufholenden Entwicklung nur mit besonderer Konzentration auf den innovativen Bereich zu erzielen. ... Ausschlaggebend für die Zukunft bleibt trotz der in wenigen Jahren bemerkenswerten Erfolge auf dem Gebiet der materiellen Infrastruktur nur der Weg über die verstärkte Entwicklung der immateriellen Infrastruktur."[3]

Dazu gehören in erster Linie Investitionen in den Humanbereich, in das Wissens- und Innovationspotential des Landes. Doch gerade der Humanbereich, auf den sich viele Hoffnungen stützen und der im Mittelpunkt vielfältiger Bemühungen steht, ist in Mecklenburg-Vorpommern durch eine negative demographische Entwicklung gekennzeichnet.

3.1.2 Demographische Strukturen

Die gravierenden demographischen Probleme in Mecklenburg-Vorpommern sind nicht nur das Ergebnis der gesellschaftlichen und politischen Veränderungen nach 1989, sondern einer historisch lang andauernden Entwicklungsphase. Sie haben ihren „... Grund auch in dem seit unendlichen Zeiten laufenden 'Ausbluten' des Landes, im Wegzug seiner z. T. besten Bürger, die als Bauern, Handwerker und Gelehrte hier kei-

---

1 Vgl. Braun/Gerlach (1994), S. 22.
2 Vgl. Brunner (1996), S. 28.
3 Bandelin u. a. (1999), S. 22.

ne Chance fanden. Und es ist die Frage zu stellen, ob dieser Exitus auch heute noch ungebrochen weitergeht ...“[1].

Seit einigen Jahrzehnten fand eine selektive Abwanderung aus dem ländlichen Raum Mecklenburg-Vorpommerns statt. Diese war

- altersspezifisch determiniert,
  (Schulabgänger verließen bei Aufnahme der Lehre oder beim Besuch einer Schule, die auf das Abitur vorbereitete, den ländlichen Raum.)
- qualifikationsorientiert,
  (Schulabgänger mit ausgezeichneten Abgangsleistungen strebten nach einer besonders guten Ausbildung und beruflichen Position in den Städten.)
- geschlechtlich differenziert.
  (Es wanderten mehr Mädchen als Jungen ab, da die Tätigkeitsangebote in der Landwirtschaft wenig attraktiv waren und die Mädchen bessere schulische Abgangsleistungen aufwiesen.)

Um der Abwanderung entgegenzuwirken, wurden bereits seit 1970 in den ehemaligen Bezirken Neubrandenburg und Rostock gezielt Industriestandorte geschaffen und dort Arbeitskräfte angesiedelt. Davon profitierten aber besonders die Städte, weniger die ländlichen Räume.[2] So kam es trotz einiger Bemühungen in den Bezirken Rostock, Schwerin und Neubrandenburg zur Überalterung der Bevölkerung, zur Deformierung in der Geschlechterstruktur und zu Qualifikationsdefiziten. Ergebnis dieser Entwicklung war eine demographische Struktur, die sich im Jahr 1990 wie folgt charakterisieren ließ:

- 82 Einwohner/km² (zum Vergleich 1998 78 Einwohner/km²), damit geringste Bevölkerungsdichte in Deutschland,
- jüngste Bevölkerung in den Städten mit geringstem Anteil an Altersrentnern,

[1] Riedel (1997), S. 23.
[2] Vgl. Topan (1998), S. 17.

- Überalterung in den Landkreisen durch Wanderungsverluste, besonders in den vorpommerschen Festlandgemeinden und den sich unmittelbar daran anschließenden mecklenburgischen Gemeinden,
- Migrationsverluste in Mecklenburg-Vorpommern, zeitweise die größten in Ostdeutschland.[1]

Die Tendenz der dünnen Besiedlung mit wenigen und eher kleinen Ballungsräumen und besonders die Abwanderung der Bevölkerung ist, wie in Tabelle 3.1 ersichtlich wird, bis heute ungebrochen.[2]

Tabelle 3.1: Wanderungen über die Landesgrenze 1990-1998
Quelle: Topan (1998), S. 60.

Jahre	**Zuzüge über die Landesgrenze**	**Fortzüge über die Landesgrenze**	**Wanderungsgewinn/ Verlust**
1990	18.195	60.502	-42.307
1991	19.123	43.583	-24.460
1992	29.029	35.550	-6.521
1993	31.003	36.293	-5.290
1994	31.046	31.302	-256
1995	32.310	32.112	+198
1996	35.125	33.459	+1.666
1997	32.466	35.969	-3.503
1998	31.443	35.180	-3.737
Insgesamt	**259.740**	**343.950**	**-84.210**

Der Prozeß der Abwanderung findet besonders dann statt, wenn die Arbeitslosigkeit in der Herkunftsregion sehr hoch, in den potentiellen Zielregionen demgegenüber geringer ist, oder wenn beträchtliche regionale Unterschiede in der Entlohnung bestehen. Individuelle Orientierung, Dominanz sozialer Bindungen und regionale Identitätsmuster beeinflussen die Entscheidung zur Abwanderung ebenfalls. Es wandert besonders die junge Bevölkerung ab (Tabelle 3.2). So verließen beispielsweise 1999 insgesamt 23.039 junge Menschen im Alter zwischen 15 und 35 Jahren das Bundesland. Dem

1 Vgl. Weiß (1996), S. 18 f.; Bandelin/Braun (1994), S. 179; Topan (1998), S. 17.
2 Vgl. Braun/Gerlach (1994), S. 22; Staatskanzlei Mecklenburg-Vorpommern (2000), S. 34.

standen 16.558 Zuzüge gegenüber, so daß der Wanderungsverlust in dieser Bevölkerungsgruppe im Jahr 1999 6.481 Menschen betrug.[1]

Tabelle 3.2: Entwicklung der Bevölkerung nach Altersgruppen in Mecklenburg-Vorpommern
Quelle: Vgl. Statistisches Landsamt Mecklenburg-Vorpommern (2001).

Merkmal	**Einheit**	**1995**	**1997**	**1998**	**1999**
Bevölkerung am Jahresende	1.000	1.832	1.808	1.799	1.789
davon nach Altersgruppen					
15 bis unter 25 Jahre	%	13,0	13,5	13,9	14,2
25 bis unter 35 Jahre	%	15,8	14,5	13,7	12,9
35 bis unter 65 Jahre	%	41,1	42,6	43,4	44,0
65 und mehr Jahre	%	12,4	13,3	13,8	14,5

Diese Migration hat viele negative Auswirkungen. Die von der Abwanderungsregion getragenen Ausbildungskosten fließen beispielsweise der Zuwanderungsregion zu. Überproportional viele Personen mit Universitätsabschluß haben Mecklenburg-Vorpommern verlassen.[2] Damit wandert jene Gruppe der Bevölkerung ab, die zum Aufbau junger, wettbewerbsfähiger Unternehmen benötigt wird.[3] Es fehlen also die Altersgruppen, aus denen Existenzgründer gewonnen werden könnten. Der spin-off-Prozeß aus den Unternehmen oder aus den Hochschulen wird dadurch geschwächt. Die entstehenden Unternehmen finden außerdem keine qualifizierten Arbeitskräfte für den Aufbau und die Erweiterung ihres Geschäftsbetriebes.

Investitionen in den Humanbereich, in das Wissens- und Innovationspotential und damit auch Veränderungen im mikrosozialen Umfeld sind notwendig, um diesen Prozeß aufzuhalten und um die Situation der Unternehmen in Mecklenburg-Vorpommern langfristig zu verbessern. Das mikrosoziale Umfeld in Mecklenburg-Vorpommern wird deshalb im nächsten Abschnitt analysiert und diskutiert. Ausgangspunkt bildet dabei die Betrachtung von Konzepten für die Regionalentwicklung.

---

1 Vgl. Statistisches Landesamt Mecklenburg-Vorpommern (2001).
2 Vgl. Bandelin/Braun (2000), S. 2 f.
3 Vgl. Dietrich u. a. (1997), S. 80 ff.; Topan (1998), S. 66 ff.

3.2 Mikrosoziales Umfeld

3.2.1 Konzepte der Regionalentwicklung

Seit ungefähr 20 Jahren ist eine Neuorientierung bei der Entwicklung des mikrosozialen Umfeldes innerhalb von Regionen[1] in Deutschland zu verzeichnen. Ursache dafür ist die manifeste Erkenntnis, daß Konzepte, die nur auf auswärtige Investoren setzen und sich auf die Wirksamkeit finanzieller Anreize und klassischer infrastruktureller Entwicklungsmaßnahmen verlassen haben, vielfach die in sie gesetzten Hoffnungen enttäuschten.[2] Auch das Warten auf wirtschaftliche Aktivitäten von Großunternehmen in benachteiligten Gebieten trägt wenig zur Überwindung von Strukturproblemen bei.[3] Deshalb findet die endogene Regionalentwicklung gesamtgesellschaftlich und auch in Mecklenburg-Vorpommern als eine Handlungsalternative verstärkt Beachtung. Sie setzt besonders große Hoffnung auf die Entwicklungspotentiale der bereits in einer Region existierenden kleinen und mittleren Unternehmen und auf die Vorteile der zwischenbetrieblichen Kooperation, gleichzeitig achtet sie aber auch auf eine ausgeglichene Verteilung von großen und kleinen Unternehmen unterschiedlicher Branchen und deren enge Verflechtung im Rahmen von Forschung, Entwicklung und Zulieferung. Erklärtes Ziel ist die Entfaltung des bestehenden wirtschaftlichen Potentials durch lokale oder regionale Vernetzung mittelständischer Betriebe.[4] Durch die Formulierung eines Leitbildes, das die regionale Identität besonders betont, wird dieser Prozeß begleitet und gefördert. Komplementäre Maßnahmen in der Politik und eine adäquate regionale finanzielle Wirtschaftsförderung unterstützen den Gesamtprozeß. So finden gründungswillige Unternehmen günstige Finanzierungsmöglichkeiten, werden Gewerbeflächen für Unternehmen aus bestimmten Branchen reserviert, Genehmigungsverfahren können beschleunigt werden, Marketing und Imagebildung werden zur Angelegenheit der ganzen Region, und der Aufbau eines Kooperations-, Informations-,

---

1 Vgl. Wimmer (1996), S. 40; Koschatzky/Zenker (1999), S. 2; Schmude (1994), S. 3. Unter Region ist ein räumliches Gebilde, das nach klaren Kriterien abgrenzbar ist, zu verstehen. Als Abgrenzungskriterium wird ein Wirtschaftsraum mit räumlichen Grenzen (Bundesland oder Kommune) angenommen.

2 Vgl. Semlinger (1994), S. 89.

3 Vgl. Kirschbaum (1984), S. 81.

4 Vgl. Semlinger (1994), S. 89; Pleschak/Sabisch (1996), S. 310.

Produktions- und Dienstleistungsnetzwerkes wird zum Handlungsfeld der Akteure und Gründungshelfer.[1]

Die endogene Regionalentwicklung stellt eine Möglichkeit der Belebung von Regionen dar. Als eine weitere wird die der regionalwirtschaftlichen Revitalisierung diskutiert. Der Grundgedanke regionalwirtschaftlicher Revitalisierung besteht darin, daß ein Wirtschaftssystem im Zeitablauf bestimmte Entwicklungsstufen durchläuft und dabei einerseits an wirtschaftlicher Stabilität gewinnt, andererseits an wirtschaftlicher Inflexibilität zunimmt. Der Revitalisierungsansatz geht davon aus, daß ein marktwirtschaftliches System seinen „erstarrten" Entwicklungsstand durch die Aktivierung seiner noch schlummernden Potentiale überwinden kann. Dazu muß ein System aus sich selbst heraus junge und kreative Elemente generieren, die sich noch in einem relativ frühen Entwicklungsstadium befinden, um so dem erstarrten Zustand zu begegnen. Das regionale Wirtschaftssystem muß also dazu angeregt werden, die verwachsenen Strukturen und Verhaltensweisen der systemtragenden, etablierten Unternehmungen mit Hilfe von innovativen Impulsen aufzubrechen. Der gesamte Revitalisierungsprozeß soll dabei als eine Folge von innovativen Impulsen und Veränderungen im Kreislauf des Wirtschaftslebens verstanden werden, die ein Wirtschaftssystem durch Verschiebung seiner Altersstruktur aus sich selbst heraus erzeugt. Zusammengefaßt ausgedrückt: Die wirtschaftliche Revitalisierung ist ein sich selbst erzeugender kontinuierlicher Prozeß, durch den leistungsfähige neue Unternehmen aus etablierten „Mutterstrukturen" entstehen. Durch den Markteintritt dieser jungen Unternehmen kann es zum Ausscheiden weniger leistungsfähiger Unternehmungen, z. B. auch der Herkunftsstrukturen, aus dem Markt kommen.[2] Neugegründete Unternehmen spielen also eine besondere Rolle. Sie streben ausdrücklich auf das Ziel, einerseits einen Grad relativer Stabilität zu gewinnen, um dann von dieser Basis aus weiter operieren zu können. Andererseits müssen und wollen sie sich von Vorhandenem und Etabliertem unterscheiden und andere Ideen, Strukturen oder Produkte durchsetzen. Hierin und in der großen Flexibilität junger Unternehmen liegt das wesentliche Revitalisierungspotential der Region.

---

[1] Vgl. Pleschak/Sabisch (1996), S. 310 ff.
[2] Vgl. Kirschbaum (1984), S. 82 f.; Wimmer (1996), S. 9 f.

An dieser Stelle sollte die Revitalisierungspolitik ansetzen, deren Ziele sich wie folgt definieren lassen:

- Erfassung der wesentlichen Determinanten einer revitalisierenden Regionalentwicklung,
  (Dazu zählen die Gewerbestruktur, die regionale Infrastruktur, die vorhandenen Inkubatororganisationen, die Altersstruktur der Bevölkerung, die Arbeitslosenquote, die Gründermobilität.[1])
- Schaffung einer gründerfreundlichen Infrastruktur,
- Beeinflussung potentieller Gründer zur positiven Gründungsentscheidung und
- Unterstützung des Erfolgs von Neugründungen.

Die endogene Regionalentwicklung und die regionalwirtschaftliche Revitalisierung zielen sowohl auf bereits vorhandene Unternehmen als auch auf Neugründungen und streben eine Entwicklung durch die Aktivierung vorhandener Kräfte an. Dieser Ansatz ist aus mehreren Gründen auch kritisch zu betrachten. Krätke stellte dazu fest, daß viele Regionen eher passive Schauplätze für das Wirken einer raumübergreifenden Logik der industriellen Organisation sind, die von den Entwicklungsbedingungen spezifischer Wirtschaftsbranchen und den Produktionskonzepten führender Unternehmen der Branche bestimmt wird.[2] Weiterhin ist davon auszugehen, daß im ländlichen Raum oder in Grenzgebieten kaum Unternehmen vorhanden sind, die die beschriebenen Funktionen übernehmen können.

Auch bei dem Übergang einer planwirtschaftlich organisierten Wirtschaftsordnung mit volkseigenen Betrieben in eine Marktwirtschaft sind die Unternehmen, auf die die endogene Entwicklungspolitik aufbaut, kurzfristig und oft auch perspektivisch wenig vorhanden. Dennoch gibt es zu diesem Konzept kaum Alternativen.[3] Besonders für die wirtschaftliche und infrastrukturelle Entwicklung in den neuen Bundesländern nach 1989 bietet sich die Entwicklung des endogenen Potentials an, da eine Einführung, Belebung und Festigung der Marktwirtschaft nicht allein durch staatliche Maßnahmen

---

1 Vgl. Kirschbaum (1984), S. 84 f.
2 Vgl. Krätke (1997), S. 113.
3 Vgl. von Waldenfels (1986), S. 47; Pleschak/Sabisch (1996), S. 313; Krätke (1997), S. 400.

vollzogen werden kann.[1] Es gilt vielmehr, potentielle Existenzgründer zur Gründung zu ermutigen, junge Unternehmen vor Ort in ihrer Entwicklung zu unterstützen und zu stabilisieren und dadurch wirtschaftliche und soziale Schwierigkeiten zu überwinden und ein positives mikrosoziales Umfeld für potentielle Existenzgründer zu gestalten.

3.2.2 Betrachtungen zum Gründungsaufkommen

Selbständige gelten als probates „Mittel" gegen Arbeitslosigkeit und Strukturschwäche, die es besonders in den neuen Bundesländern zu überwinden gilt.[2] An dieser Stelle sollte nach dem Realismus solcher Annahmen gefragt werden. Läßt sich in den neuen Bundesländern eine „Gründungswelle" beobachten und wie entwickelt sich die Selbständigenquote? Zur Beantwortung dieses Fragen- und Problemkomplexes ist eine Diskussion des Gründungsgeschehens in den neuen Bundesländern insbesondere am Beispiel Mecklenburg-Vorpommerns unter Berücksichtigung historischer Gesichtspunkte und mit Hilfe von statistischen Daten sinnvoll.

Neue Bundesländer

Die wirtschaftliche Entwicklung in den neuen Bundesländern begann unter denkbar ungünstigen Bedingungen. Das wirtschaftshistorische Erbe des Sozialismus erschwerte den Übergang in die Marktwirtschaft.[3] Die Zentralisierung der volkseigenen Betriebe in Kombinaten und die Dezimierung der privaten Kleinunternehmen besonders nach 1972 waren Kennzeichen für eine Politik der Konzentration, die im Gegensatz zu dem Gründungsgeschehen kleiner und mittlerer innovativer Unternehmen in Westeuropa und in den USA stand. Selbständige wurden in der DDR vielfach enteignet. Gab es 1955 noch 1,6 Millionen Selbständige und mithelfende Familienangehörige, waren es im Jahr 1989 nur noch 185.000.[4]

Nach 1989 war ein Großteil des ostdeutschen Produktionsapparates ökonomisch und ökologisch obsolet geworden. Die noch bestehenden Betriebe konnten unter dem ge-

---

[1] Vgl. Semlinger (1994), S. 89.
[2] Vgl. Pannenberg (1997).
[3] Vgl. Hinz (1994), S. 181.
[4] Vgl. Bannasch (1993), S. 183.

waltigen Aufwertungsdruck der Währung innerhalb kurzer Zeit nicht genügend Erträge erwirtschaften, um ausreichend Investitionen zu finanzieren.[1] Die vorhandenen Unternehmensstrukturen reichten, unabhängig von den Eigentumsverhältnissen, nicht aus, um Wettbewerbsfähigkeit in Ostdeutschland zu schaffen. Für den Aufbau marktwirtschaftlicher Strukturen war deshalb die Entstehung einer großen Anzahl vollständig neuer Unternehmenseinheiten unerläßlich. Damit war von Anfang an klar, daß dieses nur durch private unternehmerische Initiative vorangetrieben werden konnte, d.h. es mußte bei der Bevölkerung das Interesse an einer selbständigen unternehmerischen Tätigkeit geweckt werden.[2] Ein wichtiger Faktor, der in diesem Zusammenhang häufig übersehen wird, ist die hohe Selbstrekrutierungsrate im Sozialisierungsprozeß. Kinder von Medizinern werden oft Ärzte und Kinder von Selbständigen werden häufig Selbständige. Wenn aber die Zahl Selbständiger niedrig ist, ist auch der „Rekrutierungspool“ bescheiden. Vor allem galt das für die ehemalige DDR.[3]

Der gewählte Weg der Privatisierung erschwerte außerdem den Aufbau von kleinen und mittleren Unternehmen. Die Strategie der Privatisierung war darauf ausgerichtet, durch „Strukturbereinigung“ der bestehenden Betriebe Voraussetzungen für Großinvestoren zu schaffen. Die Modernisierung des ostdeutschen Kapitals sollte durch den Import von innovativen industriellen Strukturen aus den alten Bundesländern oder aus dem Ausland erreicht werden.[4] Doch der Grundstock für die Entwicklung mittelständischer Wirtschaftsstrukturen wurde durch die Gründung kleiner und mittlerer Unternehmen unmittelbar nach der Wende in den Jahren 1990 und 1991 errichtet (s. Tabelle 3.3). Knapp jedes zweite heute noch marktaktive Unternehmen hat in dieser Zeit seine Geschäftstätigkeit aufgenommen.[5] Das im Vergleich zu den nachfolgenden Jahren hohe Gründungsaufkommen im Jahr 1991 ist also durch den Nachholbedarf zu erklären. Das Aufkommen an Selbständigen zwischen 1991 und 1995 entstand besonders durch:

- Strukturveränderungen hin zur Dienstleistungs- und Informationsgesellschaft, verbunden mit daraus resultierenden kleinen Unternehmensgrößen,

[1] Vgl. Stille (1992), S. 152.
[2] Vgl. Kokalj u. a. (1997), S. 23; Felder u. a. (1997), S. 74.
[3] Vgl. Braun (1999), S. 17.
[4] Vgl. Hinz (1994), S. 181.
[5] Vgl. Kokalj u. a. (1997), S. 187.

- Tendenzen zur Verringerung der optimalen Betriebsgröße,
- Tendenzen zur Auslagerung von Unternehmensteilen und zur Privatisierung von öffentlichen Aufgaben,
- demographische und sozialökonomische Strukturveränderungen hin zu gründungswilligen und gründungsfähigen älteren Erwerbstätigen,
- anhaltende hohe Arbeitslosigkeit.[1]

Ab 1996 ist wieder ein Trend zur verstärkten Existenzgründung zu beobachten, der durch staatliche Förderung unterstützt wurde, wenngleich der Erfolg, gemessen an der Überlebensfähigkeit, rückläufig ist. Sichtbar wird in der Tabelle 3.3, daß sich die Anzahl der Unternehmensgründungen im Zeitraum von 1992 bis 1995 tendenziell verringert. Gleichzeitig steigt innerhalb des gesamten betrachteten Zeitraumes die Zahl der Unternehmensliquidationen stark an, so daß damit per Saldo die Unternehmensneugründungen in den neuen Bundesländern kontinuierlich sinken.

Tabelle 3.3: Anzahl der Unternehmensgründungen und -liquidationen in allen neuen Bundesländern seit 1991
Quelle: Vgl. Bundesministerium für Wirtschaft und Technologie (2000[a]), S. 17.

	1991	1992	1993	1994	1995	996	1997	1998	1999
Unternehmensgründungen	140.000	96.000	79.000	74.000	76.000	86.000	92.000	96.000	92.000
Unternehmensliquidationen	11.000	24.000	41.000	44.000	49.000	74.000	81.000	87.000	85.000
Saldo Unternehmensgründungen	129.000	72.000	38.000	30.000	27.000	12.000	11.000	9.000	7.000

Eine weitere, detailliertere Betrachtung zeigt, daß Existenzgründungen in den neuen Bundesländern in regional unterschiedlicher Intensität erfolgten. Es bildeten sich Raumtypen mit erhöhten Existenzgründungsaktivitäten, wie die touristischen Regionen im Ostseeraum, an der Mecklenburger Seenplatte, im Thüringer Wald und das Umland vieler städtischer Zentren, heraus. Dem gegenüber entstanden Regionen mit deutlich niedrigeren Gründungsraten. Dazu zählen:

[1] Vgl. Möhling (1999), S. 1 f.

- städtische Zentren, auf Grund der ungeklärten Eigentumsfragen,
- im Norden Teile des ländlich-peripheren Mecklenburgs und Brandenburgs,
- im Süden die Bergbauregionen und
- im Westen die Bereiche entlang der ehemaligen Grenze zu den alten Ländern.[1]

Betrachtet man neben der Anzahl an neuen Unternehmen auch die Branchen, in denen gegründet wurde, so wird sichtbar, daß das Gründungsgeschehen sehr heterogen verlief. Einen Eindruck darüber vermittelt die Tabelle 3.4, in der die relative Gründungshäufigkeit im hochtechnisierten Bereich auf Länderebene dargestellt wird.

Tabelle 3.4: Unternehmensgründungen je 10.000 Einwohner in den neuen Bundesländern (1991-1994)
Quelle: Felder u. a. (1997), S. 87.

Bundesland	**ST (1)**	**HWT (2)**	**TIW (1)+(2)**	**NTIW**	**TD**
Mecklenburg-Vorpommern	0,56	1,09	1,65	7,61	4,23
Brandenburg	0,59	1,56	2,15	9,62	5,33
Sachsen-Anhalt	0,55	1,61	2,16	10,52	3,93
Sachsen	0,76	1,86	2,62	8,90	5,20
Thüringen	0,89	1,91	2,80	11,28	4,91
Ostdeutschland gesamt (ohne Berlin)	0,69	1,67	2,36	9,60	4,80

Zur Erklärung:
Abgrenzung entsprechend der Zusammenstellung der technologieintensiven Güter der OECD, Unterscheidung der Wirtschaftszweige in Abhängigkeit von der F&E-Intensität (F&E-Aufwendungen/Umsatz)
ST Spitzentechnik (>8,5%)
HWT Höherwertige Technik (3,5%-8,5%)
TIW Technologieintensive Wirtschaftszweige des Verarbeitenden Gewerbes
NTIW Nicht technologieintensive Wirtschaftszweige des Verarbeitenden Gewerbes
TD Technologieintensive Dienstleistungssektoren

Aus dieser Übersicht ist ein deutliches Nord-Süd-Gefälle im Gründungsaufkommen im High-Tech Bereich des verarbeitenden Gewerbes zu erkennen. Thüringen und Sachsen verzeichnen in diesen Komplexen das höchste Aufkommen. Ausdruck dafür ist auch das „Hochtechnologie-Band“ von Unternehmen mit innovativen Gründungs-

[1] Vgl. Lehmann (1994), S. 147 f.

ideen in Ilmenau, Suhl, Jena, Lobenstein und Schmalkalden im Süden Ostdeutschlands. Die Konzentration dieser Unternehmen entlang des Nordrandes der Mittelgebirge und im Thüringer Becken ist durch die in der Vergangenheit vorhandene technologieorientierte Wirtschaftsstruktur, durch traditionelle Verkehrswege und Wirtschaftskontakte nach Osteuropa und nach Bayern bedingt. Die Attraktivität der Zentren für potentielle Gründer ergibt sich aus der Nähe zu den Hochschulen, den günstigen Verkehrsanbindungen, einer Güterversorgung des höheren Bedarfs und einem hohen Angebot an qualifizierten Arbeitskräften.[1] Hier bestanden für die endogene Regionalentwicklung günstige Voraussetzungen.

Neben der Anzahl der neuen Unternehmen ist besonders deren Stabilität und Überlebensdauer für langfristige gesellschaftspolitische Effekte ausschlaggebend. Analysen bescheinigen, daß in den neuen Bundesländern noch 82,2% der neu gegründeten Unternehmen nach dem ersten, 81,7% nach dem zweiten und 75,2% nach dem dritten Gründungsjahr existieren. Überraschender Weise liegen diese Werte damit nennenswert über den westdeutschen Vergleichswerten (1. Jahr 81,3%, 2. Jahr 72,2%, 3. Jahr 64,1%).[2] Die Ursachen dafür können in einer speziellen Förderpolitik und in einer damit verbundenen Selektion und Unterstützung besonders vitaler Unternehmen liegen. Diese spezielle Förderpolitik äußert sich z. B. in unterschiedlichen Förderzeiträumen und Förderbedingungen in den alten und den neuen Bundesländern. So gewährt die Deutsche Ausgleichsbank in den alten Bundesländern ein ERP-Darlehen mit einer Laufzeit von 10-15 Jahren, in den neuen Ländern beträgt die Laufzeit 15-20 Jahre[3]. Das Eigenkapitalergänzungsdarlehen wird nur in den neuen Bundesländern ausgereicht. Auch die tilgungsfreien Jahre für Darlehen schwanken zwischen den Bundesländern. Das ERP-Darlehen ist in den neuen Ländern 5 Jahre und in den alten Ländern 2-3 Jahre tilgungsfrei.[4]

---

1 Vgl. Felder u. a. (1999), S. 23.
2 Vgl. Pannenberg (1997), S. 3.
3 Hier ergibt sich die Fragestellung nach einer angemessenen kurz- bis mittelfristigen Dauer der Förderung.
4 Vgl. Deutsche Ausgleichsbank (2001).

Mecklenburg-Vorpommern

Mecklenburg-Vorpommern weist gegenüber Sachsen und Thüringen in nahezu allen betrachteten Wirtschaftszweigelementen die geringste Zahl an Gründungen pro 10.000 Einwohner auf.[1] Unternehmensgründungen im Hochtechnologiebereich wurden hier vor allen Dingen in den südlichen Kreisen vorgenommen, während im Norden mit Ausnahme der Stadtkreise Rostock, Schwerin und Neubrandenburg im Vergleich zu den restlichen Kreisen sehr wenige Unternehmen in technologieintensiven Wirtschaftszweigen etabliert wurden.[2] Nicht nur die Existenzgründungen in hochtechnisierten Bereichen befinden sich in Mecklenburg-Vorpommern auf einem niedrigen Niveau, sondern insgesamt das Gründungsaufkommen. Es werden immer weniger Unternehmen gegründet und immer mehr abgemeldet, wie in der Tabelle 3.5 sichtbar wird. Die hier präsentierten Daten spezifizieren die bereits in Tabelle 3.3 getroffenen Angaben zur Unternehmensgründung und -liquidation aller neuen Bundesländer für Mecklenburg-Vorpommern.

Tabelle 3.5: Gewerbeanmeldungen und -abmeldungen in Mecklenburg-Vorpommern (1995-1999)
Quelle: Statistisches Landesamt Mecklenburg-Vorpommern (2001).

Mecklenburg-Vorpommern	**Einheit**	**1995**	**1996**	**1997**	**1998**	**1999**
Gewerbeanmeldungen	Anzahl	17485	15561	16174	16736	16027
Gewerbeabmeldungen	Anzahl	12436	12092	13053	13440	14081
Saldo	Anzahl	5050	3469	3121	3296	1946

Deutschland

Vergleicht man das Gründungsgeschehen in Ostdeutschland mit dem in Gesamtdeutschland und mit dem internationalen Gründungsaufkommen, so zeigt sich, daß die Selbständigenquote (prozentualer Anteil der Selbständigen an den Erwerbstätigen) in den neuen Bundesländern niedriger als in den alten Bundesländern ist. Sie betrug dort 1998 ohne Berücksichtigung der Selbständigen in der Landwirtschaft 8,3%, in den alten Bundesländern 9,6%.[3]

---

1 Vgl. Felder u. a. (1997), S. 88 f.; Becker u. a. (1999), S. 22 ff.
2 Vgl. Felder u. a. (1999), S. 23.
3 Vgl. Institut für Mittelstandsforschung (2000).

In einer Gegenüberstellung der internationalen Selbständigenquoten aus dem Jahr 1998 wird weiterhin erkennbar, daß Deutschland insgesamt hinter Irland (13,4%), Finnland (9,7%), Belgien (14,3%) oder Großbritannien (11,5%) zurückliegt.[1] Von einem „Gründungsboom" oder „Trend in die Selbständigkeit" kann somit weder für die neuen Bundesländer noch für Deutschland gesprochen werden.[2] Das läßt vermuten, daß die vielfach heraufbeschworene Kultur der Selbständigkeit in Deutschland eher eine Kultur der Unselbständigkeit ist. Das unternehmerische Umfeld ist in Deutschland, verglichen mit dem in anderen Ländern[3], nach Braun überreguliert, risikoavers, neuerungsfeindlich.[4] Das kann auf tradierte Lebensmuster und Sozialisationsmechanismen zurückgeführt werden. Diese setzen eher auf „...Bewahrung des vermeintlich Bewährten, denn auf Veränderung oder gar Aufbruch zu neuen Ufern..."[5].

„In dieser Situation scheint es für den potentiellen Unternehmer rational, nicht zu gründen. Mit anderen Worten: Die niedrige Selbständigenquote in Deutschland ist nicht auf vermeintlich traditionalistisches oder irrationales Verhalten zurückzuführen, sondern sie ist umgekehrt das Ergebnis eines rationalen Kosten-Ertrags-Kalküls: Vor die Alternative gestellt, unselbständig mit niedrigen Kosten und niedrigen, aber sicheren Erträgen (Arbeitseinkommen oder Arbeitslosenhilfe) zu leben, oder sich selbständig zu machen, mit hohen Kosten und – vielleicht – hohen, aber sehr unsicheren Erträgen, entscheidet sich die Mehrheit für die Unselbständigkeit. Erst wenn es gelänge, dieses Kalkül durch Variation der Kosten- und/oder Ertragsseite beider Alternativen substantiell zugunsten unternehmerischer Selbständigkeit zu verändern, sind langfristig anhaltende hohe Gründungsraten zu erwarten."[6]

Die Einstellung zur Selbständigkeit ist in Deutschland Produkt eines langfristigen historischen Prozesses. Es ist nicht zu erwarten, daß durch kurzfristig angelegte Initiativen oder Programme dieses Verhalten geändert werden kann. Vielmehr gilt es, Lebensmuster und mentale Einstellungen breiter Bevölkerungsschichten auf lange Sicht

---

1 Vgl. OECD (2000).

2 Nach Kenntnis der Autorin scheint es aber keine Untersuchung darüber zu geben, wie viele Existenzgründer und wie viele kleine Unternehmen eine Volkswirtschaft wirklich benötigt.

3 In der Studie "Global Entrepreneurship Monitor, Länderbericht Deutschland 2000" wird das Gründungsgeschehen von 21 Ländern verglichen. So wird z. B. auch die Einstellung von Deutschen und US-Amerikanern zur Existenzgründung untersucht. In Deutschland haben 50% der Befragten Angst vor einem Scheitern eines start ups, in den USA sind es nur 20,8%. Diese mentale Einstellung spiegelt sich dann auch im tatsächlichen Gründungsgeschehen wider. Vgl. Sternberg (2001); Sternberg/Otten/Tamasy (2001).

4 Vgl. Braun (1999), S. 20; Tamasy (2001), S. 23.

5 Braun (1999), S. 20.

6 Braun (1999), S. 20.

zu verändern und Selbständigkeit zum erstrebenswerten Lebensentwurf zu entwickeln. Die Auseinandersetzung mit dem „Lebenskonzept Selbständigkeit" in den Schulen, Hochschulen, Unternehmen und Verwaltungen ist dafür eine notwendige Bedingung.

3.2.3 Hochschulen

3.2.3.1 Hochschulen als Standortfaktoren

Die Rolle der Universitäten und Fachhochschulen ist in Deutschland mit der Pflege und Entwicklung der Wissenschaften und der Künste durch Forschung, Lehre und Studium vorgegeben. Die Hochschulen bereiten Studenten auf berufliche Tätigkeiten vor, die die Anwendung wissenschaftlicher Erkenntnisse und Methoden oder die Fähigkeiten zur künstlerischen Gestaltung erfordern.[1] Neben diesen traditionellen Aufgaben werden in den letzten Jahren in Deutschland auch darüber hinaus gehende Anforderungen an die Hochschulen, besonders in Hinblick auf ihre Wirkung auf die Wirtschaft, gestellt.[2] Dabei wird von folgenden Prämissen ausgegangen:

- Hochschulen sind Ausbildungsstätten und tragen zur Bildung des regionalen Humankapitals bei. Besonders durch die Ausbildung von Ingenieuren und Naturwissenschaftlern wird eine wichtige Voraussetzung für die Neugründung von Unternehmen geschaffen.[3]
- Hochschulen sind Forschungsstätten, in denen Wissenschaftler nach neuem Wissen streben. Von den Ergebnissen der angewandten Forschung kann auch die regionale Wirtschaft profitieren. Hochschulen sollen deshalb mit Unternehmen und anderen Einrichtungen in der Region für den Wissenstransfer kooperieren.
- Hochschulen sind Standortfaktoren. Sie stärken die Stellung der Region im Wettbewerb um Unternehmensansiedlungen und um hochqualifizierte Arbeitskräfte.[4]

---

1 Vgl. Peisert/Framheim (1997), S. 11; Becher u. a. (1996), S. 68; Zdrowomyslaw/Rethmeier (1995), S. 17.
2 Vgl. Bulmahn (1999), S. 17 f.; Kluge/Teichler (1988), S. 213 ff.; Zedler (1999).
3 Vgl. Bund-Länder-Kommission für Bildungsplanung und Forschungsförderung (1996).
4 Vgl. Gebbert/Vesper (1997), S. 32 f.; Knödler/Tivig (1996), S. 5, 25; Hecht (1998), S. 15; Bundesministerium für Bildung und Forschung (1997[a]), S. 11; McQueen/Wallmark (1991), S. 104-105; Gibson/Smilor (1991), S. 64.

Die Frage, ob die Hochschulen neben ihrem Bildungsauftrag diesen Anforderungen gerecht werden können oder sollen, wird unterschiedlich beantwortet.[1] Unbestritten scheint, daß Hochschulen Impulse für die Region geben. Diese lassen sich mit Ausgabeeffekten und Wissenseffekten beschreiben. Unternehmen, Verwaltungen und private Haushalte erteilen z. B. Aufträge an Hochschulen oder nehmen Dienstleistungen in Anspruch. Die Hochschulen veranlassen Sach- oder Investitionsausgaben und realisieren diese auch über regionale Partner. Die Hochschulen erzeugen durch Forschung und Entwicklung neues Wissen und vermitteln dieses durch die Lehre. Die Studenten tragen das Wissen in die Praxis, und es findet möglicherweise bei Existenzgründungen seine Umsetzung in Produkte. Unternehmen wiederum können durch die Zusammenarbeit mit den Hochschulen Ergebnisse der angewandten Forschung gewinnen. Die Standortqualität der Region verbessert sich, und das führt zu einer Aufwertung der Hochschulen, die ihre Anziehungskraft auf Studenten, Professoren und externe Partner vergrößern. Die wechselseitigen Wirkungen sind also groß, wie auch in der Abbildung 3.1 verdeutlicht wird.

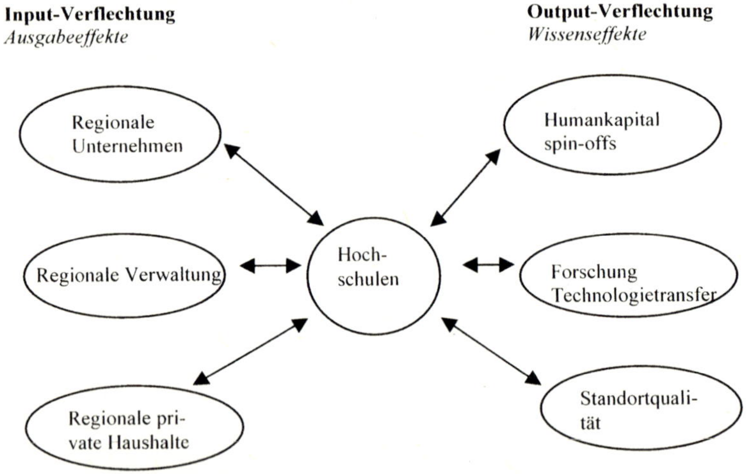

Abbildung 3.1: Regionale Entwicklungseffekte von Hochschulen
Quellen: Vgl. Gebbert/Vesper (1997), S. 1; Hecht (1998), S. 15 f.; McQueen/Wallmark (1991), S. 104 f.

[1] Vgl. Wild (1986), S. 70.

Besonders für strukturschwache Regionen wie Mecklenburg-Vorpommern ergibt sich aus der Existenz von Universitäten und Fachhochschulen eine Vielfalt von Vorteilen für die Entwicklung der Humanressourcen. Die Hochschulen haben große Bedeutung für deren Generierung, Erweiterung, Aktualisierung, qualitative Anreicherung und schließlich Mobilisierung. Andererseits steigern die Hochschulen selber durch ihr großes Wissens- und Forschungspotential ihre Ausstrahlung auf das Umland.[1]

3.2.3.2 Hochschulen als Ausbildungs- und Forschungsstätten

Ausbildungsstätten

Deutschland ist mit 82 Universitäten ausgestattet, 16 davon befinden sich in den neuen Bundesländern und zwei davon in Mecklenburg-Vorpommern. Es existieren deutschlandweit 136 Fachhochschulen, davon 24 in Ostdeutschland und davon drei in Mecklenburg-Vorpommern. Hier zeigt sich, daß Mecklenburg-Vorpommern im Vergleich zu den anderen Bundesländern über die geringste Anzahl an Hochschuleinrichtungen verfügt (s. Abbildung 3.2).[2] Das spiegelt sich auch in der Anzahl der Studierenden bezogen auf die Einwohner in den jeweiligen Bundesländern wider (s. Tabelle 3.6).

---

1 Vgl. Bandelin u. a. (1999), S. 37.

2 Vgl. Bandelin u. a. (1999), S. 38 f.

Abbildung 3.2: Übersicht über die Hochschulstandorte in Deutschland
Quelle: Universität Trier (2001).

Bei dieser Analyse nimmt Mecklenburg-Einwohnern den 13. Platz innerhalb der 16 Bundesländer ein. Schleswig-Holstein, Sachsen-Anhalt und Brandenburg weisen ein noch schlechteres Verhältnis der Universitätsstudenten zu den Einwohnern auf. In Schleswig-Holstein und Brandenburg muß man allerdings die unmittelbare Nähe von Hamburg und Berlin und der dort ansässigen Universitäten berücksichtigen. Unter diesem Gesichtspunkt sieht die Bilanz für Mecklenburg-Vorpommern noch schlechter aus. Wird das Verhältnis der Fachhochschulstudenten zu den Einwohnern analysiert, dann liegt Mecklenburg-Vorpommern vor dem Saarland, Brandenburg und Thüringen.

Tabelle 3.6: Studierende im Verhältnis zu den Einwohnern
Quellen: Vgl. Statistisches Bundesamt Deutschland (2000), S. 376, ergänzt mit eigenen Berechnungen.

Land	**Hochschulart**			
	Universitäten (Wintersemester 1999/2000)		Fachhochschulen ohne Verwaltungsfachhochschulen (Wintersemester 1999/2000)	
	Studierende insgesamt	Anteil Studenten an den Einwohnern (%)	Studierende insgesamt	Anteil Studenten an den Einwohnern (%)
	1.145.248		411.181	
Baden-Württemberg	113.315	1,08	50.800	0,48
Bayern	151.278	1,24	53.023	0,44
Berlin	102.208	3,02	20.477	0,60
Brandenburg	19.770	0,76	9.206	0,35
Bremen	17.443	2,63	7.460	1,12
Hamburg	48.577	2,85	15.049	0,88
Hessen	90.530	1,50	37.085	0,61
Mecklenburg-Vorpommern	17.485	0,98	7.563	0,42
Niedersachsen	103.892	1,32	35.190	0,44
Nordrhein-Westfalen	282.978	1,57	92.006	0,51
Rheinland-Pfalz	55.978	1,39	22.334	0,55
Saarland	16.828	1,57	2.734	0,26
Sachsen	54.079	1,21	21.085	0,47
Sachsen-Anhalt	20.477	0,77	13.306	0,50
Schleswig-Holstein	24.499	0,88	15.130	0,54
Thüringen	25.911	1,06	8.733	0,36

Die Studenten in Mecklenburg-Vorpommern rekrutieren sich hauptsächlich aus dem nahen Umland. So studieren an der Universität Rostock ca. 10.000 Studenten, von denen rund 60% aus Mecklenburg-Vorpommern stammen.[1] An der Universität Greifswald ergibt sich ein ähnliches Bild. Von 6.280 Studenten im Wintersemester 1999/2000 kamen 1.983 aus den alten und 4.297 aus den neuen Bundesländern. Darunter wiederum befanden sich 3.283 Studenten aus Mecklenburg-Vorpommern, das sind 52% der Studenten (s. Anhang 1).[2] An den Fachhochschulen verstärkt sich diese Tendenz. Es studieren dort mehr Studenten aus den neuen als aus den alten Bundesländern, und die meisten Studenten aus den neuen Bundesländern kommen aus Mecklenburg-Vorpommern (siehe auch Anhang 2 und 3).[3]

Tabelle 3.7: Studenten aus den neuen Bundesländern und davon aus Mecklenburg-Vorpommern an den Hochschulen in Mecklenburg-Vorpommern (WS 99/00)
Quelle: Eigene Berechnungen.

Einrichtung	**Studenten Insgesamt**	**davon aus den neuen Bundesländern (%)**	**davon aus Mecklenburg-Vorpommern (%)**
Universität Rostock	10.000	70	60[4]
Universität Greifswald	6.280	68	52[5]
Fachhochschule Wismar	3.503	88	79
Fachhochschule Stralsund	2.150	87	86
Fachhochschule Neubrandenburg	1.820	80	70

Studenten und Studentinnen in Mecklenburg-Vorpommern präsentieren den Zuwachs an regionalem Humankapital und könnten als potentielle Existenzgründer in Frage kommen. Doch das Interesse an einer Existenzgründung ist gering. So ergab z. B. eine

1 Vgl. Bandelin u. a. (1999), S. 50; Knödler/Tivig (1996), S. 32.
2 Vgl. Universität Greifswald (1999[b]); Matschke (1999), S. 15 f. Untersuchungen für Studenten der Betriebswirtschaftslehre.
3 Vgl. Fachhochschule Stralsund (1999), S. 9; Fachhochschule Stralsund (1998), S. 4.
4 Der im Vergleich zu den Fachhochschulen geringere Anteil der Studenten aus Mecklenburg-Vorpommern läßt sich durch den hohen Anteil an NC-Fächern erklären. Dadurch werden Abiturienten aus ganz Deutschland immatrikuliert.
5 Siehe Fußnote 4.

Umfrage unter Studenten der Fachhochschule Stralsund, die am Ergänzungsfach Entrepreneurship teilnahmen, daß acht von zwölf Teilnehmern eine Existenzgründung allgemein für erstrebenswert halten, aber nur vier sich konkret für eine Existenzgründung interessierten (Fragebogen siehe Anhang 4).[1]

Nur im Bereich der Biotechnologie besteht in Mecklenburg-Vorpommern demgegenüber ein positiver Trend. In den Jahren 1996 bis 1999 wurden von Akademikern 21 Unternehmen in der Biotechnologiebranche mit 188 Arbeitsplätzen gegründet (s. Anhang 5). Doch diese Entwicklung ist in Mecklenburg-Vorpommern die Ausnahme.[2]

Forschungsstätten

Grundlagenforschung und angewandte Forschung sind neben der Lehre weitere wichtige Aufgaben der Hochschulen. Forschungsschwerpunkte geben an, auf welchen Gebieten die Forschung vorrangig betrieben wird. Einen Überblick dazu vermittelt Tabelle 3.8.

[1] Umfrage der Autorin an der Fachhochschule Stralsund unter Teilnehmern der „entrepreneur-ship-education"-Seminare, statistisch nicht signifikant.

[2] Der ermittelte bundesweite Gründungskorridor aller wissenschaftlichen Mitarbeiter und Hochschulabsolventen (ohne freie Berufe wie Ärzte, Rechtsanwälte, Steuerberater usw.) umfaßt nach Untersuchungen der Arbeitsgemeinschaft Deutscher Technologiezentren nur zwischen 460 und 1.020 Existenzgründungen pro Jahr. In diesem Bereich scheint das Gründungspotential aus Hochschulen, mit dem etwa gerechnet werden kann, zu liegen. Vgl. Bergmann/Rosskopf (1998[a]); Bergmann/Rosskopf (1998[b]); Corsten/Junginger-Dittel (1982), S. 298; Bundesministerium für Bildung und Forschung (1999), S. 184; Minsk (1998), S. 21; Mohr (1998), S. 154 ff.; Wübker (1998), S. 145 f.; Arbeitsgemeinschaft Deutscher Technologie- und Gründerzentren e.V. (1998), S. 25 ff.; Winkler (1988), S. 133; Bargel/Ramm (1998), S. 166.

Tabelle 3.8: Forschungsschwerpunkte der Hochschulen in Mecklenburg-Vorpommern
Quelle: Eigene Internetrecherche, Stand 2000.

Hochschule	Forschungsschwerpunkte
FHS Wismar	- Kunststofftechnologie: Simulation und technologische Optimierung von Spritzgußprozessen, Thermoplastrecycling - Design für elektronische Erzeugnisse - Anwendung neuronaler Netze und der Fuzzylogik in automatischen Systemen und in der Signalverarbeitung - Dünnschichtsysteme für die Elektronik, Medizintechnik, Sensorik - Entwicklung und Qualitätssicherung der Aufbau- und Verbindungs-technik in der Elektronik - Sicherer und effektiver Seeverkehr - Diagnostik und Instandsetzung historischer Bausubstanz sowie energie- und umweltgerechte Modernisierung
FHS Stralsund	- Hybride Energieerzeugung - Dreidimensionaler Ultraschall - Medizinische Arbeitsplatzsysteme - Strohlehmsteine - Schwingungsverhalten von Bauteilen - Alternative Brennstoffe - Statistik in der Marktforschung und Medizin - Mittelstandspolitik
FHS Neubrandenburg	- Evaluierung städtebaulicher Entwicklungsmaßnahmen in Bayern - Praxisuntersuchung und Expertise zu einer Novellierung der Baunutzungsverordnung - Bioabfallkompost im Möhrenanbau - Erkennungsverfahren für Ernteprodukte aus gentechnisch veränderten Pflanzen - Wirtschaftlichkeit der pfluglosen Bodenbearbeitung - Pflege in der Familie - Situation Langzeitarbeitsloser und arbeitsloser Behinderter
Universität Greifswald	- Plasmaphysik - Boddenlandschaftsforschung, Landschaftsökologie - Molekulare Biologie, Molekulare Medizin, Biotechnologie - Community Medicine, Dentistry - Kultur des Mittelalters, Mittelalterzentrum - Nord- und Baltische Studien
Universität Rostock	- Pankreaserkrankungen - Transplantationsmedizin, künstlicher Organersatz und Biomaterialien - Osteoporose und degenerative Erkrankungen des Knochens - Maritime Systeme und Prozesse - Umweltgerechte Nutzung und nachhaltige Entwicklung ländlicher Räume - Biogene Rohstoffe - Physikalische und chemische Grundlagen neuer Materialien - Komplexe und zelluläre Sensorsysteme

Eine erste Betrachtung läßt erkennen, daß die Universitäten als Forschungsschwerpunkte oft ganze Wissenschaftszweige ausweisen, die eine große Breite von Themen enthalten. Von den Fachhochschulen werden demgegenüber sehr praxisrelevante Einzelthemen als Forschungspunkte angegeben. Diese Tatsache ist damit zu erklären, daß die Forschung an den Universitäten eine grundlegend andere Stellung als an den Fachhochschulen einnimmt. Besonders seit der Universitätserneuerung des frühen 19. Jahrhunderts wurde die, von allen unmittelbaren gesellschaftlichen Interessen freie Forschung und die Absetzung der universitären Bildung vom schulischen Unterricht, wie auch von der beruflichen Praxis allgemein akzeptiert.[1] Die damals formulierten Postulate der „Lehr- und Lernfreiheit" und der „Einheit von Forschung und Lehre" gelten an deutschen Universitäten noch heute. Universitäten bieten wissenschaftliche Disziplinen in großer Breite und Vollständigkeit an, Forschung, Lehre und die Ausbildung des wissenschaftlichen Nachwuchses sind aufs engste miteinander verbunden, wie auch die Hochschulforschung in erster Linie auf Erkenntnisfortschritt ausgerichtet ist.[2]

An den Fachhochschulen, die die ehemaligen Ingenieurschulen und höheren Fachschulen der Wirtschaft, Sozialpädagogik, Gestaltung und Landwirtschaft vereinen, steht demgegenüber seit ihrer Gründung die Lehre im Vordergrund. Das Studium war von Anfang an durch einen besonderen Praxisbezug, kürzere Studienzeiten und eine straffe Studienorganisation gekennzeichnet. Angewandte Forschung und Entwicklung spielten deshalb eine untergeordnete Rolle.[3] Zehn Jahre nach der Gründung der Fachhochschulen wurde die Ausklammerung der Forschung aus dem Aufgabenspektrum bereits als nachteilig empfunden, denn die Aktualität der Lehre litt unter dem Mangel an Forschungsarbeit, wie auch den Erfordernissen der Praxis nach gut ausgebildeten Absolventen nicht mehr Rechnung getragen werden konnte.[4] Seither bestehen Tendenzen zur Ausweitung der Forschungsaktivitäten, die durch unterschiedlichste Förderprogramme unterstützt werden. Beispielhaft soll hier das bundesweit geltende „Programm

---

1 Vgl. Preisert/Framhein (1997), S. 3. Obwohl die jüngsten politischen Diskussionen um Juniorprofessuren, leistungsbezogene Bezahlung der Lehrkräfte an den Hochschulen oder auch Evaluierung der Professoren durch Mitarbeiter von Ministerien den Humboldtschen Prinzipien eher widersprechen.

2 Vgl. Preisert/Framhein (1997), S. 73.

3 Vgl. Preisert/Framhein (1997), S. 38; Bundesministerium für Bildung, Wissenschaft, Forschung und Technologie (1997[b]), S. 7.

4 Vgl. Bundesministerium für Bildung, Wissenschaft, Forschung und Technologie (1997[b]), S. 7.

zur Förderung anwendungsorientierter Forschung und Entwicklung an Fachhochschulen" des BMBF erwähnt werden, durch das seit 1992 anwendungsorientierte Forschungs- und Entwicklungsprojekte gefördert werden.[1]

Die in der Tabelle 3.8 dargestellten Forschungsschwerpunkte der Hochschulen in Mecklenburg-Vorpommern zeigen dann auch recht deutlich den unterschiedlichen Stellenwert der Forschung an Universitäten und Fachhochschulen und lassen die Unterschiede in der Forschungstätigkeit sichtbar werden.

Werden die einzelnen Forschungsschwerpunkte der Hochschulen zusammengefaßt, können für Mecklenburg-Vorpommern übergreifende Inhalte festgestellt werden. Dabei handelt es sich um:

- Medizin, Biologie, einschließlich der Biotechnologie,
- Sensorik,
- Plasmaphysik,
- Entwicklung neuer Materialien und
- Informationstechnologie.

Ein Zusammenhang zwischen den Forschungsschwerpunkten, den sich daraus möglicherweise ergebenden Gründungsideen und den tatsächlich regional frequentierten Gründungsfeldern, der zunächst vermutet werden kann, ist aber nicht auszumachen. Im Gegenteil, eine Analyse der Unternehmensgründungen in Mecklenburg-Vorpommern zeigt, daß diese schwerpunktmäßig in der Bauwirtschaft und in der Dienstleistungsbranche, besonders im Handel und auf dem Gebiet der Installation und Reparatur von Kraftfahrzeugen und Gebrauchsgütern, stattfinden (s. Tabelle 3.9).

[1] Vgl. Bundesministerium für Bildung, Wissenschaft Forschung und Technologie (1997[b]), S. 9.

Tabelle 3.9: Anzahl der Gewerbeanmeldungen nach Wirtschaftsabschnitten in Mecklenburg-Vorpommern
Quelle: Statistisches Landesamt Mecklenburg-Vorpommern (2001).

Gewerbeanmeldungen (Anzahl)				
Wirtschaftsabschnitt	**1995**	**1996**	**1997**	**1998**
Fischerei und Fischzucht	2	3	8	4
Bergbau und Gewinnung von Steinen und Erden	11	16	18	19
Energie und Wasserversorgung	47	33	48	57
Gesundheits-, Veterinär- und Sozialwesen	52	72	99	90
Erziehung und Unterricht	138	92	102	125
Land- und Forstwirtschaft	176	177	241	263
Verarbeitendes Gewerbe	800	612	603	633
Verkehr und Nachrichtenübermittlung	1.456	786	732	787
Erbringung von sonstigen öffentlichen und persönlichen Dienstleistungen	1.038	888	865	950
Kredit- und Versicherungswesen	1.164	1.043	1.012	1.094
Gastgewerbe	2.160	2.194	2.626	2.313
Baugewerbe	2.007	1.988	2.198	2.331
Grundstücks- und Wohnungswesen	2.722	2.722	2.639	3.140
Handel, Installation und Reparatur von Kfz und Gebrauchsgütern	5.712	4.935	4.983	4.930

Diese Tatsache ist einer Vielzahl von Gründen geschuldet. Ein Aspekt, der beachtet werden muß, ist der, daß immer auf Gebieten gegründet wird, die in keiner Weise von Hochschulen beeinflußt werden. So werden Handwerksunternehmen oder Unternehmen in der Dienstleistungsbranche entstehen, die überhaupt keinen Bezug zu Forschungsschwerpunkten an den Universitäten oder Fachhochschulen aufweisen können. An den Hochschulen beeinflußt die Freiheit der Forschung, die im Grundgesetz Artikel 5, Abs. 3, wie auch im § 4 des Hochschulrahmengesetzes verankert ist, das Geschehen. Besonders an den Universitäten zählt dieses Recht zu den wichtigsten Voraussetzungen, um in der Grundlagenforschung und in der angewandten Forschung auf internationalem Niveau Wissenszuwachs zu erzielen. Deshalb kann auch nicht erwartet werden, daß in erster Linie regionale Anforderungen oder Existenzgründungsbemühungen im Vordergrund der Forschungstätigkeiten stehen, obwohl es durchaus entsprechende Aktivitäten gibt. So ist die spätere Selbständigkeit von Juristen, Pharmazeuten oder Ärzten Usus, wie auch Forschungsprojekte mit der regionalen Wirtschaft durchgeführt werden. Regionale Belange und Existenzgründungsförderung werden zwar nicht als Schwerpunkte innerhalb des Fächers der universitären Aufgaben angesehen, aber sie werden auch nicht behindert. Im Rahmen umfangreicher Handlungsrechte steht es den Professoren durchaus frei, auf diesen Gebieten tätig zu werden.

Für die Fachhochschulen besteht durch die Orientierung auf die angewandte Forschung möglicherweise eher die Notwendigkeit, Forschungsfragen und Schwerpunkte mit der regionalen Industrie abzustimmen. Dem wird, wie in der Tabelle 3.8 sichtbar ist, bereits Rechnung getragen. Ein eindeutiger Zusammenhang zwischen den, auf regionale Erfordernisse abgestimmten Forschungsschwerpunkten und daraus entstehenden Existenzgründungen kann aber auch hier nicht hergestellt oder nachgewiesen werden.

Durch Technologietransfer, d.h. durch den Austausch von Kenntnissen und Erfahrungen zwischen Unternehmen und Hochschulen, und durch die Übertragung von wissenschaftlichem und technologischem Wissen von einer Person, Institution oder Organisation auf eine andere in einem arbeitsteiligen Prozeß[1] soll versucht werden, Anregungen für eine weitere Entwicklung besonders der angewandten Forschung zu geben. Mecklenburg-Vorpommern fördert deshalb durch eine Reihe von Maßnahmen den Transfer von Wissen aus Hochschulen in die Wirtschaft und umgekehrt von praktischen Problemstellungen aus der Wirtschaft in die Wissenschaft. Als Beispiel dafür kann die Unterstützung der Verbundprojektforschung durch das Ministerium für Bildung, Wissenschaft und Kultur genannt werden. Einen Überblick vermittelt die Tabelle 3.10.

---

[1] Vgl. Knoblauch (1996), S. 25; Lersch (1985), S. 54; Jaumann (1986), S. 4 f.; zu Problemen des Technologietransfers zwischen Hochschulen und Unternehmungen vgl. Corsten (1982), S. 50 ff.

Tabelle 3.10: Übersicht über Förderprogramme zur Unterstützung des Technologietransfers in Mecklenburg-Vorpommern (exemplarisch)
Quelle: Eigene Recherche, Stand 2000.

Programm	Inhalt	Finanzielle Mittel
TEAM-Programm	- vorwettbewerbliche, interdisziplinäre und angewandte Vorhaben werden gefördert - Wissenschaftler muß mit Verbundpartner aus Wirtschaft, Wissenschaft oder aus kommunalem Bereich zusammenarbeiten - Projekte der Forschungszentren Hochschule/Wirtschaft werden besonders gefördert	innerhalb der 5jährigen Laufzeit 14 Mio. DM, davon für Fachhochschulen 4,7 Mio. DM
Gründer-Team-Förderung	- einjährige Anschubfinanzierung für die Vorbereitung der Existenzgründung aus einer Hochschule oder aus außeruniversitären Forschungseinrichtungen	jährlich bis zu je 50.000,- DM für drei Gründer-Team-Projekte
EU-Anschubförderung für die Hochschulen	- Abdecken von Reisekosten zur Anbahnung von EU-Forschungsförderprojekten	jährlich 700.000,- DM
Messeförderung	- Abdeckung von Kosten für Gemeinschaftsstände und Messeaktivitäten der Hochschulen	jährlich 1 Mio. DM
Förderung des Aufbaus und Managements von themenorientierten Verbünden	- themenorientierte und international wettbewerbsfähige Verbünde aus Hochschulen, außeruniversitäre Forschungseinrichtungen und Kooperationspartnern aus der Wirtschaft - Umsetzung von Forschungsergebnissen in Produkte, Verfahren oder Dienstleistungen - Landesforschungsschwerpunkte in ihrer Bündelung und Vernetzungsfunktion stärken	Förderung von drei Verbünden, jeder mit bis zu 100.000,- DM pro Jahr

Neben diesen landesspezifischen Unterstützungsmaßnahmen werden auch Bundesprogramme für die Förderung des Technologietransfers durch Unternehmer und Wissenschaftler aus den Hochschulen in Anspruch genommen. Der Wettbewerb „InnoRegio“ des Bundesministeriums für Bildung und Forschung ermuntert z. B. Unternehmer, Forscher, Politiker und Verwaltungsfachleute sowie Experten aus der Bildung, in Netzwerken zusammenzuarbeiten und damit wettbewerbsfähige Strukturen zu schaffen, die neue Markt- und Beschäftigungsmöglichkeiten bieten. Beim „InnoNet-

Wettbewerb" des Bundesministeriums für Wirtschaft stehen die Förderung von Verbundprojekten zwischen kleinen und mittleren Unternehmen und Forschungseinrichtungen im Vordergrund. Forschungseinrichtungen sollen angeregt werden, ihre Arbeit stärker auf die Bedürfnisse kleiner und mittlerer Unternehmen auszurichten. Dabei sollen deren technologisches Leistungsniveau und Kompetenz durch den Einstieg in neue Technologiegebiete oder durch die Anbahnung von Kooperationen deutlich erhöht werden.[1] Auch an diesen Wettbewerben nehmen Unternehmen und Forschungseinrichtungen aus Mecklenburg-Vorpommern gemeinsam teil.

Die Hochschulen in Mecklenburg-Vorpommern stehen vor der anspruchsvollen Aufgabe, als Ausbildungsstätten, Forschungsstätten und Standortfaktoren zu fungieren. Bedingt durch die im Kapitel 3 beschriebene wirtschaftliche und finanzielle Situation im Bundesland ist dieses Vorhaben nur mit Schwierigkeiten umzusetzen. Dennoch finden Studenten, Absolventen und wissenschaftliche Mitarbeiter in Mecklenburg-Vorpommern an den Hochschulen ein Umfeld vor, das sich förderlich auf einen Gründungsentschluß auswirken kann. Dazu zählen solche Faktoren wie die differenzierte Förderung von Forschungs- und Kooperationsvorhaben zwischen der Industrie und den Hochschulen durch das Kultusministerium, die engen Kontakte zwischen Unternehmern und Wissenschaftlern und die daraus resultierenden Verbundprojekte, die durch Bundesprogramme unterstützt werden und nicht zuletzt die Möglichkeit, an Aus- und Weiterbildungsprogrammen für potentielle Existenzgründer teilzunehmen. Die Universitäten und Fachhochschulen, wie auch externe Bildungsträger bieten sehr differenzierte Maßnahmen an, um Akademiker mit gründungsrelevantem Wissen auszustatten und notwendige Fähigkeiten zu trainieren.

Diese Aus- und Weiterbildungsangebote werden im folgenden analysiert und auf ihre Wirkungsweise untersucht. Ausgangspunkt bilden dabei Überlegungen zu den notwendigen unternehmerischen Fähigkeiten und zu den Möglichkeiten ihrer Aneignung.

---

[1] Vgl. Bundesministerium für Bildung und Forschung (2000[b]); Bundesministerium für Wirtschaft und Technologie (2001).

4 Gestaltung und Anforderungen an Ausbildungsprogramme und Projekte für potentielle Existenzgründer

4.1. Unternehmerische Fähigkeiten

Unternehmensgründer zeichnen sich oft durch eine ganze Reihe von besonderen Charaktereigenschaften aus. Sie sind außerordentlich risikobereit, überdurchschnittlich kreativ, können konzeptionell denken, verfügen über Führungsfähigkeit, Entscheidungsbereitschaft und Durchsetzungsvermögen.[1] Einige dieser Eigenschaften sind förderbar, aber nicht erlernbar, wie z. B. Kreativität und grundlegende Risikobereitschaft. Andere sind als förder- und erlernbare Fähigkeiten einzustufen.[2] Eine umfangreiche Übersicht zu den förder- und erlernbaren Fähigkeiten geben Wilkie, Deeks und Hisrich (s. Tabelle 4.1).

Die Summe aller dieser Fähigkeiten ist Grundlage und Ausgangspunkt für ganz typische Handlungen und Verhaltensweisen von Unternehmern (s. Abbildung 4.1). Von diesen Fähigkeiten und den daraus resultierenden Handlungen und Verhaltensweisen lassen sich die Ziele für eine Ausbildung von potentiellen Existenzgründern ableiten. Bei der Konzipierung von Ausbildungsprogrammen sollte davon ausgegangen werden, „...daß die typische Zielgruppe für die Entrepreneurship-Ausbildung Personen sind, die ähnliche Dispositionen wie die tatsächlichen Unternehmer und Unternehmensgründer besitzen"[3]. An den Hochschulen in Mecklenburg-Vorpommern werden aber bisher für gründungsinteressierte Akademiker kaum Lehrangebote offeriert, in denen diese Qualifikationen geschult werden.

---

1 Vgl. Beyer u. a. (1996), S. 359.
2 Vgl. Schubert (1997), S. 6.
3 Klandt (1999), S. 249; Vgl. Johannisson (1993), S. 25.

Tabelle 4.1: Förder- und erlernbare Fähigkeiten von Unternehmern
Quellen: Vgl. Wilkie/Deeks (1973), S. 6 ff., Übersicht S. 24; Hisrich (1993), S. 30.

Förder- und erlernbare Fähigkeiten von Unternehmern	
Persönliche Gründerfähigkeiten	**Technische Fähigkeiten**
Eigene Kontrolle, Disziplin	Schreiben
Risikofreudigkeit	Mündliche Verständigung
Visionär führen	Beobachtung der Umwelt
Veränderungsorientiert	Technisches Geschäftsmanagement
Ausdauernd	Technologien beherrschen
Geschäftsmanagementfähigkeiten	Beratungen organisieren und durchführen
Planen und Ziele setzen	Im Team arbeiten
Wachstum managen	Zuhören
Beziehungen zu Menschen herstellen	Netzwerke aufbauen
Unternehmen in Gang setzen	Managementstil entfalten
Finanzen, Kontrolle	
Management, Marketing	
Allgemeine Managerfähigkeiten	**Administrative Fähigkeiten**
Entscheiden	Sachliche Einstellung
Probleme lösen	Geschäftspolitik formulieren
Informationen bearbeiten	Strategisches Planen
Unternehmerische Fähigkeiten	Organisieren
Innovationsfähigkeit	Koordinieren
Zwischenmenschliche Kommunikation	Formale Kommunikation
Taktische Planung	Beobachten
Verhandlungsfähigkeiten	Stabilisieren
Bewältigung von Ärger	

In den regulären Lehrveranstaltungen an den Hochschulen, wie in Seminaren, Übungen oder Vorlesungen, werden Wissen und fachliche Kompetenz vermittelt, weniger Kommunikationsfähigkeit, fachübergreifendes Denken, Team- oder Organisationsfähigkeit.[1] Als Ausnahmen sind hier gruppenorientierte Veranstaltungen, die Förderung von Lerngruppen und Praktika zu nennen. Auch in den fakultativen Bildungsangebo-

[1] Vgl. Minsk (1998), S. 17.

ten für gründungswillige Studenten oder Absolventen stehen oft die Vermittlung von speziellen Kenntnissen der Betriebswirtschaftslehre oder juristische, steuerrechtliche und versicherungstechnische Aspekte im Mittelpunkt.[1]

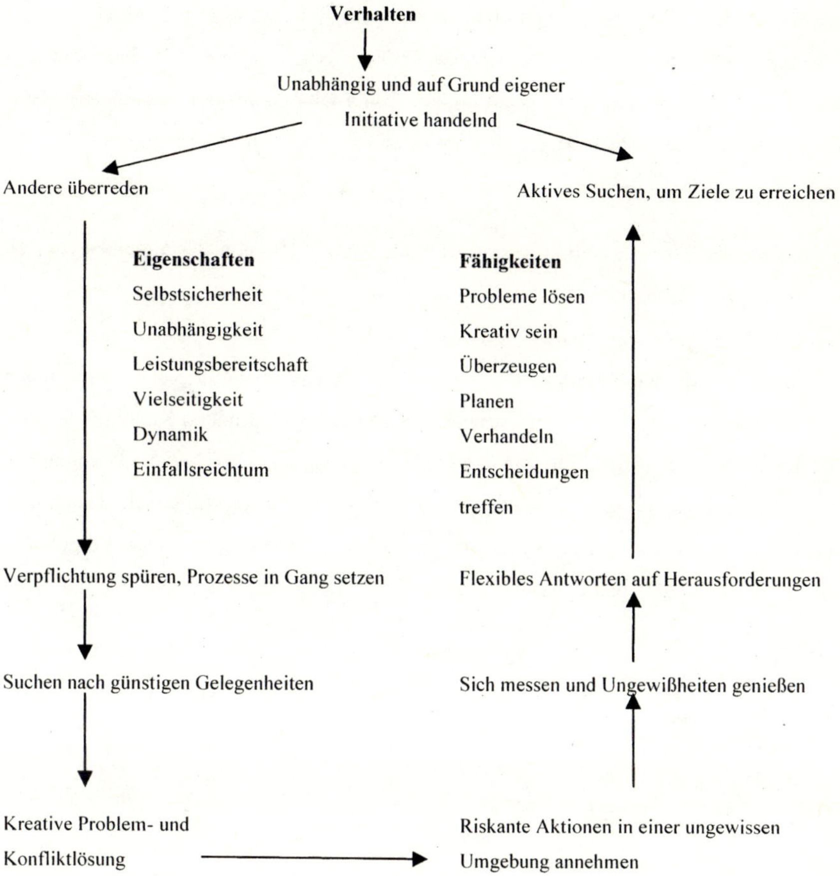

Abbildung 4.1: Eigenschaften, Fähigkeiten und Verhalten des Unternehmers
Quelle: Vgl. Gibb (1993), S. 11.

[1] Vgl. Institut für Mittelstandsökonomie an der Universität Trier e.V. (1998), S. 19.

„Grundlagen der Existenzgründung werden in ca. 72% der Veranstaltungen vermittelt, hinzu kommen die Vermittlung von speziellen BWL-Kenntnissen (69%) sowie versicherungstechnische, steuerliche und juristische Aspekte (64%). Weniger häufig sind bereits Angebote zur **konkreten** Gründungsvorbereitung (25%). Selten dargestellt werden schließlich Fortbildungsmöglichkeiten und Antworten zu persönlichen Absicherungserfordernissen des Unternehmers selbst (6%).“[1] Die Lehrangebote sind außerdem zumeist auf bestehende und größere Unternehmen ausgerichtet und nicht auf lokal agierende, in der Vorbereitung der Gründung befindliche kleine und mittlere Unternehmen zugeschnitten.[2]

Damit decken diese Ausbildungsangebote nur bedingt die von den potentiellen Existenzgründern definierten Bedürfnisse ab, die aus der Tabelle 4.2[3] ersichtlich werden. So wird der Bedarf an verhaltensbezogenen Fähigkeiten (Aufbau und Nutzung persönlicher Kontakte, Kommunikation, Beherrschen von Verhandlungstechniken) höher eingeschätzt als der Bedarf an bestimmten betriebswirtschaftlichen Kenntnissen (Einschätzung der Nachfrage, Formalie der Unternehmensgründung). Lediglich Kenntnisse über das Steuerrecht, über öffentliche Fördermöglichkeiten und juristische Kenntnisse auch zur Vertragsgestaltung werden als noch wichtiger eingeschätzt. Damit ergibt sich die Fragestellung, welche Ausbildungsangebote diesen Ansprüchen gerecht werden können.

---

[1] Institut für Mittelstandsökonomie an der Universität Trier e.V. (1998), S. 20.

[2] Vgl. Braun (1997), S. 8.

[3] Im Rahmen einer Gründerbefragung des Institut für Mittelstandsökonomie an der Universität Trier e.V. wurden 1998 insgesamt 1200 Fragebögen an Gründer oder Gründungsinteressierte unter Wahrung der Anonymität verschickt oder verteilt. Insgesamt wurden 243 Fragebögen zurückgesendet (Rücklaufquote: 19,6%). Um ein möglichst vollständiges Bild des Aus- und Weiterbildungsgeschehens zu erhalten, wurden zusätzlich zu den Gründern und Gründungsinteressierten noch Experten des Gründungsgeschehens per Fragebogen und Telefoninterview befragt.

Tabelle 4.2: Bedarf an betriebswirtschaftlichen Kenntnissen und verhaltensbezogenen Fähigkeiten
Quelle: Institut für Mittelstandsökonomie an der Universität Trier e.V. (1998), S. 5.

	Hoher Bedarf an zusätzlichen Kenntnissen und Fähigkeiten (%)	**Mittlerer Bedarf an zusätzlichen Kenntnissen und Fähigkeiten (%)**	**Kein Bedarf an zusätzlichen Kenntnissen und Fähigkeiten (%)**	**Für meine Tätigkeit ohne Belang (%)**
Steuerrecht	52,30	32,90	12,70	2,10
Öffentliche Fördermöglichkeiten	49,80	33,30	13,50	3,40
Juristische Kenntnisse/ Vertragsgestaltung	45,00	38,20	13,40	3,40
Aufbau/Nutzung pers. Kontakte	41,30	36,20	19,10	3,40
Kommunikation mit Banken	39,80	40,30	14,80	5,10
Verhandlungstechniken	39,00	46,60	11,00	3,40
Einschätzung der Nachfrage	37,90	42,60	16,20	3,40
Formalien der Unternehmensgründung	35,70	26,40	31,10	6,80
Versicherungen	33,50	41,50	22,50	2,50
Bilanzanalyse	33,50	43,60	19,10	3,80
Liquiditätsplanung	33,10	44,90	17,80	4,20
Marketing/Werbung	32,90	46,00	18,10	3,00
Buchhaltung	32,20	41,90	23,70	2,10
Strategische Unternehmensführung	27,70	43,40	22,60	6,40
Kommunikation mit Kunden	27,30	39,90	29,80	2,90
Rhetorik	27,20	42,70	23,30	6,90
Branchenkenntnisse	26,50	50,00	21,80	1,70
Konfliktmanagement/Moderationstechniken	24,90	48,50	16,70	9,90
Preisfindung	22,10	46,40	27,70	3,80
Durchsetzungsvermögen	21,50	45,50	27,50	5,60
EDV-Anwendung	21,40	35,00	41,00	2,60
Entscheidungstechniken	19,30	55,30	21,10	4,40
Kreativität und Innovationskraft	19,10	49,80	23,40	7,70
Unternehmenskauf/-verkauf	18,90	28,30	20,60	32,20
Streßbewältigung	18,60	42,60	32,90	5,90
Managerinformationssysteme	17,40	37,90	30,60	14,00
Delegation von Aufgaben	13,70	38,20	38,60	9,40
Kommunikation mit Lieferanten	13,60	38,70	32,80	14,90
Geschäftskorrespondenz	12,90	43,50	40,90	2,60
Beschaffungsmanagement	12,90	37,30	35,10	14,70
Logistik	12,40	36,30	35,90	15,40
Rekrutierung Mitarbeiter	12,30	36,00	40,30	11,40
Mitarbeiterführung/-motivation	12,00	35,60	40,80	11,60
Produktions- oder Verfahrensorganisation	11,20	33,90	24,90	30,00
Teamwork	6,80	39,60	42,10	11,50

4.2 Anforderungen an Methodik und Didaktik

4.2.1 Problemlösungsorientierte Form der Ausbildung

Die Ausbildung potentieller Existenzgründer ist eine anspruchsvolle Aufgabe, die weit über die Vermittlung von betriebswirtschaftlichen und juristischen Kenntnissen hinausgeht und die ganz spezifische Anforderungen an das Curriculum, an die Methodik und Didaktik, an Lehrende und an die Lernumgebung stellt. Der Ansatz einer Unternehmerausbildung sollte deshalb neben der Vermittlung von fachlichem Wissen ganz spezifische Perspektiven besitzen, „... mit der Betonung des Kreativen, des Zukünftigen, der Ertragsseite, des Wachstums oder der Diskontinuität"[1]. „Entrepreneurship education" sollte besonders auf das schöpferische Erkennen und Nutzen neuer Geschäftschancen im Sinne einer ganzheitlichen Unternehmerrolle in der jungen und wachstumsorientierten Eigentümerunternehmung gerichtet sein.[2]

Auch die Lernatmosphäre muß der Stimmung, die in einem kleinen Unternehmen herrscht, nachempfunden werden, denn die Voraussetzung für ein erfolgreiches Lernen ist „... eine ... Umgebung, die die Kultur eines kleinen Unternehmens simuliert und es dem Studenten erlaubt, das Lernen frei in eigener Kontrolle zu erleben"[3]. Besonders diese Umgebung ermöglicht es, durch Fehler und unter Streß zu lernen und Entscheidungen zu akzeptieren, die unter Ungewißheit getroffen werden, und Wissen, welches aus Abhängigkeit von anderen entsteht, zu benutzen. Das erfordert ohne Zweifel eine gleich geartete Kultur in der lehrenden Organisation selbst.

Abgeleitet von diesem Anspruch entwickelte Gibb seine Vorstellungen zu Lern- und Lehrmethoden, die in der europäischen Forschung zu „entrepreneurship education" vielfältige Beachtung finden (s. Abbildung 4.2).

---

[1] Klandt (1999), S. 243.
[2] Vgl. Klandt (1999), S. 245; Weihe u. a. (1991), S. 266; Gibb (1993), S. 14 f.; Johannisson (1993), S. 24; Kück (1999), S. 13.
[3] Gibb (1993), S. 15.

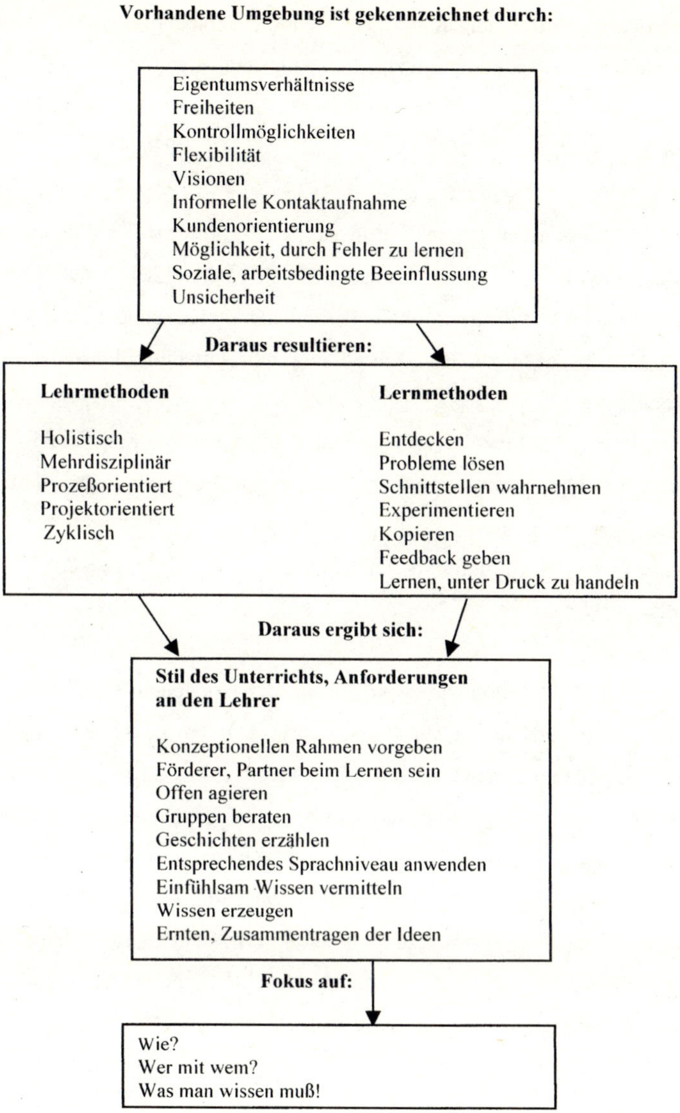

Abbildung 4.2: Lern- und Lehrmodell für Unternehmer
Quelle: Vgl. Gibb (1993), S. 16.

Im Mittelpunkt der Auffassungen von Gibb steht die Veränderung von der klassischen Form der Unternehmerschulung hin zur problemlösungsorientierten und unstrukturierten Form. Dabei kommt es zu der in Tabelle 4.3 dargestellten Verschiebung der Schwerpunkte.[1]

Die problemlösungsorientierte und unstrukturierte Form der Unternehmerschulung erfordert auch unkonventionelle Lehrmethoden. Als wirksam haben sich bisher für die Wissensvermittlung und für das Training der unternehmerischen Fähigkeiten z. B.:

- die Problemlösungsmethoden (Erarbeitung von Gründungskonzepten und Geschäftsplänen),
- die projektbasierten Methoden (Planspiele, Präsentation von Fallstudien),
- die Geschäftsbewertungsmethoden (Analyse aktueller Gründungs- und Frühentwicklungsvorhaben) und
- die interaktiven Video- und Expertensysteme

erwiesen.[2]

„Den Gründungs- und Entwicklungsprozeß eines Unternehmens werden nur die Menschen erfolgreich durchstehen, die durch eigene Aktivität und Kreativität unlösbare Aufgaben zu meistern in der Lage sind. Jede Passivierung der potentiellen Unternehmer in einer Ausbildungssituation wäre den Absichten gegenüber kontraproduktiv und wird zudem massiven Unmut der Teilnehmer provozieren.“[3] Das partizipative „Entrepreneurship Development“-Programm und die Methode des Action Learning zeigen die Möglichkeiten für eine Umsetzung dieser Anforderungen und dienen als Beispiele für eine problemlösungsorientierte und unstrukturierte Form der Ausbildung potentieller Existenzgründer an Universitäten wie auch Fachhochschulen.

---

1 Vgl. Gibb (1993), S. 15; Schubert (1997), S. 42; Johannisson (1993), S. 24.
2 Vgl. Weihe u. a. (1991), S. 266; Gibb (1993), S. 7; Beyer u. a. (1996), S. 360; Nathusius (1999), S. 329; Minsk (1998), S. 16; Braukmann (2000).
3 Weihe u. a. (1991), S. 241.

Tabelle 4.3: Verschiebung der Schwerpunkte bei der Ausbildung von Existenzgründern
Quelle: Vgl. Gibb (1993), S. 18.

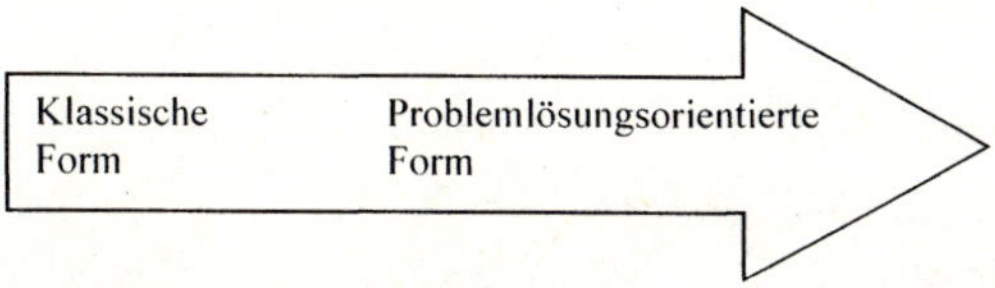

Thema	**Von(m)**	**Zu(m)**
Eigentümer des Lernens	Lehrer	Studenten
Kontrolle des Lernprozesses	Lehrer	Studenten
Freiheit zu experimentieren	Niedrig	Hoch
Studentische Selbständigkeit beim Lernen	Niedrig	Hoch
Fehler	Bestrafen	Lernhilfe
Abhängigkeit der Studenten	Lehrer	Gleichheit mit anderen
Lerntempo	Kontrolliert	Ausgehandelt
Lernzeiten	Kontrolliert	Ausgehandelt
Zufriedenheit	Diktiert	Offen zu verhandeln
Soziale Umgebung, Lernumgebung	Einzeln, abgeteilt	Vermischt
Verpflichtung	Prüfung bestehen	Das Projekt sehen, Prozeß abarbeiten
Präsentation	Funktional	Multidisziplinär
Prozeßablauf	Theoriekonzentriert	Problemkonzentriert
Lernmethode	Didaktisch	Aktiv, entdecken
Rolle des Lehrers	Experte	Förderer
Wissensschwerpunkt	Über etwas	Wie zu machen
Wissensziel	Vom Lehrer bestimmt	Die Notwendigkeit zu wissen
Netzwerkverbindungen	Niedrig, passiv	Hoch, aktiviert

4.2.2 Partizipatives „Entrepreneurship Development"- Programm

Die Motivation für die Entwicklung von problemlösungsorientierten und unstrukturierten Programmen ging von den angebotsorientierten Fördermaßnahmen und den damit verbundenen Problemen aus.

Es konkurrieren bei der konventionellen Förderung von Existenzgründern zwei Vorgehensweisen. Das erste Konzept besteht in der Bereitstellung von Grundstücken, Infrastruktur, Krediten, Beratung und Training in Form eines „Förderpaketes". Das Konzept ist teuer und birgt die Gefahr, daß ein subventioniertes „Förder-Imperium" aufgebaut und damit jede Hilfe zur Selbsthilfe unterdrückt wird. Damit werden keine selbständigen Unternehmer erzogen, sondern Subventionsmaximierer. Das zweite Konzept verfolgt den Ansatz, vorübergehende Engpässe, wie etwa Geldbedarf oder mangelnde Marktkenntnisse, bei einer Existenzgründung zu beseitigen. Aber das Erkennen von tatsächlichen Engpässen ist aufwendig und nicht immer objektiv möglich. Auch besteht die Gefahr, so nur auf bereits eingetretene Situationen reagieren zu können und diese nicht im Vorfeld auszuschließen. Oft bleiben die minimalistischen Eingriffe auch ergebnis- und erfolglos.[1]

Damit werden die sich ergebenden Probleme deutlich: „Angebotsorientierte Fördermaßnahmen sind in der Regel kontraproduktiv, da sie nicht selten über die Köpfe (und Probleme) von Existenzgründern hinweggehen; mehr der Expansions- und Überlebenslogik von Förderinstitutionen entsprechen als den Interessenten der potentiellen Unternehmer. Gefordert, aber nur selten realisiert, ist daher ein nachfrageorientierter Ansatz, der – idealerweise – von den Bedürfnissen der potentiellen Existenzgründer ausgeht. Die Erfahrungen mit technisch-infrastrukturellen Förderprogrammen (Gewerbeparks, Technologiezentren, business clinics) sind insgesamt *enttäuschend*."[2]

---

[1] Vgl. Braun (1997), S. 3 f.
[2] Braun (1997), S. 4.

Niedrige Erfolgsraten und hohe Abbruchquoten konventioneller angebotsorientierter Programme waren die Gründe für die Entwicklung von Ansätzen für das partizipative „Entrepreneurship Development"-Programm (EDP) für Existenzgründer.[1]

Die Ziele von EDP liegen bei der Motivation, Identifizierung und Entfaltung persönlicher unternehmerischer Eigenschaften, bei der Entwicklung und Validierung von Geschäftsideen in einer vertrauenerweckenden Umgebung und deren selbständige Ausarbeitung und Präsentation. Die Lehrkräfte, die nicht mehr Trainer, sondern Moderatoren sind, versuchen, einen partizipativen und aktionsorientierten (Selbst-)Lernprozeß zu initiieren, der von den Teilnehmern kooperativ gesteuert wird. In den Programmen wird schwerpunktmäßig die Entwicklung von „Personal Entrepreneurial Competencies" (PEC) verfolgt. Dabei handelt es sich um die Ausprägung von Ausführungskompetenzen (Risikobereitschaft, Engagement, Suche nach Marktchancen, Beharrlichkeit, Ausdauer), Planungskompetenzen (Zielsetzung, systematische Planung und Kontrolle, gezielte Informationssuche) und Machtkompetenzen (Überzeugungskraft, Selbstsicherheit, Netzwerkarbeit).

Die Teilnahme an derartigen Programmen soll in erster Linie bei den potentiellen Gründern die unternehmerische Motivation steigern, erst in zweiter Linie die betriebswirtschaftliche Kompetenz. Gruppendiskussionen und Simulationsspiele, intensive Beratung oder Präsentation vor der Gruppe sind nur einige der angewandten Methoden.

Internationale Erfahrungen zeigen, daß dieser nachfrageorientierte Ansatz außerordentlich erfolgreich wirkt. So werden Motivationsschübe bei den Teilnehmern freigesetzt und gruppendynamische Aktionsprozesse ausgelöst, denn selbstorganisierte Lernprozesse werden mit der realen Gründung des eigenen Unternehmens verbunden. Um es mit Braun zu verdeutlichen: „Es handelt sich pädagogisch-psychologisch um eine existentielle 'Ernstsituation' – und um kein 'Bauerntheater'."[2] Weiterhin fühlen

[1] Vgl. Braun (1997), S. 9.
[2] Braun (1997), S. 16.

sich bis zu 75%[1] der Existenzgründer in ihrer unternehmerischen Kompetenz und in ihren persönlichen Fähigkeiten durch EDP, im Vergleich zu Konkurrenten ohne Training, gestärkt. Wachsendes Selbstvertrauen, Abbau von Schwellenängsten vor Gründungen, Gruppenidentifikation als Unternehmerklasse, Kreativität, Initiative, steigende Risikobereitschaft sind das Ergebnis der Teilnahme an partizipatorischen Programmen. Wissen wird durch Action Learning angeeignet, eine in Deutschland noch wenig angewandte Trainingsmethode.[2]

4.2.3 Action Learning

Action Learning ist eine Methode der Aus- und Weiterbildung von Erwachsenen unter dem Motto: Vertraue weniger auf die Ratschläge von Experten und mehr auf die Fähigkeit, aus der eigenen Erfahrung zu lernen.[3] Sie wurde von dem englischen Wissenschaftler Reginald Revans konzipiert, der vom Verband der Kohlebergwerke in Großbritannien den Auftrag erhalten hatte, ein Bildungssystem für Arbeiter in den Zechen zu entwickeln. Revans postulierte, daß Wissen ein Produkt des Handelns und gemeinsamer Reflexionen ist. Ausgangspunkt für das Lernen ist deshalb nach seiner Auffassung die pragmatische Lösung von aktuellen Problemen oder das Erreichen eines wichtigen Zieles. Diese Herausforderung muß von einem Interessenten in Eigenverantwortung übernommen werden. Aus einer Position der relativen Unwissenheit heraus sollen dann Problemlösungen entwickelt und mit „Schicksalsgenossen", die eine ähnliche Problematik zu bearbeiten haben, unter Anleitung des Action Learning-Beraters bewertet und analysiert werden. Beim Action Learning kommt es nämlich nicht nur darauf an, daß Erfahrungen und Wissen gesammelt werden, sondern diese müssen auch reflektiert werden.

Das Reflektieren erfordert:

- das Erkunden, d.h. spontane Einfälle und Gefühle werden notiert,

---

[1] Braun (1997), S. 19.

[2] Vgl. Braun (1997), S. 8 f.; Institut für Mittelstandsökonomie an der Universität Trier e.V. (1998), S. 11; G-FORUM (1998); Minsk (1989), S. 16; Müller-Merbach (1999), S. 330; Nathusius (1999), S. 329.

[3] Vgl. Pichler (2000), S. 28.

- das Erfassen, d.h. aus den Notizen werden Schlußfolgerungen, Erkenntnisse und Handlungskonsequenzen abgeleitet,
- das Mitteilen, d.h. den anderen Lernenden wird ein Bericht über die eigenen Ergebnisse gegeben, und dieser wird dann reflektiert.[1]

Die Anwendung von Action Learning ist sinnvoll, wenn die Beteiligung freiwillig ist und die Teilnehmer Kompetenz gewinnen wollen, die zu erfüllenden Aufgaben erhebliche Risiken und Unklarheiten in sich bergen, ein ergebnisorientiertes Arbeiten notwendig ist und unternehmerische Fähigkeiten geschult werden sollen.[2]

Action Learning unterscheidet sich grundlegend von den traditionellen Lernkonzepten, wie in der Tabelle 4.4 sichtbar wird. Der Vergleich zeigt, daß der Einsatz von Action Learning neben anderen Methoden für „entrepreneurship education" angemessen und sinnvoll sein kann. Erfahrungen mit dieser Ausbildungsmethode werden bereits seit 1998 an der Rostocker Universität im Projekt „ROXI" gemacht.[3]

Neben der Förderung der nichtfachlichen Schlüsselqualifikationen ist aber auch eine Vermittlung von gründungsrelevantem kaufmännischem und juristischem Wissen notwendig. Dieses umfaßt eine Vielzahl von Fakten und Zusammenhängen, die beispielsweise bei der Erstellung eines Geschäftsplanes berücksichtigt und für das konkrete Gründungsvorhaben pragmatisch umgesetzt werden müssen.

---

1 Vgl. Pichler (2000), S. 29.
2 Vgl. Pichler (2000), S. 29.
3 Vgl. Mechthold-Jin (1998), Anhang A; Braun u. a. (1998), S. 13 ff.

Tabelle 4.4: Unterschiede zwischen Action Learning und traditionellen Lernkonzepten
Quellen: Vgl. Pichler (2000), S. 31; Diensberg (1999).

	Traditionelle Lernkonzepte	**Action Learning**
Initiator für den Lernprozeß	Spezialisten, Experten, Führungsspitze	Jeder, der ein Ergebnis aus eigener Verantwortung zustande bringen will
Steuerung des Lernprozesses	Fremdgesteuert	Selbstgesteuert
Lernaktivitäten	Oft hochentwickelte Didaktik mit klarer Rollenverteilung zwischen „Belehrenden" und „Lernenden"	Hauptsächlich mit Hilfe von Fragen und Feedback in gemeinsamen Reflexionen, „Lernpartner" lernen von und miteinander
Ergebnis	Verbesserung oder Neuerung erst nach großen Transferproblemen, Bestätigung der Expertenkultur, gesteigerte Fähigkeiten für den Vollzug	Direkte Verbesserung oder Neuerung, Verstärkung der Lernkultur, Entwicklung unternehmerischer Fähigkeiten
Grundmuster	Anwendung von vermittelten, vorgefertigten Wissen und Können	Durch Nichtwissen, Verwirrung und Erprobung zu neuen Fähigkeiten gelangen

4.3 Vermittlung von kaufmännischem und juristischem Wissen

Die fachliche Qualifikation eines Existenzgründers muß neben Produkt-, Branchen- und Marktkenntnissen auch kaufmännisches und juristisches Wissen umfassen.[1] Das Aufstellen eines Geschäftsplanes, die Erarbeitung eines Finanzierungsmodells, die Verhandlungen mit Banken und Fördereinrichtungen und der spätere Geschäftsbetrieb erfordern u. a. detaillierte Kenntnisse in der Planung, im Rechnungswesen oder auch beim Vertrieb. Diese Kenntnisse müssen deshalb gleichberechtigt neben anderen im Rahmen von „entrepreneurship education" vermittelt werden. Als weitere notwendige Lernziele und -inhalte einer Unternehmerausbildung werden deshalb die in Abbildung 4.3 dargestellten Schwerpunkte angesehen. Das kaufmännische Wissen kann in den Ausbildungsprogrammen in traditioneller akademischer Form wie in Vorlesungen oder Seminaren vermittelt und anschließend durch aktive Lehrmethoden eingeübt, gefestigt und auf ein konkretes Gründungsvorhaben, für das ein Geschäftsplan erstellt werden soll, angewandt werden.

[1] Vgl. Klandt (1999), S. 242; Kück (1999), S. 5.

Allgemeinwissen

- Geschichte, Geographie, Politik, Soziologie, Philosophie, Anthropologie
- Sprachen, Kunst

Allgemeines kaufmännisches Wissen

- Wertschöpfung
- Beschaffung
- Produktion
- Vertrieb (Marketing)
- Finanzierung (Liquiditätsplanung, Kapitalbeschaffung)
- Innerbetriebliche Organisation
- Planung (strategisch, operativ)
- Rechnungswesen (Finanzbuchhaltung, Kostenrechnung, Controlling)
- Investitionsplanung
- Rechtliche und steuerliche Fragen

Gründungsspezifisches Wissen

- Generierung von Geschäftsideen
- Ideenschutz und Patente
- Gründungsplanung und Machbarkeitsprüfung
- Gründungsfinanzierung
- Standortwahl
- Rechtliche Fragen der Existenzgründung
- Steuerliche Fragen zur Existenzgründung

Hintergrundwissen zur Existenzgründung

- Volkswirtschaftliche und gesellschaftliche Auswirkung von Unternehmertum
- Existenzgründung als Forschungsgebiet

Abbildung 4.3: Volkswirtschaftliche und betriebswirtschaftliche Lernziele und -inhalte einer Unternehmerausbildung
Quellen: Vgl. Schubert (1997), S. 40; Reuter (1984), S. 163; Barth (1995), S. 214 f.; Chef/Müller-Merbach (1999), S. 38.

Die Ausbildung potentieller Existenzgründer erfolgt demnach auf zwei Ebenen. Die eine Ebene enthält die Vermittlung von „harten“ Informationen, wie beispielsweise über Rechnungswesen, Steuern, Investitionen, Gesetze, die andere das Einüben und Festigen von „soft skills“, die sich mit Risikofreudigkeit, kommunikativen Fähigkeiten, Intuition beschreiben lassen. Diese Form der Lehre, die so gegensätzliche Inhalte vereint, stellt hohe Anforderungen an die Fähigkeiten der Lehrenden, die im nächsten Abschnitt diskutiert werden.

4.4 Anforderungen an die Lehrenden

Die Anforderungen an die Lehrkräfte, die „entrepreneurship education" realisieren, könnten mit dem Lehrsatz „Der Lehrer wird vom Trainer und dieser vom Moderator abgelöst." beschrieben werden.[1] Diese These wird durch die Überlegungen von Gibb zur notwendigen Trainerkompetenz unterstützt. Lehrer, die potentielle Existenzgründer ausbilden, müssen seiner Meinung nach eine hohe Kompetenz als multidisziplinäre Helfer aufweisen und in der Lage sein, den Prozeß der Geschäftsentwicklung zu verstehen. Sie müssen selber über eine breite Palette von persönlichen Gründerfähigkeiten verfügen. Besonders notwendig sind Fähigkeiten wie das Beherrschen von Problemlösungsmethoden, kreatives Denken und die allgemeine Anlage, den Lernprozeß nicht formell, sondern von einer Expertenposition aus zu führen.[2] Eine weitere Herausforderung an die Lehrer besteht darin, daß sie die potentiellen Existenzgründer so vorbereiten sollen, daß diese

- lernen, sich selbständig und eigenverantwortlich Wissen anzueignen und dieses anwenden, um Probleme zu lösen,
- die ständige Veränderung und Anpassung innerhalb des Unternehmens meistern werden,
- ganzheitlich problemorientiert Aufgaben lösen und den Projekten gerecht werden, durch die das Unternehmen überleben und sich entwickeln wird und
- ihre persönliche Entwicklung und die Entwicklung des Unternehmens stetig an Vergleichsbeispielen messen.

Außerdem sollen die Lehrer beim Aufbau des persönlichen Netzwerkes unterstützend tätig sein und dessen effektiven Gebrauch trainieren helfen.[3] Diese anspruchsvollen

---

1 Vgl. Braun (1997), S. 9.
2 Vgl. Gibb (1993), S. 15.
3 Vgl. Gibb (1993), S. 14.

Aufgaben setzen weitreichende Kompetenzen bei den Lehrenden auf bestimmten Gebieten voraus. Diese werden in der Tabelle 4.5 dargestellt.

Tabelle 4.5: Notwendige Fähigkeiten der Lehrenden
Quelle: Vgl. Gibb (1993), S. 9 f.

Notwendige Fähigkeiten	**Konkretisierung**
Bedürfnisse erkennen	Analyse der persönlichen Bedürfnisse der zukünftigen Kunden Verständnis der Geschäftsprozesse
Angemessenes Programm für das Training entwickeln	Entwicklung unterschiedlicher Arten von Methoden und Programmen Berücksichtigung der relevanten Gegebenheiten Nutzung der vorhandenen Lehrmaterialien Herstellen von eigenem Unterrichtsmaterial Herstellen attraktiver Programmunterlagen
Effektives Lernen erleichtern	Training der Fähigkeiten in flexibler, unternehmenskonformer Art Lehre in multidisziplinärer Art Ermöglichung von Gruppenberatung und individueller Beratung Einbeziehen von Gastreferenten Anbieten eines adäquaten Netzwerkes
Markt berücksichtigen	Effektivität der Programme analysieren Effektive Marktbeobachtungsmethoden anwenden Analyse zukunftsträchtiger Marktabschnitte
Bewerten, kontrollieren	Beurteilen, Beobachten und Bewerten der Programme Kontrolle der Mittel, der Finanzierung und des Managements

Diesen Erwartungen können erfahrene Unternehmer wie auch Hochschullehrer, Bankangestellte oder Marketingberater als Trainer auf Zeit gerecht werden, die über umfangreiche unternehmerische und pädagogische Kenntnisse und Fähigkeiten verfügen.[1]

Zusammengefaßt betrachtet zeigt sich, daß die Anforderungen an „entrepreneurship education“ an den Hochschulen hoch sind, denn die Ausbildungsprogramme und die Lehrenden müssen den Dispositionen von tatsächlichen Existenzgründern entsprechen. Daraus ergeben sich besondere Ansprüche, die sich in den Strukturierungs- und Bewertungsansätzen für Ausbildungsprogramme und -projekte widerspiegeln.

[1] Vgl. Braun (1997), S. 14; Pinkwart (1998); Müller-Merbach (1999), S. 330; Stifterverband für die Deutsche Wissenschaft (Hrsg.) (1999).

4.5 Strukturierungs- und Bewertungsansätze für Ausbildungsprogramme und Projekte

Die Beurteilung des Erfolges von Existenzgründungen ist ein komplizierter Prozeß. Diese Tatsache trifft noch verstärkt auf die Bewertung des Erfolges von Maßnahmen zu, die als „entrepreneurship education" eingeordnet werden können. Dafür gibt es mehrere Ursachen, von denen einige auch für die Erfolgsbewertung von Wirtschaftsfördermaßnahmen im allgemeinen gelten.

Den Erfolg von gründungsbegleitenden und -unterstützenden Maßnahmen insgesamt kann man an der Anzahl der neu entstandenen Unternehmen, deren Überlebensdauer und an der Summe der geschaffenen Arbeitsplätze messen. Es ist aber dennoch sehr schwierig, einen direkten und eindeutig nachweisbaren Zusammenhang zwischen den fördernden Aktivitäten und den genannten möglichen Ergebnissen herzustellen. Das trifft ganz besonders auf die Beziehungen zwischen Bildungsmaßnahmen und dem Gründungserfolg zu, da diese nur einen sehr kleinen Bestandteil des mikrosozialen Umfeldes der potentiellen Existenzgründer ausmachen. Überdies läßt eine solche Betrachtung die weiteren Faktoren des makro- und mikrosozialen Umfeldes und die Eigenschaften der Gründerperson außer acht, die die Gründungsaktivitäten und -erfolge wesentlich mitbestimmen.

Wissenserwerb erfolgt auf sehr verschiedene Art und Weise. Neben der systematischen Aneignung von Kenntnissen in Seminaren, Vorlesungen und Praktika, wie an den Hochschulen praktiziert, hat der nicht minder erfolgreiche Weg des individuellen Lernens durch das Studium von Fachliteratur, verbunden mit eigenen Erfahrungen in der täglichen konkreten Arbeit seine Berechtigung.[1] Unternehmer können also auch ohne „entrepreneurship education" erfolgreich sein. Mit anderen Worten: Viele Unternehmer hätten auch dann gegründet, wenn keine begleitende Förderung oder Ausbildung angeboten worden wäre.[2]

---

[1] Vgl. Lassahn (1993), S. 7 f.

[2] Vgl. Braun (1997), S. 3.

Um die Effektivität und Qualität von Ausbildungsprogrammen und Projekten beurteilen zu können, wären umfassende empirische Untersuchungen und Befragungen hilfreich. Allerdings sind oft die möglichen Stichproben der Teilnehmer zu gering. Auch das individuelle Erinnerungsvermögen der Teilnehmer und die von ihnen vorzunehmende Zuordnung einer Ausbildungsmaßnahme zum Erfolg der unternehmerischen Tätigkeiten wäre von stark subjektiven Empfindungen geprägt. Weiterhin sind die Maßnahmen zu differenziert, um aus einer Befragung Ergebnisse zu erhalten, von denen allgemeine Trends abgeleitet werden können.

Strukturierungs- und Bewertungsansätze für Ausbildungsprogramme sind demzufolge auf der einen Seite auf allgemeine pädagogisch-didaktische Erkenntnisse angewiesen. Auf der anderen Seite steht die Frage nach Ansätzen zur Bewertung des praktischen oder tatsächlichen Erfolgs der Trainingsprogramme. Dieser ließe sich an Hand folgender Tatsachen feststellen:

- Zusammenhang zwischen dem Besuch eines Ausbildungsprogramms oder Projektes von einem potentiellen Existenzgründer und die daran anschließende Existenzgründung oder
- die durch die neuen Unternehmen zusätzlich erbrachten Einkommens-, Beschäftigungs-, Innovations- und Technologieeffekte wie auch
- die durchschnittliche Kosten-Nutzen-Relation der Ausbildungsprogramme im Vergleich zu anderen Konzepten.[1]

Alle genannten Kriterien sollten aber mit der nötigen Vorsicht interpretiert werden. Allein um die Auswirkung von „entrepreneurship education“, gegenüber anderen, herkömmlichen Schulungen nachweisen zu können, benötigt man die Ergebnisse von Befragungen Tausender Probanden, die jedoch nicht vorliegen. Trotz der erkennbaren Schwierigkeiten bei der Definition von Strukturierungs- und Bewertungsansätzen für Ausbildungsprogramme und Projekte, die gleichwohl bei vielen Schulungsmaßnahmen zu beobachten sind, gibt es eine Anzahl von Autoren, die sich dieser Aufgabe durch theoretische und empirische Untersuchungen gestellt haben. So entwickelten Weihe,

[1] Vgl. Braun (1997), S. 17.

Klandt, Braun, Hillen und Schneider-Barthold auf vielfältige internationale Erfahrungen beruhende Vorgaben, die eine Charakteristik und Gegenüberstellung und letztendlich Bewertung von Ausbildungsprogrammen und Projekten ermöglichen.[1]

Auf der Grundlage dieser Erkenntnisse werden im Rahmen der vorliegenden Arbeit Strukturierungs- und Bewertungsansätze abgeleitet. Diese dienen dann im weiteren Verlauf zur Bewertung von Ausbildungsprogrammen und Projekten in den neuen Bundesländern und insbesondere in Mecklenburg-Vorpommern. Die vorgeschlagenen Strukturierungs- und Bewertungsansätze unterteilen sich in sechs Schwerpunkte. Dazu zählen:

(1) Rahmenbedingungen

Dazu gehören politische, wirtschaftliche, soziale und kulturelle Faktoren des Landes und der Region, die sich im makro- und mikrosozialen Umfeld der potentiellen Existenzgründer widerspiegeln.

(2) Kurzbeschreibung

Diese umfaßt die Bezeichnung, die avisierte Zielgruppe, die tatsächliche Teilnehmerzahl, die Dauer der Maßnahme, die Finanzierungsquellen, die administrative Verankerung und die Projektträgerschaft.

(3) Ziele

Damit werden die Ziele der Projektinitiatoren und der Projektfinanzierung dargestellt.

(4) Lehre

Hier werden Lehrmethoden, Inhalte und deren Zeitanteile und die Qualifikation der Lehrkräfte analysiert.

---

[1] Unter Programmen wird eine pädagogische Tätigkeit, die kontinuierlich stattfindet, verstanden. Projekte sind auf einen bestimmten Zeitraum begrenzt. Vgl. auch hierzu Sanders (1999), S. 25. Zu den Bewertungsansätzen vgl. Weihe u. a. (1991), S. 110; Braun u. a. (1994), Anlage 1, S. 2; Klandt (1994[b]), S. 36.

(5) Organisation

Umfaßt die Analyse und Bewertung der Formen und des Umfangs der Akquisition der Teilnehmer, der Zulassungsvoraussetzungen, des begleitenden Rahmenprogramms und der Prüfungsmethoden wie auch des zu erreichenden Abschlusses.

(6) Entwicklungspolitische Wirksamkeit

Dieser Schwerpunkt umfaßt die wirtschaftlichen und sozialen Wirkungen, wie z. B. die regionalen Verflechtungswirkungen, die Einkommensentwicklung, Beschäftigungswirkung, Ausbildungswirkung und die Wirkung auf die Selbsthilfemobilisierung. Weiterhin werden auch kulturelle Wirkungen, wie die Akzeptanz bei der Zielgruppe und die Nachhaltigkeit des Projektes oder des Programms untersucht.

Die entwickelten Strukturierungs- und Bewertungsansätze werden in den weiteren Betrachtungen wie folgt angewandt:

- Ausbildungsprogramme und Projekte in Mecklenburg-Vorpommern werden entsprechend den Gliederungspunkten detailliert beschrieben, analysiert, diskutiert und bewertet.[1]
- Für jedes Ausbildungsprogramm und Projekt wird eine zusammenfassende Darstellung vorgenommen.
- Die Ergebnisse der Zusammenfassungen werden gegenübergestellt und ausgewertet

Als Ergebnis der Strukturierungs- und Bewertungsversuche und deren Auswertung können dann qualifizierte Aussagen zur Wirksamkeit der Ausbildungsprogramme und Projekte für potentielle Existenzgründer in Mecklenburg-Vorpommern getroffen, wie auch Empfehlungen für das „wirksamste Ausbildungsprogramm, wirksamste Projekt“ gegeben werden.[2]

---

[1] Nach Beywel wird mit Beschreiben und Bewerten den Komponenten der Evaluation entsprochen, deren Zweck es ist, Bildungspraxis zu stabilisieren und zu verbessern. Vgl. Beywl (1999), S. 17 f.

[2] Vgl. Sanders (1999), S. 31.

Zunächst soll aber eine Feststellung des Status durch die Diskussion von internationalen Ausbildungsprogrammen an Hochschulen erfolgen. Daran schließt sich die Ableitung von verallgemeinerungsfähigen Erfahrungen, die auf die Ausbildungsprogramme und Projekte in Mecklenburg-Vorpommern angewandt werden können, an. Durch dieses Vorgehen soll ein Bezug zwischen den im weiteren Verlauf der Arbeit schwerpunktmäßig untersuchten regionalen und den internationalen Aktivitäten hergestellt werden.

5 Internationale und nationale Erfahrungen mit Ausbildungsprogrammen und Projekten für potentielle Existenzgründer

5.1 Situation und Besonderheiten des Gründungsgeschehens in den USA

Nach dem 2. Weltkrieg wurden in den Vereinigten Staaten von Amerika zahlreiche Existenzgründungen von Akademikern in innovativen Bereichen vorgenommen. Auslösendes Moment war die Umwandlung der Kriegswirtschaft in eine Zivilwirtschaft. Forschungsergebnisse aus dem militärischen Bereich wurden für die Entwicklung von zivil nutzbaren Produkten oder Dienstleistungen verwandt. Dieser Prozeß wurde durch eine Anzahl von Maßnahmen unterstützt, die auch heute noch als Instrumente der Wirtschaftsförderung eingesetzt werden.[1] Dazu gehören neben der Auftragsvergabe durch den öffentlichen Sektor und der Bereitstellung von finanziellen Mitteln durch private Investoren für risikobehaftete Vorhaben auch die Angebote an den Hochschulen des Landes zur Unterstützung und Vorbereitung von Existenzgründungen.[2]

An rund 400 Hochschulen in den USA wird heute Gründungskompetenz vermittelt. Die Anzahl von Universitäten und Business Schools, die Kurse über „Entrepreneurship" anbieten, stieg in den Jahren 1967 bis 1989 von zwei auf 275. Im Jahr 1991 gab es an den Universitäten bereits 102 Professuren für Existenzgründung. In diesem Punkt, wie auch in der Forschung über das Gründungsgeschehen, sind die USA Deutschland etwa ein bis zwei Jahrzehnte voraus.[3]

Diese Tatsachen lassen es angebracht erscheinen, erfolgreiche und bewährte Projekte und Ausbildungsprogramme aus den Hochschulen der USA auf ihre Übertragbarkeit nach Deutschland zu überprüfen. Eine grobe Gegenüberstellung der Hochschulsyste-

1 Vgl. Acz/Audretsch (1992), S. 21; Roberts (1991), S. 32 ff.
2 Vgl. Keune/Nathusius (1977), S. 18 ff.; Brett u. a. (1991) S. XX.
3 Vgl. Müller-Böling/Klandt (1993), S. 138.

me der beiden Länder in ausgewählten Punkten läßt bereits große Unterschiede erkennen, die dabei zu berücksichtigen sind. Das sei an einigen Beispielen verdeutlicht:[1]

- **Trägerschaft, Rechtsform, Organisation**

In den USA befindet sich die Mehrzahl (56,2%) der Hochschulen in privater Trägerschaft. Das läßt vermuten, daß auch die Majorität der Studenten an den privaten Hochschulen ausgebildet wird, aber wider einem ersten Erwarten studieren 79,1% der Studenten an staatlichen Hochschulen. Die Rechtsform der privaten Hochschulen entspricht der von Kapitalgesellschaften, die Rechtsform der staatlichen Hochschulen wird in Abhängigkeit von der Verfassung des jeweiligen Bundeslandes festgelegt. Es existiert in den USA keine zentralstaatliche Rahmengesetzgebung für die Hochschulen. Auch die Organisation der Hochschulen ist nicht vorgegeben, jedoch kann man von einer ähnlichen Grundstruktur an den unterschiedlichen Einrichtungen ausgehen. Hochschulen werden in den USA von einem Präsidenten geleitet, der wiederum von einem Board of Trustees ernannt wird und gegenüber diesem auch rechenschaftspflichtig ist. Der Präsident und die Mitglieder des Board of Trustees treffen in den privaten wie auch in den staatlichen Hochschulen die Entscheidungen auf wirtschaftlichen und akademischen Gebieten. Die Aufgaben der Professoren dagegen erstrecken sich auf die Gestaltung von Lehrinhalten und -zielen, auf Forschungsleistungen und Prüfungen.[2]

In Deutschland befinden sich 81% der Hochschulen in staatlicher Trägerschaft, an denen 98,2% der Studenten immatrikuliert sind. Die staatlichen Hochschulen sind Körperschaften des öffentlichen Rechts und zugleich staatliche Einrichtungen der einzelnen Bundesländer. Das Parlament gibt durch das Hochschulrahmengesetz den verbindlichen Rahmen für alle Universitäten und Fachhochschulen vor, der von den Bundesländern durch die Landeshochschulgesetze untersetzt und spezifiziert wird. Die Führung der Hochschulen kann durch eine Rektorverfassung, Rektoratsverfassung oder Präsidialverfassung erfolgen. Die weiteren Gremien an den Hochschulen sind in ihren Erscheinungsformen sehr facettenreich. So gibt es einen Senat, der beispielsweise an der Wahl und Abwahl der Hochschulleitung, an der Verabschiedung der Grundord-

---

[1] Vgl. Jepsen (1986), S. 127.
[2] Vgl. Rothfuß (1997), S. 26, S. 81, S. 92 ff.; Schäfer (1986), S. 19.

nung und der akademischen Regeln mitwirken kann. Oft entscheidet der Senat, der sich aus Mitgliedern der Gruppe der Professoren und aus denen der wissenschaftlichen und nichtwissenschaftlichen Beschäftigten sowie der Studierenden zusammensetzt, über Grundzüge der Entwicklungsplanung und übt gleichzeitig ein mehr oder weniger umfassendes Kontroll- und Informationsrecht gegenüber dem Rektor oder Präsidenten einer Hochschule aus. Das Konzil, in dem bisher diese Aufgaben wahrgenommen wurden, spielt kaum noch eine Rolle. Häufig führt ein Kanzler oder ein hauptberuflicher Vizepräsident für Verwaltung und Finanzen die Hochschulverwaltung; er ist insbesondere für den Haushalt zuständig, was die Verwaltung der Fachbereiche und zentralen Einrichtungen einschließt. Ein Hochschulrat, der sich aus externen Mitgliedern zusammensetzt, kann den Senat und das Präsidium oder den Rektor beraten. Die Aufgaben des Hochschulrates umfassen beispielsweise die Bestätigung des Vorschlags des Senats zur Bestellung oder Entlassung von Mitgliedern der Hochschulleitung; oder er nimmt Stellung zu den Entwicklungs- und Wirtschaftsplänen und zur Gründung oder Beteiligung an Unternehmen.[1]

Das Hochschulwesen in Deutschland ist im Vergleich zu dem in den USA rechtlich detaillierter geregelt und einheitlicher strukturiert, obwohl es eine Vielzahl von unterschiedlichen Strukturen und Gremien aufweist. Aus dieser Konstellation ergeben sich auch die sichtbaren Unterschiede, die sich beispielsweise in einer größeren Differenzierung der Hochschularten und Studienprogramme und in einer daraus resultierenden größeren Arbeitsteilung der Hochschulen in den USA darstellen.

- **Handlungsrechte der Hochschulen gegenüber den Professoren**

In den USA kann die Hochschule über die Auswahl, den Ruf und die Berufungsvereinbarungen ihrer Professoren völlig frei entscheiden. Die vertragliche Bindung der Lehrkräfte wird durch einen zwischen der Hochschule und dem jeweiligen Professor individuell ausgehandelten Vertrag bestimmt. So sind nur ca. 30% der Professoren in den USA im Genuß eines Tarifvertrages. Auch die Laufbahn der Professoren wird durch die Hochschule maßgeblich mitbestimmt. Für den Hochschullehrer gibt es einen mehrstufigen, von der Hochschule evaluierten „Bewährungsaufstieg“; der in folgende Hauptstufen mündet: „Assistant“, „Associate“, „Full“. Diese Entwicklung vollzieht

[1] Vgl. Niedersächsisches Ministerium für Wissenschaft und Kultur (2002).

sich in der Regel an einer Hochschule in kleinen Stufen, die nacheinander durchlaufen werden müssen. Je nach Erfüllung von Kriterien wie beispielsweise von Forschungsleistungen oder Veröffentlichungen in international anerkannten Fachzeitschriften verläuft die Steigerung der Bezahlung. Überragende Forschungs- und Publikationsleistungen werden mit überproportionalen Gehaltsanstieg belohnt. Leistungen, die hinter den Erwartungen zurückbleiben, mit dem „Einfrosten" des Gehaltes honoriert. Zwei entscheidende Situationen müssen von den Professoren gemeistert werden: einerseits die Promotion und eine anschließende Vorlesung, um sich auf eine „Assistant"-Stelle zu bewerben, andererseits der Übergang vom „Associate" zum „Full", der in der Regel durch eine Reihe von anspruchsvollen Veröffentlichungen erreicht werden kann (vergleichbar mit der Habilitationsschrift in Deutschland). Die Karriere eines Professors in den USA verläuft in vielen Aspekten im Vergleich zu der eines deutschen Professors verläßlicher und kann bis zu einer Anstellung auf Lebenszeit reichen.[1]

In Deutschland sind viele Handlungsrechte der Hochschulen gegenüber ihren Professoren gesetzlich geregelt. Das Hochschulrahmengesetz schreibt beispielsweise die Vorraussetzungen für eine Berufung vor, die aber von den Hochschulen noch untersetzt werden kann. Die Auswahl der Professoren erfolgt durch die Hochschulen in der Regel mittels der Aufstellung einer Dreierliste. Die Berufungsvereinbarungen werden auf zweierlei Ebenen ausgehandelt: das zuständige Ministerium ist für besoldungs- und dienstrechtliche Dinge und die Hochschule für die Personal- und Sachausstattung zuständig. Der Ruf wird dann vom zuständigen Landesminister erteilt. Auch die Karriere eines Professors in Deutschland unterscheidet sich von der seines amerikanischen Kollegen. Der Arbeitsvertrag der deutschen Professoren wird zwischen der natürlichen Person und der Landesregierung geschlossen.[2] Professoren in Deutschland können seit Anfang 2002 auch nach Leistung bezahlt werden. Mindestgehälter werden fest vereinbart und durch einen individuell verhandelten und vereinbarten leistungsabhängigen variablen Teil ergänzt. Dieser variable Bestandteil setzt sich aus der Bewertung von Leistungen in Lehre und Forschung oder der Studienbetreuung zusammen. Die bisherigen altersabhängigen Stufen bei den Grundgehältern anläßlich von Berufungs- und

---

[1] Vgl. Rothfuß (1997), S. 121; Schäfer (1986), S. 19.
[2] Vgl. Rothfuß (1997), S. 121.

Bleibeverhandlungen fallen weg.[1] Die Erreichung der Lebenszeitanstellung ist ohne Garantie auf eine Stelle meistens mit ca. 35-40 Lebensjahren, nach der Promotion, Habilitation oder neuerdings Juniorprofessur, möglich. Eine Entlassung durch die Hochschule kann nicht erfolgen, da Professoren Beamte sind.

- **Handlungsrechte gegenüber den Studenten**

Die amerikanischen Hochschulen haben weitgehende Handlungsrechte gegenüber den zukünftigen Studenten, die sich beispielsweise in der selbständigen Festlegung des Angebotes an Studienplätzen und dem Auswahlverfahren erkennen lassen. Die Mehrheit der Hochschulen (60%) selektieren nach den Untersuchungen von Rothfuß die Studienbewerber bei der Zulassung zum Grundstudium.[2] Ausnahmen bilden hier die staatlichen „Community Colleges", die nahezu jeden studieren lassen, der einen „High School"-Abschluß besitzt. Die Selektion führt dazu, daß die Studienbewerber um die Hochschulen konkurrieren, die einen hohen Status genießen und deren Abschlußzeugnis gute Karriereaussichten verspricht.[3]

In Deutschland wird der freien Wahl des Berufes und des Ausbildungsplatzes nach wie vor große Bedeutung beigemessen. Zulassungsbeschränkungen an den Hochschulen können nur bei Ausnutzung aller (Über)kapazitäten verhängt werden. Die Auswahl und Verteilung knapper Studienplätze in besonders begehrten Fachrichtungen soll sachgerecht und unter Berücksichtigung der individuellen Belange des Studienbewerbers erfolgen. Die dafür genutzten Auswahlverfahren finden in mehreren Stufen (Verteilungsverfahren, allgemeines und besonderes Auswahlverfahren) statt. Das besondere Auswahlverfahren für medizinische Studiengänge enthält zwei Elemente, die für den Hochschulzugang in Deutschland eine Besonderheit darstellen. Die Bewerber müssen an einem 5-stündigen Eignungstest teilnehmen, der die Anforderungen des Medizinstudiums widerspiegelt, und es wird ein Teil der Studienplätze auf Grund persönlicher Auswahlgespräche vergeben.[4] Die Universitäten und Fachhochschulen haben zumindest bislang im allgemeinen keine Möglichkeit, unter den Bewerbern Studenten nach eigenen leistungsbezogenen Kriterien auszuwählen. Durch Rankings der Hoch-

---

[1] Vgl. Bundesministerium für Bildung und Forschung (2002[a]); Bundesministerium für Bildung und Forschung (2002[b]).

[2] Vgl. Rothfuß (1997), S. 163.

[3] Vgl. Rothfuß (1997), S. 163.

[4] Vgl. Peisert/Framhein (1997), S. 69.

schulen, welche in der Presse veröffentlicht werden, wird aber von den Hochschulen versucht, im Wettbewerb um besonders qualifizierte Studenten Vorteile zu erreichen.

- **Finanzierung der Hochschulen**

Die Finanzierungsquellen der amerikanischen Hochschulen sind vielfältig und richten sich nach dem Träger (staatlich oder privat) oder der Kategorie (beispielsweise zweijährige Hochschulen, spezialisierte Hochschulen, Master Colleges, Universitäten). Den Hauptteil der Erträge erhalten alle Hochschulen vom Staat (1992/1993 waren es 39%[1]). Dieser Einnahmequelle folgen Studiengelder, Erträge aus Verkäufen von Produkten und Dienstleistungen, Spendeneinnahmen und Erträge aus Stiftungskapital. Die staatlichen Mittel wiederum werden zu einem Drittel vom Bund und zu zwei Dritteln von den Bundesstaaten und den Kommunen aufgebracht. Die Bundesregierung unterstützt dabei besonders die Forschung, die Bundesstaaten finanzieren den laufenden Hochschulbetrieb der staatlichen Hochschulen in ihrem Wirkungsbereich, wobei die Anzahl der Studenten der entscheidende Parameter für die Berechnung der Höhe der Mittel ist. Durch Studiengelder wird an den privaten Hochschulen der größte Teil der Einnahmen erzielt, bei staatlichen Hochschulen spielen Studiengelder eine wichtige, aber keine maßgebliche Rolle. Der Verkauf von Dienstleistungen, Produkten und Technologien nimmt an allen amerikanischen Hochschulen eine wichtige Stellung ein, wird durch sie doch ca. ein Fünftel der Hochschulerträge erwirtschaftet. Hochschuleigene Unternehmen, dazu gehören beispielsweise Wohnheime, Restaurants, Kliniken, Buchzentren und Hochschulverlage, verkaufen Produkte und Dienstleistungen, aber auch Bildungsaktivitäten für die Studenten wie Sprachausbildung und Theaterunterricht. Der Verkauf von Technologien ist besonders für Forschungsuniversitäten lukrativ. Ein speziell von der Hochschule eingerichtetes Technologiebüro übernimmt die Patentierung, die Vermarktung des Patents und die sich daran anschließende Lizenzvergabe an interessierte Unternehmen. Lizenzerträge werden in der Regel aber nur von Technologiebüros an renommierten technischen Hochschulen erwirtschaftet und haben für die Mehrzahl der Hochschulen keine Bedeutung.[2]

---

[1] Vgl. Rothfuß (1997), S. 243.
[2] Vgl. Rothfuß (1997), S. 241, S. 243 f.

Die Hochschulen in Deutschland werden hauptsächlich über die Landeshaushalte der jeweiligen Bundesländer finanziert. Zur Feststellung des Finanzbedarfs legen sie dem zuständigen Kultus- oder Wirtschaftsministerium begründete Haushaltsanmeldungen vor, die im Verlauf der Haushaltsberatungen Veränderungen, d.h. in der Regel Kürzungen, erfahren können. Nach Beschlußfassung durch das Landesparlament erhalten dann die Hochschulen ihre nach Haushaltstiteln gegliederten jährlichen Haushaltsmittel mit entsprechenden Verwendungsrichtlinien. Mit diesen Mitteln wird auch die Grundmittelausstattung für laufende Ausgaben von Forschung und Lehre finanziert. Größere Investitionen, wie Baumaßnahmen oder der Kauf von Großgeräten, werden zur Hälfte vom Bund mitgetragen. Die Mittel für die Forschung können durch das Einwerben von Drittmitteln, beispielsweise bei der Deutschen Forschungsgemeinschaft wie auch in der Wirtschaft und bei Stiftungen, erhöht werden. Diese finanziellen Mittel werden durch Einnahmen, die die Hochschulen selber erwirtschaften, ergänzt. Die Einnahmen aus der Krankenversorgung an den Hochschulkliniken bilden dabei den größten Posten.[1] Studiengebühren als Einnahmequelle werden an deutschen staatlichen Hochschulen bisher nicht erhoben. Eine Diskussion zu dieser Problematik besteht aber, seit dem der Wissenschaftsrat 1992 einen ernsthaften Vorstoß in diese Richtung unternommen hat. Angesichts der Unterfinanzierung der Hochschulen ist zu erwarten, daß dieses Thema in der Debatte bleiben wird.[2]

Hochschullehrer und Studenten in den USA und in Deutschland lehren und studieren also unter sichtbar differierenden Rahmenbedingungen.[3] Dadurch entstehen in beiden Ländern unterschiedliche Motivationen, die wiederum unterschiedliche Handlungen hervorrufen. Das betrifft auch die Vorbereitung der Studenten auf eine mögliche Existenzgründung. Besonders deutlich wird am Beispiel des Massachusetts Institute of Technology (MIT), wie in den USA „Entrepreneurship“ gelehrt (Übersicht über „entrepreneurship education“ s. Anhang 6) und praktiziert wird.

---

[1] Vgl. Peisert/Framhein (1997), S. 54 f.
[2] Vgl. Peisert/Framhein (1997), S. 57 f.
[3] Vgl. von Haake (1998), S. 172 f.

Der Gründer des MIT, William Barton Roger, schuf 1861 eine Einrichtung, die die Würde der nützlichen Arbeit respektieren sollte.[1] Die Lehre und die praktische Arbeit wurden gleichgestellt. Von Anfang an gab es enge Verbindungen zur Industrie. In den frühen vierziger Jahren des 20. Jahrhunderts wurde das MIT in ein elitäres Forschungs- und Entwicklungszentrum umgewandelt. Das MIT und alle anderen Universitäten, bedingt durch die Teilnahme der USA am 2. Weltkrieg, konzentrierten sich seit dieser Zeit nicht mehr auf die reine Wissenschaft, sondern auf die Lösung von kritischen Problemen. Nach dem 2. Weltkrieg wurden Kriegstechnologien kommerziell genutzt, u. a. begleitet von einer Vielzahl an Existenzgründungen. Zur Unterstützung dieser Existenzgründungen wurde bereits 1946 der erste Risikokapitalfond am MIT aufgelegt, das MIT wurde dadurch in vielen Gründungsfällen zum „Erstinvestor". Der nach 1945 einsetzende „Gründungsboom" im Umfeld des MIT wurde möglich, da die Mehrzahl der spin-off-Gründer auf Aufträge im Verteidigungs- und Raumfahrtsektor bauen konnte. Die Aufträge der öffentlichen Hand hatten deshalb in der Gründungsphase oft Katalysatorfunktion, indem sie den letzten Anstoß zum Gründungsgeschehen gaben. Auf dem lokalen Finanzmarkt trafen die potentiellen Gründer auf verständnisvolle private Investoren. Zudem erleichterte der preiswerte und großzügige Landkauf an der Route 128 eine Ansiedlung in der Nähe der Universität.

Die frühen Erfolge nach 1945 hatten erheblichen Einfluß auf die weitere Gründungstätigkeit in der Boston-Region.[2] Bis heute entstanden ca. 4.000 Unternehmen, die mit dem MIT direkt in Verbindung gebracht werden können, mit 1,1 Millionen Beschäftigten und einem weltweit erwirtschafteten jährlichen Umsatz von 232 Mrd. US $.[3] Jedes Jahr kommen rund 150 neue Unternehmen hinzu, obwohl 50% der Unternehmen von MIT-Absolventen erst nach 15 Jahren Berufs- und Branchenerfahrung gegründet werden. 97% der spin-offs entstehen aus Unternehmen oder Forschungseinrichtungen.

---

[1] Vgl. Roberts (1991), S. 33 f.
[2] Vgl. Keune/Nathusius (1977), S. 18; Roberts (1991), S. 4 f.
[3] Vgl. Bank Boston Economics Department (1997).

Dabei ist die Rate aus kleineren und mittleren Unternehmen zehnmal so hoch, wie aus Unternehmen mit über 500 Mitarbeitern.[1] Das läßt zweierlei Schlußfolgerungen zu. Erstens: Alle „entrepreneurship education"-Maßnahmen müssen langfristig angelegt sein. Zweitens: Nicht die Hochschule ist der hauptsächliche Inkubator für Existenzgründungen, sondern es sind die Unternehmen.

Das beständige Gründungsgeschehen am MIT kann durch exzellente Rahmenbedingungen[2] für potentiellen Existenzgründer, die sich durch folgende Merkmale kennzeichnen lassen, erklärt werden:

- Professoren und Studenten arbeiten durch Industrieaufträge an ganz konkreten Problemstellungen der Zukunftstechnologien.
- Erfahrene Unternehmer, oft ehemalige Hochschulabsolventen, erteilen Unterricht. Dadurch wird eine positive und realistische Darstellung des „Unternehmertums" ermöglicht, gleichzeitig können Produktideen entwickelt werden.
- Professoren leiten eigene Unternehmen, in denen auch Studenten und Wissenschaftler erste unternehmerische Fähigkeiten trainieren können.
- Professoren arbeiten in einem vernetzten Mentorensystem. Dadurch kann eine umfassende fachliche Betreuung von Gründungswilligen angeboten werden.
- Durch eine Kombination von technischer und kaufmännischer Ausbildung wird für potentielle Existenzgründer eine frühe realistische Einschätzung von Produkten und Märkten und eine Einstellung auf administrative Erfordernisse bei der späteren Unternehmensführung möglich.
- Die Teilnehmer im Netzwerk der ehemaligen Studenten und Universitätsangehörigen initiieren Neugründungen oder vergeben erste Aufträge an die jungen Unternehmen.

Neben den beschriebenen mikrosozialen Bedingungen beeinflussen außerdem Standortfaktoren, wie die Lebensqualität in der Region, die Nähe zu Schlüsselmärkten, das

---

[1] Vgl. Bank Boston Economics Department (1997); Keune/Nathusius (1977), S. 36 ff.; Brett u. a. (1991) S. XX; Roberts (1991), S. 5.

[2] Vgl. Bank Boston Economics Department (1997); Morrison/Wetzel (1991), S. 118.

Vorhandensein von ausgebildeten Fachleuten, die Möglichkeit, mit niedrigen Betriebskosten zu produzieren und der einfache Zugang zu Universitäts- und Forschungseinrichtungen, die Entscheidung über eine Existenzgründung und Ansiedlung in der Nähe des MIT positiv.[1] Außerdem tragen bei den Studenten und Absolventen die Verlockung nach etwas Neuem, die Herausforderung, ein Problem zu lösen, und die Überzeugung, die Arbeit besser als andere erledigen zu können, maßgeblich zum Entschluß für eine Existenzgründung bei. Ein Absolvent des MIT drückte diese Lebenseinstellung, die mit einem starken Leistungs- und Unabhängigkeitsstreben[2] gekoppelt ist, so aus:

„Let me try to give my personal perspective about risk-taking. I think it is a combination of several different factors. I knew I was not going to work for big companies when I was about to leave MIT. I would rather take the risk of failure than the risk of becoming nobody. There must be many alumni who felt the same way I did.“[3]

Das MIT und seine Studenten nehmen unter den Hochschulen der USA sicherlich eine Ausnahmestellung ein. Die Anzahl der academic spin-offs und die Qualität von „entrepreneurship education“ gelten im internationalen Maßstab als vergleichsweise überdurchschnittlich. Dennoch lassen sich für die USA allgemeingültige Tendenzen erkennen, die Beachtung finden sollten, um dem Ziel der Steigerung des Existenzgründungsaufkommens in Deutschland näher zu kommen. Dazu gehört beispielsweise die Erkenntnis, daß die Hochschulen ein gründungsbeförderndes Umfeld schaffen können, indem sie langfristig Unterstützung für potentielle und tatsächliche Existenzgründer in vielfältigster Form anbieten und gleichzeitig eng mit der Industrie im Rahmen von Forschungsaufträgen zusammenarbeiten.

---

1 Vgl. Bank Boston Economics Department (1997).
2 Vgl. Keune/Nathusius (1977), S. 41; Barth (1995), S. 25 ff.
3 Bank Boston Economics Department (1997).

Aber auch die Gestaltung förderlicher Standortfaktoren durch den Gesetzgeber ist ein nicht zu vernachlässigender Faktor im Kalkül. Diese Schritte wurde in den Niederlanden bereits in den 80er Jahren gegangen, indem Konzepte aus den USA, angepaßt an die nationalen Bedingungen und Besonderheiten der Niederlande, umgesetzt wurden.

5.2 Situation und Besonderheiten des Gründungsgeschehens in den Niederlanden

Seit den 80er Jahren hat sich in den Niederlanden die Einstellung zur Selbständigkeit grundlegend verändert. Die schlechten Beschäftigungsaussichten für Akademiker in der Industrie und im öffentlichen Dienst führten dazu, daß die Gründung eines Unternehmens oder die Arbeit in einem bestehenden kleinen Unternehmen als alternative Karrieremöglichkeit angenommen wurde.[1] Dieses Umdenken führte dort jährlich zu ca. 40.000 neuen Unternehmen. Jedoch stieg auch die Zahl der Konkurse an, 60% der Neugründungen existierten nach 4,5 Jahren nicht mehr. Eine der Hauptursachen dafür war Mitte der 80er Jahre die schlechte Ausbildung und Unerfahrenheit der niederländischen Existenzgründer.[2]

Dieser Tendenz sollte durch die Initiierung von Ausbildungsprogrammen für potentielle Gründer an einzelnen Hochschulen des Landes entgegengewirkt werden. Nachhaltige Aktivitäten gingen dabei von Groningen und Twente aus, denn durch den Zerfall der traditionellen Industrien wie der Textilindustrie und einer daraus resultierenden hohen Arbeitslosigkeit verließen nach dem Studium die jungen, gut ausgebildeten Akademiker besonders diese Regionen oder sie wurden arbeitslos, ohne Chance eines baldigen Berufeinstiegs. Deshalb wurden die TOP-Projekte (Tijdelijke Ondernemers Plaatsen) der Universität Twente, Enschede, der Reichsuniversität Groningen und des Zernike Science Parks in Groningen ins Leben gerufen. TOP basiert auch heute noch auf Konzepten, die sich an US-amerikanischen Universitäten wie dem MIT als erfolgreich erwiesen haben, entspricht aber mehr der niederländischen Mentalität und Kultur

---

1 Vgl. Holla (1996), Material 5, S. 2; Chef/Müller-Merbach (1999), S. 66.
2 Vgl. Holla (1996), Text 1.

von potentiellen akademischen Existenzgründern. Das zeigt sich besonders an den auf das soziale Sicherheitsbedürfnis angepaßten Bestandteilen des Programms, das finanzielle Hilfestellung und eine befristete Anstellung an der Universität für die Zeit der Gründungsvorbereitung bietet.

Das TOP-Programm gewährt jungen Absolventen eine breite Palette von Hilfestellungen bei der Vorbereitung der Existenzgründung. Dabei handelt es sich im einzelnen um

- die Unterstützung durch das TOP-Evaluierungskomitee bei der Darstellung der Existenzgründungsidee,
- eine Anstellung in einer Forschungsgruppe der Universität für ein Jahr und eine kostenlose Nutzung der vorhandenen Ausrüstungen und Laborflächen,
- eine umfassende Beratung durch Mentoren, in der Regel durch einen an der Universität beschäftigten Professor, wie auch durch einen erfahrenen Unternehmer,
- die Unterstützung durch die Mentoren bei der Markteinführung des neuen Produktes,
- eine Weiterbildung auf kaufmännischem Gebiet im Lehrgang „Innovative Jungunternehmerschaft",
- Risikofinanzierung der Existenzgründung zu günstigen Konditionen und eine
- kostenlose Unterkunft.[1]

Die Aufnahme in TOP wird evaluiert, um sich der ernsthaften Motivation der Bewerber zu vergewissern und die Realisierbarkeit der Gründungsideen abzuschätzen. Entscheidungskriterien sind dabei neben der unternehmerischen Initiative und dem Charakter der Bewerber auch das Vorhandensein eines Geschäftsplanes mit klaren Aussagen zu Fragen des Marktpotentials und einer Dokumentation zum Stand der Technik (state of the art). Der Bewerber muß seine Bereitschaft zur Ansiedlung des neuen Unternehmens in der Region erklären und die Verbindungen zu einer Fakultät der Universität nachweisen.

[1] Vgl. Universität Twente (1998).

Diese kurze Charakterisierung läßt erkennen, daß das TOP-Programm nicht die Vermittlung von kaufmännischem Wissen in den Mittelpunkt stellt, sondern gezielt und pragmatisch die Produktentwicklung oder eine Markteinführung von Produkten unterstützt wird. Bei den Teilnehmern sollen damit besonders wissenschaftliche und technische Fertigkeiten in Verbindung mit wirtschaftlichem Denken gefördert werden. Methodisch wird auf „learning by doing" vertraut, womit den Prinzipien des Action Learning entsprochen wird.[1]

Die Ergebnisse bestätigen die Richtigkeit des Konzeptes. In der Zeit von 1984-1997 entstanden z. B. in der Region aus 230 TOP-Plätzen 170 neue Unternehmen, von denen heute noch 135 auf dem Markt sind. Diese schufen 1.400 neue Arbeitsplätze. Indirekt bewirkten die Gründungen eine Verbesserung der regionalen industriellen Infrastruktur, eine Verstärkung der Zusammenarbeit zwischen der Universität, der regionalen Industrie und den TOP-Unternehmen und die Neuschaffung von weiteren 500 Arbeitsplätzen in der Region.

Die sich in den niederländischen Regionen eingestellten beachtenswerten Erfolge resultieren aus der besonders engagierten Haltung der Hochschulen im Prozeß der Vorbereitung und Unterstützung von akademischen Existenzgründungen. Damit wird ein mikrosoziales Umfeld geschaffen, das Existenzgründungen nachweislich befördert. Eine Überprüfung der Anwendung von Methoden und Aktivitäten zur Ausbildung und Unterstützung von akademischen Existenzgründern auf Deutschland erscheint deshalb sinnvoll.

5.3 Verallgemeinerungsfähige Erkenntnisse aus den Erfahrungen in den USA und in den Niederlanden

„Entrepreneurship education" alleine kann kein nachhaltiges Gründungsaufkommen erzeugen, sondern muß Bestandteil eines umfassenden Gesamtkonzeptes von Maßnahmen sein, die in ein Netz von gründungsauslösenden Faktoren eingeknüpft werden.

---

[1] Vgl. Bruch (1997), S. 14; Pichler (2000), S. 28 ff.

In den USA und den Niederlanden wirken die Existenz von Inkubatororganisationen, geeignete Finanzierungsmöglichkeiten durch regionale Anbieter und eine positive Einstellung der Universitätsangehörigen zum Gründungsgeschehen, die sich als Promotoren für junge Unternehmen verstehen, begünstigend auf die Gründungsentscheidungen.[1]

Die Ausbildungsprogramme in den USA und in den Niederlanden weisen außerdem eine Reihe von Besonderheiten auf, die sich zusammengefaßt wie folgt charakterisieren lassen:

- Die Ausbildungsprogramme an den Hochschulen sprechen hauptsächlich Studenten oder Absolventen der Ingenieurwissenschaften und der Naturwissenschaften an, die sich mit konkreten Gründungsgedanken tragen.
- Methodisch wird auf Lernen durch die Bewältigung „realer“ Probleme gesetzt. Weiterhin wird die Entwicklung von „soft skills“ stark gefördert.
- Der Schwerpunkt der Ausbildung liegt nicht in der Vermittlung von theoretischem kaufmännischem Wissen, sondern in der praktische Anwendung des Erlernten. So muß durch die Erarbeitung eines Geschäftsplanes die Umsetzung der theoretischen Kenntnisse nachgewiesen werden.
- Die Möglichkeit der Realisierung der Gründungsidee am Markt wird umfassend von einem Evaluierungsgremium geprüft.
- Die Gründungsvorhaben werden durch Professoren betreut, die sich neben der wissenschaftlichen Arbeit auch mit der Lösung von pragmatischen Fragestellungen kleiner Unternehmen beschäftigen.
- Die Verantwortlichen an den Hochschulen bieten aktiv die Einbeziehung, Aktivierung und Nutzung der regionalen Netzwerke an.
- Das Ausbildungsangebot wird von der Zielgruppe akzeptiert. Die Veranstaltungen werden zum festen Bestandteil des akademischen Lehrangebots.

Diese Rahmenbedingungen begünstigen jährlich die Existenzgründung von ca. 150 MIT-Absolventen und von 13 Absolventen der Universität Twente in Enschede. Die

---

[1] Vgl. Keune/Nathusius (1977), S. 29; Shapero (1975), S. 83 ff.

Zahlen verdeutlichen, daß bei Berücksichtigung aller existenzgründungsfördernden Faktoren auch international das Aufkommen an spin-offs eher als bescheiden zu bewerten ist, so daß man in Deutschland insbesondere in den neuen Bundesländern diesbezügliche Erwartungen nicht zu hoch stecken sollte.

Eine Anwendung der in den USA und den Niederlanden erprobten Konzepte kann aber einer von vielen Schritten sein, um überhaupt Gründungspotentiale zu erschließen, Existenzgründungsbestrebungen zu unterstützen und in Gang zu setzten. Von diesen Konzepten sind verallgemeinerungsfähige Erkenntnisse für die Umsetzung von „entrepreneurship education" an den Universitäten und Fachhochschulen in Mecklenburg-Vorpommern ableitbar.

Dazu zählt die Feststellung, daß Ausbildungsprogramme und Projekte langfristig angeboten werden sollten, damit sie sich nachhaltig etablieren und dadurch ein beständiges unternehmerisches Klima an den Hochschulen erzeugt werden kann. Günstig ist, wenn Professoren durch eine Bearbeitung von Forschungsaufträgen aus kleinen und mittleren Unternehmen den Studenten die Möglichkeit der Ideengewinnung für eigene innovative Produkte geben. An den Hochschulen sollte die Gründung eines Unternehmens bewußt und gezielt als Karrierealternative zu einer Anstellung in einem großen etablierten Unternehmen oder in der öffentlichen Verwaltung dargestellt werden. Regionale Netzwerke müssen sich für akademische Existenzgründer öffnen, das entspricht auch dem Gedanken der endogenen Regionalentwicklung. Weiterhin sollte sich ein Netzwerk der Absolventen, die ein Unternehmen gegründet haben, etablieren.

Es ergibt sich nun die Aufgabe, durch eine Analyse der Ausbildungsprogramme an den Hochschulen in Mecklenburg-Vorpommern zu überprüfen, ob diese Erkenntnisse bereits Eingang in die Praxis gefunden haben.

5.4 Ausbildungsprogramme und Projekte in Deutschland

5.4.1 Angebote in den alten und in den neuen Bundesländern

Der potentielle akademische Existenzgründer findet eine Reihe von Angeboten, die verschiedene Unterstützung vor und während der Existenzgründung offerieren. Diese Aktivitäten lassen sich, wie in Tabelle 5.1 dargestellt, zu Schwerpunkten zusammenfassen.

Bei der gezeigten Vielzahl von Maßnahmen ist es schwer, ein geeignetes Programm für den individuellen Gründungsfall herauszufiltern. In einem ersten Schritt können dafür die Beratungsangebote der Technologietransferstellen an den Hochschulen genutzt werden. Darüber hinaus werden an den Hochschulen weitere umfassende Leistungen für potentielle Existenzgründer angeboten, wie Tabelle 5.2 für die Hochschulen in den neuen Bundesländern zeigt.[1] Eine Übersicht über Aktivitäten an den Hochschulen in den alten Bundesländern befindet sich in Anhang 7.

In den neuen Bundesländern bietet eine Reihe von Hochschuleinrichtungen besondere Unterstützung bei der Vorbereitung einer Existenzgründung an. Die Zentren dieser Aktivitäten befinden sich in Sachsen, Thüringen und in Berlin. In den nächsten Abschnitten werden deshalb das spezielle mikrosoziale Umfeld, Ausbildungsprogramme und Projekte für potentielle Existenzgründer in Sachsen analysiert und diskutiert. Die allgemein bekannte gute wirtschaftlichen Entwicklung, die auch durch spin-offs hervorgerufen worden sein kann und vielfältige politische Aktivitäten zur Forcierung des Existenzgründungsgeschehens in Sachsen läßt es sinnvoll erscheinen, dieses Bundesland als Vorbild für Mecklenburg-Vorpommern heranzuziehen.

---

[1] Die Leistungen der Technologietransferstellen werden in der Darstellung nur berücksichtigt, wenn sie über das Vermitteln von Kontakten zu Unternehmen, allgemeine Beratung zu Fragen der Existenzgründung oder der Organisation von Kontaktbörsen hinausgehen.

Tabelle 5.1: Unterstützungsmaßnahmen für potentielle Gründer (exemplarische Übersicht)
Quelle: Eigene Internetrecherche, Stand Dezember 2000.

Aktivität	**Wirkungsbereich**	**Beispiele/Anbieter**
Gründungsforschung und -unterstützung an wissenschaftlichen Einrichtungen	bundesweit	Betriebswirtschaftliches Institut für empirische Gründungs- und Organisationsforschung e.V. (bifego) Interdisziplinäres Gründungsforschungsforum (g-forum) Lehrstühle, Projekte und Programme, Technologietransferstellen an den Hochschulen
Wettbewerbe	bundesweit	Businessplan-Wettbewerb „Start Up" Gründerchampion Gründungswettbewerb Multimedia des BMBF
	in den neuen Bundesländern	Businessplan-Wettbewerb Berlin-Brandenburg Thüringer-Businessplan-Wettbewerb Sächsischer Gründerwettbewerb Premiere ´99
Initiativen	bundesweit	Existenzgründungsinitiative von „Stern", McKinsey und den deutschen Sparkassen Initiative „Entrepreneur des Jahres" Initiative „EXIST" des BMBF
Angebote von Verbänden und Vereinen	bundesweit	Bundesverband Junger Unternehmer Arbeitsgemeinschaft Selbständiger Unternehmer e.V. Wirtschaftsjunioren e.V.
Angebote der EU, des Bundes, der Bundesländer	europaweit	Finanzielle Unterstützung innovativer und arbeitsplatzschaffender Unternehmen, Förderung der Innovation und Einbeziehung der KMU Programme der EU: PROMISE-Förderung der Informationsgesellschaft in Europa LIFE-Finanzierung für Umweltunternehmen
	bundesweit	Existenzgründerbörse DIHT „Existenzgründung Mittelstand" des Bundesministerium für Wirtschaft Beratungsangebote der IHK Förderprogramme der Wirtschaftsministerien
Angebote von Technologiezentren	bundesweit	Arbeitsgemeinschaft Deutscher Technologie- und Gründerzentren e. V.
		Technologiezentren in den Städten und Gemeinden
Informationen zu Märkten, Patenten, Finanzierung, Förderprogrammen	bundesweit	BAND-Business Angels Netzwerk Statistisches Bundesamt Online Akademie für Existenzgründer und Jungunternehmer des Bundeswirtschaftsministeriums und FOCUS-Online Deutsches Patentamt Deutsche Ausgleichsbank
	in den neuen Bundesländern	„PITT"-Unternehmensgründung aus der Hochschule (Potsdam)

Tabelle 5.2: Aus- und Weiterbildungsangebote an Hochschulen in den neuen Bundesländern (exemplarisch)
Quelle: Eigene Internetrecherche, Stand Dezember 2000.

Institution	**Fachbereich (FB)/Fakultät**	**Angebot/Veranstaltung**
Fachhochschule für Technik und Wirtschaft Berlin	FB Wirtschafts- und Gemeinschaftswissenschaften	Gründung eines Unternehmens Franchising - ein neuzeitliches Vertriebssystem für Existenzgründung und -sicherung
	Institut für BWL/Marketing II	Von der Gründungsidee zum Unternehmenskonzept
Humboldt Universität Berlin	FB Wirtschaftswissenschaften	Stiftungslehrstuhl Entrepreneurship und Innovationsmanagement
Fachhochschule Anhalt-Bernburg	FB Wirtschaft	Existenzgründung und -sicherung
Brandenburgische TU Cottbus	Lehrstuhl für Planung und Innovationsmanagement	Existenzgründung für Brandenburg
TU Chemnitz-Zwickau	Wirtschafts- und Sozialwissenschaften	Stiftungslehrstuhl Unternehmensgründung
Hochschule für Technik und Wirtschaft Dresden	FB Bauingenieurwesen/ Architektur	Gründung und Führung mittelständischer Unternehmen
TU Dresden	Wirtschaftswissenschaften	Stiftungslehrstuhl für BWL, insbesondere Technologieorientierte Existenzgründung und Innovationsmanagement
	alle Fakultäten	„Dresden exists" im Rahmen des BMBF-Projektes „EXIST"
Universität Erfurt	Staatswissenschaftliche Fakultät	"European School of Governance"
TU Bergakademie Freiberg	Fakultät für Wirtschaftswissenschaften, Forschungsstelle des Instituts Systemtechnik und Innovationsforschung (ISI)	Innovationsmanagement-Ergebnisse empirischer Untersuchungen
Universität Greifswald	Rechts- und Staatswissenschaftliche Fakultät, Wirtschaftswissenschaften	Vorlesungen, Übungen zur Existenzgründung, Erstellen von Geschäftsplänen
Universität Halle-Wittenberg	Institut für Unternehmensforschung und -führung	Ringvorlesung zur Thematik Existenzgründung
	Forschung und Technologietransfer	Programm „Junge Innovatorinnen und Innovatoren" zur Förderung der Vorbereitung der Existenzgründung
Hochschule Harz (Wernigerode)	FB Wirtschaftswissenschaften/Elektrotechnik/ Informatik	Wahlfach Entrepreneurship „Unternehmensgründung für Ingenieure"

Fortsetzung Tabelle 5.2

Institution	**Fachbereich (FB)/Fakultät**	**Angebot/Veranstaltung**
TU Ilmenau	alle Fakultäten	GET UP Konzept im Rahmen des BMBF Projektes „EXIST"
Universität Jena	Wirtschaftswissenschaftliche Fakultät	Gründerseminar für Physiker Geschäftspläne speziell für Gründungen in der Biotechnologie GET UP Konzept im Rahmen des BMBF Projektes „EXIST"
Fachhochschule Jena	alle Fakultäten	GET UP Konzept im Rahmen des BMBF Projektes „EXIST"
Fachhochschule Anhalt, Fachbereich in Köthen	Rektorat für Studium und Lehre	Existenzgründung und Existenzsicherung
	FB Maschinenbau, Wirtschaftsingenieurwesen	Studium Generale „Existenzgründung"
Universität Leipzig	Studium Generale	Perspektive Selbständigkeit
Fachhochschule Magdeburg-Stendal	Wirtschaftswissenschaftliche Fakultät	Lehrangebote für Studenten, die sich schon selbständig gemacht haben
Fachhochschule Merseburg	Rektorat für Forschung und Technologietransfer	Existenzgründung für Ingenieure und Consulting
Universität Potsdam	FB Wirtschaftswissenschaften, Lehrstuhl für BWL, Potsdamer Innovations- und Technologie-Transfer	Unternehmensgründung auch aus der Hochschule?
Universität Rostock	Institut für Human Resource Development	„ROXI" Rostocker Existenzgründer Initiative
	Fakultät Wirtschafts- und Sozialwissenschaften, Lehrstuhl für Allgemeine BWL	Unternehmensführung
Fachhochschule Schmalkalden	alle Fakultäten	GET UP Konzept im Rahmen des BMBF Projektes „EXIST"
Fachhochschule Stralsund	FB Elektrotechnik	Kolloquiumsvorträge
	FB Maschinenbau	Studium Generale Trainings-Fabrik
	FB Wirtschaft	Ergänzungsfach Entrepreneurship
Bauhaus Universität Weimar	Fakultät für Bauwirtschaft und -management	Gründung und Führung von Bauunternehmen und Planungsbüros
Technische Fachhochschule Wildau	FB BWL/ Wirtschaftsinformatik	Unternehmensgründung und -sanierung
Hochschule Wismar	FB Wirtschaft	Seminare zur Existenzgründung

5.4.2 Ausbildungsprogramme und Projekte in Sachsen

5.4.2.1 Mikrosoziales Umfeld für potentielle Existenzgründer

Die aus dem Umbruch 1989 resultierenden wirtschaftlichen, politischen und sozialen Probleme wurden in den neuen Bundesländern mit unterschiedlichem Erfolg überwunden. Die Ursachen für das heterogene Niveau der Problemlösung sind sehr vielschichtig und neben vielen anderen Faktoren auch in der historisch gewachsenen ungleichen Ausstattung der Bundesländer mit Humankapital, in der Tradition der Selbständigkeit, in den wirtschaftlichen Strukturen, in der politischen Kultur oder auch in der Mentalität der Bevölkerung zu sehen.

Bereits die DDR war durch ein starkes Süd-Nord-Gefälle in der Bevölkerungsdichte geprägt. Der Bezirk Karl-Marx-Stadt verfügte beispielsweise 1988 über 309 Einwohner/km², Bezirk Leipzig über 275 Einwohner/km², Bezirk Dresden über 262 Einwohner/km² (heute Bestandteile von Sachsen). Der Bezirke Neubrandenburg hatte mit 57 Einwohner/km² 1988 die geringste Siedlungsdichte, im Bezirk Schwerin lebten 69 Einwohner/km² und im Bezirk Rostock 129 Einwohner/km² (heute Teile von Mecklenburg-Vorpommern).[1] Diese Polarisierung konnte nicht überwunden werden. So betrug die Bevölkerungsdichte in Sachsen am 31.12.1999 242 Personen/km², in Mecklenburg-Vorpommern 77 Personen/km².[2] Damit verfügt Sachsen über die höchste Bevölkerungsdichte unter den neuen Bundesländern. Auch in der Bevölkerungsbewegung spiegelt sich dieser Trend der Zunahmen der Bevölkerung wider. Sachsen liegt seit 1989 nach Brandenburg an zweiter Stelle untern den neuen Bundesländern (ohne Berlin) mit Wanderungsgewinn.[3]

In den ehemaligen Bezirken der DDR unterschied sich aber nicht nur die Bevölkerungsdichte, sondern auch die Selbständigenrate erheblich, wie in der Tabelle 5.3 zu erkennen ist.

---

1 Vgl. Staatliche Zentralverwaltung für Statistik (1989), S. 1.
2 Vgl. Statistisches Bundesamt Deutschland (2002[a]).
3 Vgl. Statistisches Bundesamt Deutschland (2002[b]), ergänzt mit eigenen Berechnungen.

Tabelle 5.3: Selbständigenrate in der DDR 1989 nach Bezirken
Quellen: Vgl. Staatliche Zentralverwaltung für Statistik (1989), S. 87 ff., S. 111 ff.; Statistisches Amt der DDR (1990), S. 87 ff., S. 126 f.

Bezirk	**Selbständige je 100 Erwerbstätige**
Rostock	1,3
Neubrandenburg	1,4
Halle	1,6
Schwerin	1,8
Frankfurt/Oder	1,9
Cottbus	1,9
Magdeburg	2,0
Erfurt	2,1
Berlin Ost	2,1
Leipzig	2,2
Potsdam	2,3
Gera	2,3
Suhl	2,4
Dresden	2,8
Karl-Marx-Stadt	2,9
DDR insgesamt	2,2

Die Bezirke Karl-Marx-Stadt und Dresden, heute Sachsen, wiesen noch im Jahr 1989 die höchste Selbständigenrate in der DDR auf. Ein gewisses Gründerklima und unternehmerisches Milieu waren dort also immer vorhanden, obwohl die meisten Kleinunternehmen in den früher 70er Jahren verstaatlicht wurden und erst in den späten 80er Jahren Bestrebungen zu verspüren waren, diese wieder zuzulassen. Die enteigneten Unternehmer konnten aber in der Zwischenzeit vielfach als Betriebsdirektoren ihres nun volkseigenen Betriebes weiterarbeiten. Auf diese Tradition konnte in Sachsen beim Aufbau neuer Wirtschaftsstrukturen zurückgegriffen werden. Ein Vergleich ausgewählter Wirtschaftsdaten von Sachsen, Mecklenburg-Vorpommern und der Gesamtheit der neuen Bundesländer zeigt, daß in Sachsen diese Vorteile genutzt werden konnten (s. Tabelle 5.4).

Tabelle 5.4: Ausgewählte Wirtschaftsdaten zur Lage in Sachsen (1999)
Quelle: Vgl. Bundesministerium für Wirtschaft und Technologie (2000[b]).

	Sachsen	**Mecklenburg-Vorpommern**	**Alle neuen Bundesländer**
Fläche (km^2) Einwohner (in 1.000)[1)] Bevölkerungsdichte (Personen/km^2)[1)]	18.408 4.476 243	23.421 1.795 77	108.327 15.255 141
Bruttowertschöpfung (unbereinigt) 1998[2)] (in jeweiligen Preisen) in Mrd. DM je Einwohner in DM	123,5 27.592	47,7 26.574	422,7 27.709
Bruttoinlandsprodukt 1998 (in jeweiligen Preisen) je Einwohner in DM	27.807	26.837	27.982
Erwerbsquote 1998[3)]	77,0	76,2	76,9
Arbeitslose 1999[4)5)]	380.409	163.810	1.357.208
Arbeitslosenquote[4)5)] - Berichtsmonat - Vormonat	 17,1 16,4	 18,2 17,4	 17,7 16,9
Gewerbeanmeldungen (netto)[6)] Anteil der Länder in %	235.495 30,0	89.715 11,4	786.247 100,0
Förderprogramme ERP/EKH- Kredite[7] Zusagebetrag (in Mio. DM) Regionalförderung[8)] (Gewerbliche Wirtschaft) Zusagebetrag (in Mio. DM)	23.298 12.469	11.097 4.949	79.292 47.648

1) Statistisches Bundesamt (Stand: 30.06.1999); Bevölkerungsdichte: eigene Berechnung
2) Statistisches Landesamt Baden-Württemberg; Arbeitskreis „VGR der Länder";
Stand: Frühjahr 1999 (vorläufiges Ergebnis; Abweichung der Summe entsteht durch Rundungen).
3) Stat. Bundesamt, Stand: Mikrozensuserhebung April 1998; Anteil der Erwerbspersonen an der Wohnbevölkerung im erwerbsfähigen Alter (15-65 Jahre).
4) Arbeitsmarkt in Zahlen, Aktuelle Daten für das Bundesgebiet Ost, Dezember 1999, hrsg. von der Bundesanstalt für Arbeit.
5) Arbeitsmarktdaten in Berlin: Gesamtstadt. Arbeitslosenquote bezogen auf alle Erwerbspersonen.
6) Stat. Bundesamt, Stand September 1999
(Netto = Gewerbeanmeldungen abzüglich der -abmeldungen), bis 1995 nur Berlin-Ost, ab 1996 Angaben für Gesamt-Berlin.
7) BMWi, Stand 31.12.99 ERP- und EKH-Zusagen seit 1990
(Zusagebeträge netto nach Abzug von Verzichten, Kürzungen, Storni)

8) BAW Zeitraum 01.01.1991 bis 31.12.1999
Differenzen in den Summen sind rundungsbedingt.

Eine Interpretation des Zahlenmaterials der Tabelle 5. 4 läßt erkennen, daß in Sachsen im Vergleich zu allen neuen Bundesländern und zu Mecklenburg-Vorpommern überdurchschnittlich viele Menschen leben, die ein Bruttoinlandsprodukt erwirtschaften, das über dem von Mecklenburg-Vorpommern aber unter der Summe aller neuer Bundesländer liegt. Die Erwerbsquote und die Arbeitslosenquote heben sich positiv gegenüber den Quoten in Mecklenburg-Vorpommern und den in den neuen Bundesländern ab. Es findet ein Drittel aller Unternehmensgründungen der neuen Bundesländern in Sachsen statt. Auch die Inanspruchnahme von Fördermitteln in Sachsen ist ein Gradmesser für die günstige wirtschaftliche Entwicklung, da davon ausgegangen werden kann, daß mit Fördermitteln Unternehmen ausgebaut oder stabilisiert werden. Die Selbständigenquote (Anteil der Selbständigen an den Erwerbstätigen), die in der Tabelle nicht aufgeführt ist, aber in diesem Zusammenhang noch beachtet werden sollte, lag 2000 bei 8,7%[1] und ist damit die höchste in den neuen Bundesländern. Zum Vergleich sei die höchste Selbständigenquote in Deutschland herangezogen, die 2000 in Bayern ermittelt wurde und 11,9% betrug. Diese Zahlen belegen, daß Existenzgründer in Sachsen offenbar durch eine Vielzahl von Determinanten des mikrosozialen Umfeldes positiv in ihrer Gründungsentscheidung beeinflußt werden.

Dazu gehören, neben den bereits diskutierten, weitere Faktoren wie:

- vorhandene diversifizierte Wirtschaftsstruktur
  In Sachsen existieren 2.024 Unternehmen (1997) des Bergbaus und des verarbeitenden Gewerbes. Damit verfügt das Bundesland über die größte Anzahl derartiger Unternehmen in den neuen Bundesländern, die z. B. als Inkubatoren für potentielle Existenzgründer fungieren können.
- Infrastruktur wie überregionaler Schnellverkehr und Telekommunikation
  Sachsen hat von den neuen Bundesländern das größte Netz von Straßen des überörtlichen Verkehrs und verfügt nach Brandenburg über die zweitgrößte Anzahl an

---

[1] Vgl. Statistisches Landesamt des Freistaates Sachsen (2000).

Bundesautobahnkilometern. Der nationale und internationale Austausch von Gütern wird dadurch begünstigt.

- Hochschulen, universitäre Forschungs- und Entwicklungseinrichtungen, Angebote von technologiebezogenen Forschungs-, Transfer- und Beratungseinrichtungen
  In Sachsen studieren insgesamt 78.794 Studenten (Wintersemester 1999/2000), das entspricht einem Anteil von 1,76% der dortigen Bevölkerung. Es gibt 24 Hochschulen, 29 außeruniversitäre Forschungseinrichtungen, darunter 7 Einrichtungen der Wissenschaftsgemeinschaft Gottfried Wilhelm Leibniz e.V., 9 Einrichtungen der Frauenhofer-Gesellschaft, 6 der Max-Plank-Gesellschaft und 42 Forschungs-GmbHs, wie z. B. die von Ardenne Anlagentechnik GmbH in Dresden oder die Automatisierungstechnik GmbH in Leipzig.[1]

Doch nicht nur die harten, sondern auch die sogenannten weichen Faktoren, wie ein hochwertiges Wohn- und Freizeitangebot, die Intensität des Erfahrungsaustausches und Informationsflusses zwischen Personen aus Inkubatororganisationen und Beispielwirkungen erfolgreicher Gründungen sind für die letztendlich persönliche Entscheidung zur Existenzgründung ausschlaggebend.[2] Auch hier bietet Sachsen mit seinen Zentren Leipzig, Chemnitz und Dresden gute Voraussetzungen.

Nach Betrachtung aller aufgeführten Fakten kann geschlußfolgert werden, daß in Sachsen gegenüber Mecklenburg-Vorpommern und auch gegenüber allen anderen neuen Bundesländern ein für potentielle Existenzgründer besonders günstiges mikrosoziales Umfeld vorhanden sein muß. Auf Grund dieser Tatsache und einer davon ausgehenden möglichen „Vorbildwirkung" wird Sachsen als Vergleichsbasis für Mecklenburg-Vorpommern ausgewählt.

---

1 Vgl. Pleschak/Sabisch (1996), S. 310; Felder u. a. (1999), S. 23; Statistisches Bundesamt Deutschland (2000), S. 376.

2 Vgl. Kulike (1987), S. 43.

5.4.2.2 Ausbildungsprogramme und Projekte an den sächsischen Hochschulen

Mehrere Hochschulen in Sachsen bieten eine Reihe von allgemeinen und auch sehr spezifischen Maßnahmen zur Forcierung und Unterstützung von academic spin-offs an. Einige Aktivitäten sollen im folgenden beispielhaft dargestellt werden.

Ausschlaggebend bei der Auswahl war, ob es sich um eine allgemeine Informationsveranstaltung im regulären Studiumsbetrieb, um einen extra eingerichteten Lehrstuhl oder um ein spezifisches Forschungsprojekt zur Existenzgründung handelt. Die Besetzung eines Lehrstuhls und die Realisierung von Forschungsprojekten werden auf Grund ihrer Bedeutung für die Entwicklung eines gründungsfreundlichen Klimas an den Hochschulen und für die Ausbildung der potentiellen Existenzgründer ausführlich dargestellt.

An der wirtschaftswissenschaftlichen Fakultät der TU Bergakademie Freiberg wurde 1994 die Forschungsstelle Innovationsökonomik des Fraunhofer Instituts für Systemtechnik und Innovationsforschung (ISI) gegründet. Nach Angaben der Projektverantwortlichen untersuchen die Mitarbeiter der Forschungsstelle die in Tabelle 5.5 dargestellten Forschungsschwerpunkte und arbeiten an mehreren inhaltlich damit verbundenen Projekten. Durch die Arbeit der Forschungsstelle werden insbesondere die universitäre und die angewandte Forschung auf dem Gebiet der Innovationsökonomik verknüpft. Das erfolgt vor allen Dingen durch die Realisierung gemeinsamer Forschungsprojekte unterschiedlicher Fakultäten.[1]

[1] Vgl. Technische Universität Freiberg (2000).

Tabelle 5.5: Forschungsschwerpunkte und Projekte ISI (TU Bergakademie Freiberg)
Quelle: Vgl. Technische Universität Freiberg (2000).

Forschungsschwerpunkte	**Projekte**
Innovationsvorhaben junger kleiner und mittelgroßer Unternehmen	Wissenschaftliche Begleitung des Business Development Unternehmensprogramms für das Land Sachsen
Spezifische Probleme von jungen kleinen und mittelgroßen Unternehmen im Innovationsgeschehen	Untersuchungen zur Wirksamkeit von Beteiligungskapital bei der Finanzierung technologieorientierter Unternehmensgründungen in den neuen Bundesländern
Wechselwirkungen von jungen kleinen und mittelgroßen Unternehmen mit dem mikrosozialen Umfeld	Wissenschaftliche Begleitung des BMBF-Programms „EXIST - Existenzgründer aus Hochschulen“

An der Technischen Universität Chemnitz wurde mit Wirkung vom 01.10.1999 eine Stiftungsprofessur der Sparkasse Chemnitz für Unternehmensgründung, insbesondere für innovative Produkte und Dienstleistungen eingerichtet. Das vorrangig verfolgte Ziel der Stiftungsprofessur ist nach Angaben der Projektverantwortlichen in der Erschließung der Unternehmensgründung für Studierende und Mitarbeiter der TU Chemnitz als Alternative zur Anstellung zu sehen.[1] Weitere Ziele und Mittel für deren Umsetzung sind in der Tabelle 5.6 dargestellt.

In Chemnitz und in Freiberg wird, wie diese kurze Darstellung verdeutlicht, in erster Linie die Entrepreneurship-Forschung vorangetrieben und es wird gründungsrelevantes Wissen akademisch vermittelt. Die Angebote bewegen sich im allgemein üblichen und zu erwartenden Spektrum. Problemlösungsorientierte Ausbildungsprogramme für gründungsinteressierte Studenten sind nicht Schwerpunkt der Arbeit.

[1] Vgl. Technische Universität Chemnitz (2001).

Tabelle 5.6: Ziele und Mittel der Stiftungsprofessur der Sparkasse Chemnitz (TU Chemnitz)
Quelle: Vgl. Technische Universität Chemnitz (2001).

Ziele	Mittel
Erschließung der Unternehmensgründung für Studierende und Mitarbeiter der TU Chemnitz als Alternative zur Anstellung	Lehrveranstaltungen im Grundstudium und im Hauptstudium zu Gründungsmanagement, Generierung von Geschäftsideen und zur Gründungsplanung
Know-how für Gründungsinteressierte vermitteln, dadurch Gründungen vorantreiben, Gründungserfolg sichern	Unterstützung bei der Teilnahme an Businessplan-Wettbewerben
TU Chemnitz als wichtiger Teilnehmer im Gründungsnetzwerk der Wirtschaftsregion Chemnitz etablieren	Beratungssprechstunden („Der nächste Schritt“)
Theoriebildung der internationalen Entrepreneurship-Forschung durch innovative Forschungsansätze und -konzepte voranbringen	
Existenzgründungen mit technologisch-innovativen Produkten oder Dienstleistungen unterstützen	

Demgegenüber hat sich unter den Universitäten in Sachsen die Technische Universität in Dresden als ein Zentrum vielfältiger gründungsfördernder Aktivitäten für die Studenten und wissenschaftlichen Mitarbeiter herausgestellt. Die dortigen Aktivitäten gehen weit über die akademische Vermittlung von betriebswirtschaftlichem Wissen („sophistische Phase“) hinaus. An der TU werden die potentiellen Existenzgründer spielerisch mit dem Gedanken einer Existenzgründung vertraut gemacht („Monopoly-Phase“), wie auch bei einer tatsächlichen Existenzgründung unterstützt („Bill Gates-Phase“). Die Einrichtung des Stiftungslehrstuhls für Technologieorientierte Existenzgründung und Innovationsmanagement durch die SAP AG und die Entscheidung des BMBF, das Projekt „EXIST - Existenzgründer aus Hochschulen“[1] an der Technischen Universität in Dresden zu realisieren, unterstreichen diese Tatsache.

Der Stiftungslehrstuhl für Technologieorientierte Existenzgründung und Innovationsmanagement[2] ist an der Wirtschaftswissenschaftlichen Fakultät der TU angesiedelt. Im Rahmen der speziellen Betriebswirtschaftslehre werden seit 1999 Studierende der

[1] Vgl. Technische Universität Dresden, Forschungsförderung/Transfer (1999[b]); Technische Universität Dresden (1999[c]).
[2] Vgl. Technische Universität Dresden, Forschungsförderung/Transfer (1999[a]).

Wirtschaftswissenschaften in den Feldern „Existenzgründung/BWL junger Unternehmen“ und „Innovationsmanagement“ ausgebildet. Schwerpunkte dieses Angebotes sind nach Angaben der Projektverantwortlichen Seminare, die folgende Ziele verfolgen:

- Erwerb des für eine Unternehmensgründung notwendigen kaufmännischen Mindestwissens,
- Erarbeitung einer Unternehmenskonzeption für ein reales Innovationsprojekt im interdisziplinären Team,
- Training interdisziplinärer Teamarbeit im Rahmen von Projektgruppen,
- Training der Präsentation und Verteidigung der Projektergebnisse vor einem repräsentativ zusammengesetzten Gutachtergremium, dem neben zwei Universitätsprofessoren zwei externe Vertreter, z. B. Investoren und Unternehmer, angehören,
- Weiterführung der Projektarbeit durch wissenschaftliche Arbeit an der TU Dresden oder durch unmittelbare Gründungsaktivitäten.

Die Studenten erfahren in den Lehrveranstaltungen das berufliche Leitbild des selbständigen Unternehmers gleichberechtigt neben dem des Arbeitnehmers in einem Unternehmen. Damit ergeben sich nach dem Studium die Möglichkeiten des Einsatzes in jungen wie auch in etablierten Unternehmen. Eine spätere Selbständigkeit von Absolventen ist außerdem erwünscht und soll mit diesen Veranstaltungen gefördert werden. Die beschriebenen Aktivitäten am Lehrstuhl sind mit dem Projekt „Dresden exists“ durch gemeinsame Zielsetzungen, Veranstaltungen und Seminare eng verbunden. „Dresden exists“ ist die Umsetzung des bundesweiten BMBF-Projektes „EXIST - Existenzgründer aus Hochschulen“ und soll dazu beitragen, die Technische Universität von einer Lehr- und Forschungseinrichtung zu einem Gründungs- und Innovationszentrum[1] in engem Zusammenwirken mit der Region zu entwickeln und die Zahl der Existenzgründungen aus Hochschulen zu steigern. Dieses Hauptziel wird durch Subziele und Leitlinien untersetzt, die in der Abbildung 5.1 dargestellt sind. Um diese Ziele zu erreichen, wurden für die Projektarbeit fünf Leitlinien wie Vernetzung, Marktorientie-

[1] Vgl. Bundesministerium für Bildung und Forschung (2000[a]), S. 29.

rung, Best-Practice-Orientierung, Durchgängigkeit und Nachhaltigkeit sowie Know-how-Transfer formuliert.

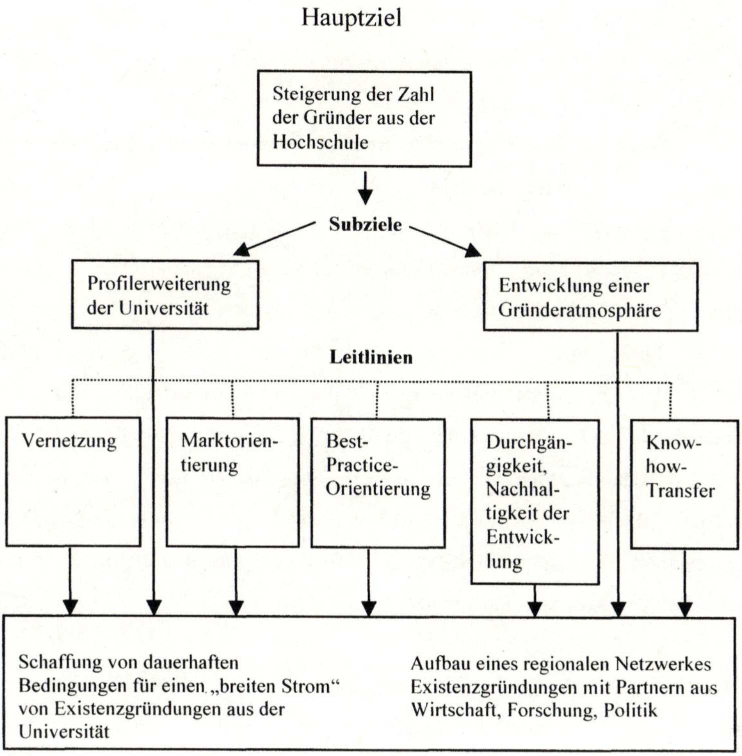

Abbildung 5.1: Ziele von „Dresden exists"
Quelle: Vgl. Bundesministerium für Bildung und Forschung (2000[a]), S. 31.

Diese Leitlinien[1] sind wie folgt charakterisierbar:

- Vernetzung

  Bei der Bündelung aller Kräfte und Aktivitäten wird besonders Wert auf die Einbindung sämtlicher Fakultäten der Universität, der regionalen Forschungseinrichtungen, der ortsansässigen international tätigen Unternehmen sowie potentieller In-

[1] Vgl. Bundesministerium für Bildung und Forschung (2000[a]), S. 30 f.

vestoren gelegt. Die Vernetzung orientiert sich an den Prinzipien der weitgehenden Selbstorganisation und Offenheit des Netzes.

- Marktorientierung

  Die Erschließung des Bedarfs an innovativen Produkten sowie Dienstleistungen, ihre Zusammenführung mit dem Gründungspotential der Universität und der Forschungspartner stellt einen zentralen und für die TU Dresden neuen Ansatz dar. Er bildet den Schlüssel zur konsequenten Ausrichtung aller Aktivitäten am Markt und erhöht die Wahrscheinlichkeit eines hohen wirtschaftlichen Ertrages. Mit dem Aufzeigen von Marktchancen durch Industriepartner werden potentielle Unternehmensgründer angeregt, neue Problemlösungen für die Befriedigung relevanter Bedürfnisse der Wirtschaft zu entwickeln.

- Best-Practice-Orientierung

  Ein weiterer Eckpfeiler des Projektes ist die Orientierung an nationalen und internationalen Erfahrungen. Dazu werden die Veröffentlichungen und wissenschaftlichen Arbeiten renommierter Universitäten und Forschungsinstitute kontinuierlich ausgewertet. Diesem Anliegen dienen auch wissenschaftliche Kolloquien zu aktuellen Problemen technologieorientierter Unternehmensgründungen mit Experten aus Wirtschaft, Wissenschaft und Politik.

- Durchgängigkeit und Nachhaltigkeit

  Die Entwicklung von der Motivation in den ersten Semestern eines Studiums über die Qualifikation, die Ideen- und Partnerfindung bis zur Gründung und einem stabilen Unternehmenswachstum wird als ein integrierter Prozeß gesehen, der von der Universität und den regionalen Partnern gemeinsam getragen wird. Die Nutzenserwartung jedes Partners ist die Grundlage für die langfristige Sicherung des Gründungsnetzwerkes.

- Know-how-Transfer

  Die Ergebnisse und Erfahrungen des Projektes sollen im Sinne der Verbreitung erfolgserprobter Lösungen auf andere sächsische Hochschulen übertragen werden. Hierzu werden vom Sächsischen Staatsministerium für Wirtschaft und Arbeit finanzielle Mittel zur Verfügung gestellt, die es gestatten, Personalstellen und Strukturen an interessierten Hochschulen einzurichten und damit Multiplikatoreffekte zu verwirklichen.

Das Konzept „Dresden exists“, das auf eine große Anzahl von Existenzgründern aus der Hochschule zielt, basiert auf fünf Aufgabenkomplexen, durch die potentielle Existenzgründer unterstützt werden sollen. Dazu zählen nach Angaben der Projektmanager:

- Motivation der potentiellen Gründer durch Veranstaltungsangebote in Form von Vortragszyklen, Exkursionen, Planspielen und Wettbewerben steigern,
- neue Geschäftsfelder besonders durch den Einsatz von Internet-Technologien identifizieren, Ideenpools aufbauen und pflegen, Workshops mit Praxispartnern durchführen, wie auch den aktuellen Markt beobachten und analysieren (Geschäftsfeldmining),
- Finanzierung erleichtern, d.h. „Venture Capitalists“ informieren, „Business Angels“ anwerben,
- infrastrukturelle Maßnahmen einleiten, z. B. Bereitstellung von Räumen und Technik und eine
- wissenschaftliche Begleitung der Gründungsvorhaben vornehmen.[1]

Die fünf Komplexe werden durch Qualifikation, Beratung und Begleitung der potentiellen Gründer, administrative Maßnahmen und eine umfangreiche Öffentlichkeitsarbeit unterstützt.

Zur Steigerung des Existenzgründungsaufkommens aus der TU Dresden wird zudem ein durchgängiges, integratives und dauerhaftes Netzwerk von Partnern der Industrie, der Wissenschaft, des Finanzsektors und weiterer Einrichtungen mit Inkubatorfunktion aufgebaut. Primäres Anliegen ist dabei die Zusammenführung der Bedarfe an hochwertigen und neuartigen Produkten und Dienstleistungen einerseits und dem Gründerpotential andererseits. So können attraktive Geschäftsfelder entwickelt werden. Dies erfolgt insbesondere durch die Herstellung von Kontakten zu den international tätigen

[1] Vgl. Bundesministerium für Bildung und Forschung (2000[a]), S. 32.

Unternehmen in der Region wie der Paravisio Software AG, dem Siemens Microelectronics Centre GmbH & Co OHG und der AMD Saxony Manufactoring GmbH.[1]

Es ergibt sich nun die Frage nach der Wirksamkeit der Maßnahmen. Weiterhin sollen verallgemeinerungsfähige Erkenntnisse, die auf Aktivitäten in Mecklenburg-Vorpommern angewandt werden könnten, abgeleitet werden.

5.5 Verallgemeinerungsfähige Erkenntnisse aus den Erfahrungen in Sachsen

Bei der Anwendung der in Abschnitt 4.5 entwickelten Strukturierungs- und Bewertungsansätze zeigt sich, daß sich die Ausbildungsprogramme und Veranstaltungen zur Unterstützung von academic spin-offs an der TU Dresden durch besondere Qualitätskriterien und Wirkungsmechanismen wie die Verbindung von akademischer Lehre mit einer praxisnahen Erprobung von Gründungsideen und realer Existenzgründung, Anwendung und Verbindung von klassischen Lehrmethoden und Methoden des Action Learning oder Schulung von „soft skills“ auszeichnen (s. Tabellen 5.7, 5.8). Der enge Kontakt der potentiellen Existenzgründer zu Unternehmen in der Region und deren Einbindung in die vorhandenen Netzwerke ist ein weiteres Qualitätsmerkmal. Das steigende Interesse der Akademiker an der Thematik deutet auf eine hohe Akzeptanz der Lehrangebote und auf das wachsende unternehmerische Klima an der TU hin.

Eine Möglichkeit, die Wirksamkeit dieser Aktivitäten, insbesondere von „Dresden exists“ und des SAP-Stiftungslehrstuhles festzustellen, kann durch eine Gegenüberstellung der insgesamt an der TU studierenden Studenten und der tatsächlichen Existenzgründungen erfolgen. An der TU Dresden studierten im Wintersemester 2000/2001 26.654 Studenten, davon 2.509 Studenten Mathematik und Naturwissenschaften und 2.269 Maschinenwesen.[2] Damit kann von einem nicht unerheblichen Potential von Gründungsinteressenten ausgegangen werden. Das Programm „Dresden

[1] Vgl. Esswein (1999), S. 1 f.
[2] Vgl. Technische Universität Dresden (2001[b]).

exists" und die Lehrangebote des Stiftungslehrstuhles wurden seit 1999 von 400 Studenten angenommen. Erwartungsgemäß wird nur ein Bruchteil von ihnen nach dem Hochschulabschluß tatsächlich eine Gründung vollziehen. Mit Hilfe von „Dresden exists" konnten bis Mai 2000 14 Teams gründen, 37 Projekte sollen noch folgen.

Eine weitere Möglichkeit der Bewertung besteht in der Betrachtung der aufgewandten finanziellen Mittel für eine Existenzgründung. Der finanzielle Rahmen für das Programm umfaßt für 3 1/4 Jahre 6 Mio. DM, d.h. ca. 2 Mio. DM/Jahr. Für eine tatsächliche Existenzgründung wurden somit im Vorgründungsbereich rund 285.714,- DM aufgewandt.[1] In diesem Betrag sind alle unterstützenden, qualifizierenden und begleitenden Maßnahmen für den Existenzgründer wie auch anteilmäßig die Finanzierung des ihn betreuenden Projektteams enthalten. An diesem Punkt der Betrachtungen stellt sich die Frage nach dem Verhältnis zwischen Aufwand und Ergebnis und es läßt sich schlußfolgern, daß eine kostenintensive und qualitativ hochwertige Ausbildung potentieller Existenzgründer nicht unmittelbar zu einer großen Anzahl an tatsächlichen Existenzgründungen führen kann oder muß.

Dennoch: die Ausbildungsprogramme und Projekte an der TU in Dresden können, betrachtet man die Qualität der Maßnahmen, als beispielhaft bewertet werden und sollen deshalb, unter Berücksichtigung der unterschiedlichen finanziellen und personellen Ausstattung an den Hochschulen und in den Regionen, für den Vergleich mit den Ausbildungsprogrammen und Aktivitäten in Mecklenburg-Vorpommern herangezogen werden. Dadurch wird es möglich, Defizite in der Ausbildung der potentiellen akademischen Existenzgründer in Mecklenburg-Vorpommern aufzudecken und darauf aufbauend Vorschläge für eine Qualifizierung der Maßnahmen abzuleiten.

---

[1] Vgl. Technische Universität Dresden (2001[a]).

Tabelle 5.7: Strukturierungs- und Bewertungsansätze, Gründerinitiative „Dresden exists"
Quelle: Eigene Darstellung.

Technische Universität Dresden
(1) Rahmenbedingungen (s. Abschnitt 5.4.2.1)
(2) Kurzbeschreibung
- Bezeichnung: „Dresden exists" - Zielgruppe: Studenten, wissenschaftliche Mitarbeiter - Dauer: 3 ¼ Jahre - Finanzierung: kostenlose Teilnahme, 6 Mio. DM Finanzierung über das BMBF - Administrative Verankerung: TU Dresden und BMBF
(3) Ziele
- langfristige Entwicklung der TU Dresden zu einem Innovations- und Gründerzentrum - Aufbau eines Netzwerkes für Unternehmensgründer, Forcierung des Gründungsgeschehens
(4) Lehre
- Methodik: • Fallstudienseminare, Motivation durch positive Beispiele • Erfahrungsaustausch mit erfolgreichen Gründern, Planspiele, Exkursionen • praxisnahe Studien, Diskussionen, arbeiten im interdisziplinären Team • Ideenwettbewerbe, Rhetorik- und Kreativitätsseminare - Inhalte: • neue Geschäftsfelder identifizieren (Geschäftsfeldmining) • Entwicklung eines Gründerinformationssystems als Kommunikationsforum für Gründer aus dem Hochschulbereich mit Kapitalgebern, Beratern, Forschungseinrichtungen • Veranstaltungen zum Thema Unternehmensgründung (Fallstudienseminare, Wochenendblockseminare) • Gründer bearbeiten praxisorientiert die Umsetzung spezifischer Problembereiche des Gründungsprozesses vor dem Hintergrund einer konkreten Idee (GründerRaum) • Businessplan-Seminare zur Entwicklung eines ausgereiften Unternehmenskonzeptes • Qualifikation der Lehrkräfte: externe Fachleute aus der Region mit spezifischen Kenntnissen und Erfahrungen, Persönlichkeiten aus der unternehmerischen Praxis, akademische Lehrkräfte
(5) Organisation
- Formen und Umfang der Akquisition der Teilnehmer: regionale und überregionale Öffentlichkeitsarbeit, Informationen besonders an der TU Dresden und im Internet - Zulassung: Interessenten aller Fakultäten, Bewerbung mit Ideenpapier oder Geschäftsidee, Jury entscheidet über Teilnahme - Rahmenprogramm: Unternehmensbesichtigungen, Dresdner Gründerfoyer - Prüfung, Abschluß: Geschäftsplan
(6) Entwicklungspolitische Wirksamkeit
- Wirtschaftliche und soziale Wirkungen: • Regionale Verflechtungswirkungen: Verflechtungen mit international tätigen Unternehmen, der IHK, Banken, Forschungsinstituten, Verbänden, Ministerien, Beteiligungsfonds, Technologiezentren • Ausbildungswirkung: durch die Verbindung mit dem SAP-Lehrstuhl an der TU Dresden ist umfassende Gründerausbildung gewährleistet

Tabelle 5.8: Strukturierungs- und Bewertungsansätze, Existenzgründung/Betriebswirtschaftslehre junger Unternehmen und Innovationsmanagement im Rahmen des SAP-Stiftungslehrstuhls für Technologieorientierte Existenzgründung und Innovationsmanagement
Quelle: Eigene Darstellung.

Technische Universität Dresden

(1) Rahmenbedingungen (s. Abschnitt 5.4.2.1)

(2) Kurzbeschreibung

- Bezeichnung: Existenzgründung/Betriebswirtschaftslehre junger Unternehmen und Innovationsmanagement im Rahmen des SAP-Stiftungslehrstuhl für Technologieorientierte Existenzgründung und Innovationsmanagement
- Zielgruppe: Studenten der Wirtschaftswissenschaften, des Maschinenbaus, der Elektrotechnik
- Dauer: jeweils ein Semester
- Finanzierung: kostenlose Teilnahme
- Administrative Verankerung: Lehrveranstaltungen im Rahmen der speziellen Betriebswirtschaftslehre

(3) Ziele

- Interesse der Studenten an Selbständigkeit wecken und festigen
- Kenntnisse über die Existenzgründung und Führung eines Unternehmens vermitteln
- Erarbeitung eines Geschäftsplans
- Stärkung der unternehmerischen Kultur an der TU Dresden

(4) Lehre

- Methodik:
  - Vermittlung von theoretischem Wissen und Training von praktisch anwendbaren Fähigkeiten
  - Transfer von theoretischem Wissen auf das Gründungsvorhaben
  - interaktives Arbeiten, Entscheidungen treffen, Diskussionen
  - Workshops, Kleingruppen, Kurzvorträge und Präsentation durch Teilnehmer
- Lehrinhalte:
  - Festigung von grundlegendem kaufmännischen Wissen (Recht, Management, Marketing, Finanzierung)
  - Umsetzung von theoretischem Wissen auf praktische Fallbeispiele
- Qualifikation der Lehrkräfte:
  - Akademisch ausgebildete Lehrkräfte mit Erfahrungen in Unternehmen
  - externe Fachleute aus der Region Dresden mit regionalspezifischen Kenntnissen und Erfahrungen

(5) Organisation

- Formen und Umfang der Akquisition der Teilnehmer: Information der Studenten vor Semesterbeginn, Darstellung im Studienführer
- Zulassung: Auswahl an Hand einer Bewerbung, an den Projektseminaren können nur 16 Studenten pro Seminar teilnehmen

- Rahmenprogramm: Dresdner Gründerforum, auf dem gründungswillige Hochschulangehörige, Jungunternehmer und Netzwerkpartner zum Erfahrungsaustausch und zur Kontaktanbahnung zusammentreffen
- Prüfung, Abschluß: Blockprüfungen, Seminararbeiten, Verteidigung eines Geschäftsplanes vor Experten

Fortsetzung Tabelle 5.8

Technische Universität Dresden
(6) Entwicklungspolitische Wirksamkeit
- Wirtschaftliche und soziale Wirkungen: • Regionale Verflechtungswirkungen: Aufbau eines durchgängig integrativen und dauerhaften Netzwerkes von Partnern der Industrie, der Wissenschaft, des Finanzsektors und weiterer Einrichtungen mit Inkubatorfunktion - Kulturelle Wirkungen, dazu gehören: • Nachhaltigkeit des Projektes, des Programms durch die tatsächliche Gründung von Teilnehmern gegeben • Begleitende Forschungsprojekte zu folgenden Themen: a) Entwicklung junger Unternehmen b) Venture Capital c) Innovationsförderndes Umfeld Management technologieintensiver Innovationen

6 Ausbildungsprogramme und Projekte für potentielle Existenzgründer in Mecklenburg-Vorpommern

6.1 Universitäten

6.1.1 Universität Rostock

An der Universität Rostock wurde 1997 auf Initiative des Institutes für Human Resource Development das Programm „ROXI“ (**RO**stocker e**X**istenzgründer - **I**nitiative) ins Leben gerufen. Das vorrangige Ziel dieser Initiative besteht in der Entwicklung eines unternehmerischen Klimas an der Universität Rostock. Studenten, wissenschaftliche Mitarbeiter und Absolventen aller Fachrichtungen, die ein eigenes Unternehmen gründen wollen, erhalten die Möglichkeit, an einem Trainingsprogramm mit dem Motto „Existenzgründer helfen Existenzgründern“ teilzunehmen.[1]

„ROXI“ orientiert sich dabei an internationalen Konzepten, die sich am MIT und am Babson College (s. Anhang 6, 8), am gea-College in Slowenien und an Einrichtungen in Deutschland, wie der „European Business School“ in Oestrich-Winkel, bewährt haben. Im Zentrum der Ausbildung an der Rostocker Universität steht deshalb auch nicht die Vermittlung von theoretischem Wissen, sondern das Training von Fähigkeiten. Intuition, Phantasie, Kreativität, Lust an Problembewältigung sollen geweckt werden (s. Tabelle 6.1). Workshops, Kleingruppen und Projektarbeit, Plan- und Rollenspiele, Kurzvorträge und Präsentationen durch Teilnehmer, moderierte kontroverse Diskussionen, Behandlung von Erfolgsgeschichten, Feldstudien und Unternehmensbesuche sind Kennzeichen der angewandten Methodik. Es wird ein ausgewogenes Verhältnis zwischen der Vermittlung von grundlegenden kaufmännischen Kenntnissen und dem Einüben von „soft skills“, die mit Kommunikation, Krisenbewältigung, Selbstmotivation zu beschreiben sind, angestrebt (s. Anhang 9).

[1] Vgl. Universität Rostock (1998); Braun u. a. (1998), S. 13 ff.

Tabelle 6.1: Übersicht zur „ROXI"-Lehrmethodik
Quelle: Vgl. Mechthold-Jin (1998), Anhang A; Mechthold-Jin (1999), S. 4.

	Herkömmliche Universitätsveranstaltung	**Statt dessen bei „ROXI"**
Ziele des Unterrichts	Vermittlung von Wissen und Fakten „knowing that"	Schulung von praktischen Fähigkeiten „knowing how" „knowing who" Motivation Hilfe zur Selbsthilfe Training zum Selbsttraining
	Erziehung zur Abhängigkeit Praxis in Theorie umsetzen Wissenschaftlichkeit „Fehler sind zu vermeiden!"	Erziehung zur Unabhängigkeit Theorie in Praxis umsetzen Umsetzbarkeit „Aus Fehlern kann man lernen!"
Methodik des Unterrichts	Inhaltsorientiert Lehrergeleitet Instruktiv	Prozeßorientiert Teilnehmerkonzentriert Interaktiv
Inhalt des Unterrichts	Festgelegt Vorgegeben Weltsicht: richtig/falsch Bewertung durch Prüfungen	Flexibel Vereinbart Ungewißheit, Unschärfen, viele Lösungen Bewertung durch Resultate
Rolle der Dozenten	Experten	Moderatoren
Rolle der Teilnehmer	Lernen einzeln Stehen im Wettbewerb Arbeiten passiv/rezeptiv	Arbeiten in kleinen Gruppen Arbeiten zusammen Arbeiten aktiv/kreativ

Um die anspruchsvolle Ausbildung der potentiellen Existenzgründer zu realisieren, werden die Dozenten nach ihren unternehmerischen und pädagogischen Fähigkeiten und Erfahrungen ausgewählt.

Es werden

- erfahrene externe Fachleute bevorzugt oder
- Existenzgründer, die sich die didaktischen Fähigkeiten als Moderatoren, Unternehmensberater oder Lehrkräfte in der Erwachsenenbildung angeeignet haben oder
- Trainer aus der Region Rostock mit regionalspezifischen Kenntnissen und Erfahrungen, die ihre themenrelevanten Fähigkeiten in eigener täglicher Erfahrung erworben und die Vermittlung von Kenntnissen bereits praktiziert haben.

Der Aufbau eines Netzwerkes zwischen den Organisatoren, den Lehrenden und den Lernenden ist erwünscht. So gibt es u. a. eine enge Zusammenarbeit mit der IHK in

Rostock, mit der Gesellschaft für Wirtschaftsförderung, der Deutschen Bank Rostock, der Norddeutschen Landesbank (NORD-LB) und eine Kooperation mit den Studenten der Kampagne „Independence Wave“, die fächerübergreifend an der Rostocker Universität zu Fragen der Selbständigkeit informieren. Eine Evaluierung des Programms ist durch Befragung der Teilnehmer und begleitende Forschungsprojekte, die „ROXI“ zur Wirkung, zur Verbesserung der Effektivität, zur Sicherung der Nachhaltigkeit und zu Möglichkeiten der Übertragung der Erfahrungen untersuchen, gesichert. Die Ergebnisse der Befragung werden jeweils in Halbjahresberichten veröffentlicht.

Bei der Anwendung der entwickelten Strukturierungs- und Bewertungsansätze (s. Tabelle 6.2) zeigt sich, daß das Programm hohen qualitativen Anforderungen gerecht wird. Es zeichnet sich besonders durch aktive prozeßorientierte und teilnehmerzentrierte Lehrmethoden aus. Schwerpunkte des Projektes sind das Training von unternehmerischen Fähigkeiten an realen Gründungsvorhaben und der Aufbau eines Netzwerkes zwischen den Teilnehmern des Kurses, wie auch zu externen Gründungshelfern im mikrosozialen Umfeld.

„ROXI“ wird studiengangübergreifend für eine breite Zielgruppe an der Universität angeboten. Die bisherige Anzahl der Interessenten zeigt aber, daß Studenten aus Rostock einer Existenzgründung recht skeptisch gegenüberstehen. Im Sommersemester 1998 gab es 20 Interessenten für das Programm, davon nahmen nach einem Auswahlverfahren 9 Personen teil, fünf von ihnen gründeten ein Unternehmen. Im Wintersemester 1998/99 interessierten sich 25 Personen für „ROXI“, 10 von ihnen beendeten das Trainingsprogramm und fünf von ihnen gründeten ein Unternehmen. Von den Teilnehmern des Sommersemesters 1999 bauten bisher vier eine eigene Existenz auf (weitere Angaben zur Anzahl der Teilnehmer und der Existenzgründungen s. Anhang 10).

Tabelle 6.2: Strukturierungs- und Bewertungsansätze, Universität Rostock, Programm „ROXI"
Quelle: Eigene Recherche.

Universität Rostock
(1) Rahmenbedingungen (s. Kapitel 3)
(2) Kurzbeschreibung
- Bezeichnung: „ROXI", **RO**stocker e**X**istenzgründer-**I**nitiative des Institutes für Human Resource Development - Zielgruppe: Studenten, wissenschaftliche Mitarbeiter, Absolventen aller Fachrichtungen - Teilnehmerzahl: • Sommersemester 1998-2000: 41 Teilnehmer - Dauer: 1997 ins Leben gerufen, jeweils ein Semester, 120 Unterrichtsstunden - Finanzierung: Teilnehmerbeitrag von 200,- DM, später 250,- DM für Studenten, andere Teilnehmer 450,- DM Zuwendungen des Ministeriums für Arbeit und Bau und des Europäischen Sozialfonds, 1997-5/2000: 551.949,01DM, 6/2000-2/2002: 410.311,39 DM - Administrative Verankerung: Institut für Human Resource Development
(3) Ziele
- Förderung des unternehmerischen Denkens von Studierenden an der Universität Rostock - Training von Fähigkeiten zur Gründung und Führung eines Unternehmens - Erarbeitung eines Geschäftsplans - Realisierung der tatsächlichen Existenzgründung
(4) Lehre
- Methodik: • Schulung von Fähigkeiten • Leitbild ist die Hilfe zur Selbsthilfe • Intuition, Phantasie, Kreativität, Lust an Problembewältigung wecken • Gemeinsame Aktivitäten, die die ständige Zusammenarbeit von Teilnehmer und Trainer erfordern • Workshops, Kleingruppen und Projektarbeit, Plan- und Rollenspiele, Kurzvorträge und Präsentation durch die Teilnehmer • Moderierte kontroverse Diskussion • Behandlung von erfolgreichen Beispielen, Feldstudien, Unternehmensbesuche
- Inhalte: • Grundlegende kaufmännische Kenntnisse (Recht, Management, Marketing, Finanzen) • „soft skills" (Kommunikation, Krisenbewältigung, Selbstmotivation) - Unterlagen, Arbeitsmaterial: Flipchart, Moderatorenkoffer, White Board, Softboard, Fernsehapparat, Videorekorder, PC mit Beamer - Qualifikation der Lehrkräfte: • Erfahrene externe Fachleute • Existenzgründer mit didaktischen Fähigkeiten als Moderatoren, Unternehmensberater, Lehrkräfte in der Erwachsenenbildung • Trainer aus der Region Rostock mit regionalspezifischen Kenntnissen und Erfahrungen - Auswahlkriterien: themenrelevante Fähigkeiten mußten in eigener täglicher Erfahrung erworben sein

Fortsetzung Tabelle 6.2

Universität Rostock
(5) Organisation
- Formen und Umfang der Akquisition der Teilnehmer: Veröffentlichungen, Pressemitteilungen, Interviews, Rundschreiben, Vorträge, Faltblätter, Kinowerbung - Zulassung: • ernsthafte Gründungsabsicht • persönliches Auswahlgespräch mit Bewerbern • Studienfächer der Teilnehmer und die Branche des geplanten Unternehmens spielen keine Rolle - Prüfung, Abschluß: Entwicklung eines Geschäftsplanes
(6) Entwicklungspolitische Wirksamkeit
- Wirtschaftliche und soziale Wirkungen • Regionale Verflechtungswirkungen: Zusammenarbeit mit der Deutschen Bank mit dem Ziel der Konzipierung eines Business-Plan-Wettbewerbes • Durchführung einer Konferenz zum Thema „Existenzgründungen - eine Investition in die Zukunft" im Rahmen der „Dialogreihe Wirtschaft und Wissenschaft" in Zusammenarbeit mit dem Wirtschaftsministerium in Schwerin • Zusammenarbeit mit dem Fernstudienzentrum an der Universität Rostock • Teilnahme an der Ausschreibung des BMBF zur Förderung von Existenzgründungen aus Hochschulen 1998 • Netzwerkarbeit mit der IHK, der Absatzförderungsgesellschaft, der Deutschen Bank, der NORD-LB • Kooperation mit den Studenten der Kampagne „Independence Wave"
- Kulturelle Wirkungen • Nachhaltigkeit durch die tatsächliche Gründung von Teilnehmern gegeben, begleitende Forschungsprojekte - Evaluierung durch Fragebögen der Teilnehmer

Neben dem Programm „ROXI" sind an der Universität in Rostock noch weitere Projekte und wissenschaftliche Aktivitäten zur Einschätzung des Existenzgründungsgeschehens in Mecklenburg-Vorpommern etabliert. Dazu gehören:

- Ergänzende Aktivitäten am Institut für Human Resource Development der Universität Rostock,
- Projekt der Technologietransferstelle „Stimulierung von Existenzgründern aus der Universität Rostock",
- Aktivitäten an der Wirtschafts- und Sozialwissenschaftlichen und an der Philosophischen Fakultät.

Die weiteren Aktivitäten des Instituts für Human Resource Development umfassen z. B. eine Analyse des Beitrages der Hochschulen zur regionalen Wirtschaftsentwicklung in Mecklenburg-Vorpommern oder auch Untersuchungen in Zusammenarbeit mit soziologischen Instituten der Universitäten Rostock und München zur Neugründung von Unternehmen in Ostdeutschland. Damit wird das Leistungsprofil des Instituts geschärft, das von der Institutsleitung wie folgt beschrieben wird:

- Konzipieren von Trainingskonzepten für potentielle Existenzgründer,
- Bewertung des Nutzens und des Erfolgs von Existenzgründungsprogrammen,
- Erforschung und Entwicklung von Evaluationsinstrumenten im Bildungswesen,
- Erarbeitung von Qualifikationsstrategien zur Entwicklung des mittelständischen Unternehmertums.

Die wissenschaftlichen Erkenntnisse, die aus den Projekten gewonnen werden, tragen in hohem Maße zur Qualifizierung der Ausbildung der potentiellen Existenzgründer bei. Besonders die Methodik und die Evaluation von Ausbildungsprogrammen sind Gegenstand der wissenschaftlichen Untersuchungen. Die Forschungsergebnisse werden wiederum im Projekt „ROXI" berücksichtigt und umgesetzt. Somit ist eine ständige wissenschaftliche Begleitung und Evaluation der Praxis wie auch Rückkopplung aus der Praxis zur Forschung möglich.

Das Projekt „Stimulierung von Existenzgründungen aus der Universität Rostock"[1] wird an der Technologietransferstelle der Universität seit 1999 mit folgenden Zielstellungen realisiert:

- Analyse der Existenzgründerangebote und Ansprechpartner in der Region Rostock,
- Erfassung der universitätsinternen Aktivitäten zur Unterstützung der Existenzgründungen,
- Entwicklung von Ideen und Modellen zur Stimulierung von Existenzgründungen aus der Universität Rostock,
- Förderung einer Kultur der Selbständigkeit in der Region Rostock.

Im Rahmen des Projektes werden Interviews mit Gründungshelfern geführt, tatsächliche Existenzgründer aus der Universität Rostock identifiziert und Ressourcen an der

[1] Vgl. Universität Rostock (2000), S. 4 ff.

Universität erfaßt, die für Gründer zur Verfügung gestellt werden können. Die Gymnasien der Region werden auf Aktivitäten zur Vorbereitung der Schüler auf die Arbeitswelt und auf die Selbständigkeit untersucht. Im Ergebnis der Projektarbeit wird ein regionaler Gründer-Service angeboten, der Auskunft zu Informationsquellen und Ansprechpartnern für potentielle Existenzgründer bietet. Weiterhin wird eine Statistik der Ausgründungen aus der Universität für den Zeitraum ab 1990 erarbeitet. Mit dem Projekt wird ein Beitrag zur Erfassung aller gründungsunterstützenden Aktivitäten an der Universität Rostock geleistet. Es erfolgt eine Bestandsaufnahme, die es ermöglicht, Aktivitäten bekannt zu machen, zu koordinieren und Synergien zwischen den Akteuren herzustellen. Damit werden Daten zusammengetragen, die für weitere Planungen von Programmen oder Projekten, die Existenzgründungen aus Hochschulen unterstützen sollen, notwendige Grundlage sind.

An der Wirtschafts- und Sozialwissenschaftlichen Fakultät und an der Philosophischen Fakultät der Rostocker Universität werden weitere Fragestellungen, die die Existenzgründungsproblematik betreffen, untersucht. Dazu gehören beispielsweise:

- Kooperationsangebot „Existenzgründungen und berufliche Selbständigkeit - Untersuchung von Gründungsprozessen und Erfolgschancen von Kleinbetrieben" (Beratung, Know-how-Weitergabe, Problembearbeitung als Studienarbeit, Diplomarbeit oder Dissertation), Institut für Soziologie, Lehrstuhl Allgemeine Soziologie-Mikrosoziologie, Prof. Dr. Preisendörfer,
- Forschungskolloquium „Analyse des betrieblichen Erfolgs von geförderten Existenzgründern im Arbeitsamt-Bezirk Rostock", Lehrstuhl für allgemeine Soziologie/Soziologische Theorie und Theoriegeschichte, Prof. Dr. Voigt, Dr. Gerdes,
- Projektideen zur Förderung des unternehmerischen Denkens und Handelns bei Schülern bis zur gymnasialen Oberstufe mit dem Ziel, Unternehmensgründung durch Schüler zu initiieren und zu fördern, Institut für Schulpädagogik, Lehrstuhl Schulpädagogik, Frau Prof. Dr. Eckerle.

Mit diesen Aktivitäten einiger Professoren an den unterschiedlichen Lehrstühlen der Rostocker Universität wird, neben der differenzierten wissenschaftlichen Auseinandersetzung mit der Problematik Existenzgründung, durch die Einbeziehung von Studenten in die Forschungsarbeiten der Gedanke „Selbständigkeit als Lebensmodell und Karrierealternative“ verbreitet.

Auch an der Universität in Greifswald wird der Existenzgründung von Akademikern zunehmend Beachtung geschenkt. So ging aus einem Projekt zwischen der Deutschen Ausgleichsbank und der Rechts- und Staatswissenschaftlichen Fakultät eine Arbeitsgruppe hervor, die Gründungsinteressenten in allen relevanten Fragen beraten soll. Die Aktivitäten dieser Arbeitsgruppe werden im folgenden dargestellt.

6.1.2 Universität Greifswald

Im Jahr 1999 wurde die Gruppe „Existenzgründung“[1] an der Rechts- und Staatswissenschaftlichen Fakultät der Greifswalder Universität ins Leben gerufen. Sie ist organisatorisch dem Lehrstuhl für Allgemeine Betriebswirtschaftslehre und Betriebliche Finanzwirtschaft, insbesondere Unternehmensbewertung, zugeordnet. Ziel der Projektgruppe ist es, eine Beratung für potentielle Existenzgründer, wie Studenten, Absolventen, wissenschaftliche Mitarbeiter der Greifswalder Universität und auch für Schüler, anzubieten. Das Interesse unter den Studenten der Greifswalder Universität an einer Existenzgründung ist vorhanden, davon zeugen neun Anfragen innerhalb der ersten sechs Monate des Bestehens der Gruppe. Das Beratungsangebot wird durch eine Seminarreihe für Betriebswirtschaftler und für Naturwissenschaftler zur Thematik Existenzgründung, durch einen Leitfaden für Existenzgründer im Internet und durch eine Vortragsreihe von externen Praktikern ergänzt. In den Seminaren wird durch Vorträge und Übungen grundlegendes kaufmännisches Wissen vermittelt und gefestigt. Dabei handelt es sich um Informationen zu Gründungsarten, Rechtsformen, Standortwahl, Marketing, Gründungsfinanzierung, Betriebsorganisation, Personal und Vertragsrecht.

---

[1] Vgl. Universität Greifswald (1999[a]).

Die theoretischen Kenntnisse werden in Planspielen von den Teilnehmern praktisch unter Beweis gestellt. Junge Akademiker und erfahrene Praktiker gestalten die Lehrveranstaltungen. Neben der Beratung und Weiterbildung arbeitet die Projektgruppe an einer wissenschaftlichen Studie zur Thematik „Kritische Erfolgsfaktoren einer Unternehmensgründung - die Bedeutung der emotionalen Intelligenz".

Die Finanzierung des Projektes erfolgt für drei Jahre durch die Deutsche Ausgleichsbank und durch die Promedicontrol GmbH, ein mittelständisches Unternehmen in der medizinischen Diagnostik. Damit ist gleichzeitig die Basis für ein Kontaktnetzwerk zu regional und überregional agierenden Partnern, wie der IHK Neubrandenburg, dem Gründungsforschungs-Forum, dem Förderkreis Gründungs-Forschung e.V., dem Bio-Technikum Greifswald und der „European Business School" in Oestrich-Winkel, gelegt. Eine Koordination mit anderen Programmen oder Aktivitäten in der Region und eine Bewertung des Nutzens und des Erfolgs des Projektes stehen, bedingt durch die kurze Laufzeit, noch aus.

Eine Auswertung der Strukturierungs- und Bewertungsansätze (s. Tabelle 6.3) zeigt, daß mit dem Aufbau der Projektgruppe „Existenzgründung" ein erster Schritt getan wurde, um an der Greifswalder Universität über einen längeren Zeitraum potentielle Existenzgründer anzusprechen. Darin liegt die besondere Bedeutung der Initiative, denn an der Greifswalder Universität, die über eine bedeutende Anzahl von Studenten im naturwissenschaftlichen Bereich verfügt, fanden bisher nur sporadisch Informationsveranstaltungen zur Thematik Existenzgründung statt.

Tabelle 6.3: Strukturierungs- und Bewertungsansätze, Universität Greifswald, Projektgruppe Existenzgründung
Quelle: Eigene Recherche.

Universität Greifswald
(1) Rahmenbedingungen (s. Kapitel 3)
(2) Kurzbeschreibung
- Bezeichnung: Projektgruppe Existenzgründung - Zielgruppe: Schüler, Studenten, Absolventen, Mitarbeiter im wissenschaftlichen Mittelbau - Teilnehmeranzahl: SS 1999 bereits 9 Interessenten - Dauer: 3 Jahre, Beginn im Sommer 1999, 4-semestriger Zyklus - Finanzierung: Deutsche Ausgleichsbank, Promedicontrol GmbH - Administrative Verankerung: Universität Greifswald, Lehrstuhl für Allgemeine Betriebswirtschaftslehre und Betriebliche Finanzwirtschaft, insbesondere Unternehmensbewertung
(3) Ziele
- Interesse an Selbständigkeit wecken und festigen - Vermittlung von Fähigkeiten zur Gründung und Führung eines Unternehmens - Erarbeitung eines Geschäftsplanes - Entwicklung der unternehmerischen Kultur an der Universität Greifswald
(4) Lehre
- Methodik: Übungen, Planspiel, Blockseminare, Vorlesungen, Wissensvermittlung durch das Internet - Inhalte: • persönliche Voraussetzungen, Unternehmensidee • Gründungsarten, Gründungsadministration • Rechtsformentscheidung, Standortwahl, Marketing, Betriebsorganisation, Personal • Vertragsrecht, Versicherung, Gründungsfinanzierung, Rechnungswesen, Besteuerung, Controlling - Unterlagen, Arbeitsmaterial: Tafel, Overheadprojektor - Qualifikation der Lehrkräfte: diplomierte Kaufleute unmittelbar nach dem Diplom, erfahrene externe Fachleute
(5) Organisation - Formen und Umfang der Akquisition der Teilnehmer: direkte Akquisition in der Greifswalder Universität durch Plakate, Faltblätter, Internetseite, Veröffentlichungen im Universitätsjournal - Zulassung: Studienfächer der Teilnehmer und die Branche des geplanten Unternehmens spielen keine Rolle - Prüfung, Abschluß: • Gründung erfolgt in den meisten Fällen spielerisch • Entwicklung eines Business-Planes durch die Teilnehmer
(6) Entwicklungspolitische Wirksamkeit
- Wirtschaftliche und soziale Wirkungen: regionale Verflechtungswirkungen mit der IHK Neubrandenburg, dem BioTechnikum Greifswald

Zusammenfassend kann festgestellt werden, daß an den Universitäten in Greifswald und Rostock zur Thematik Existenzgründung Projekte angeboten werden, die es den Studenten ermöglichen, sich mit der Selbständigkeit und dem Aufbau eines Unternehmens auseinanderzusetzen. Das Projekt „ROXI“ bietet in einer ersten Wertung die vergleichsweise besseren Bedingungen für die potentiellen akademischen Existenzgründer, da neben der Wissensvermittlung besonders das Training von unternehmerischen Fähigkeiten im Vordergrund steht.

6.2 Fachhochschulen

6.2.1 Fachhochschule Stralsund

Lehrveranstaltungen zur Thematik „Entrepreneurship“

An der Fachhochschule Stralsund werden Lehrveranstaltungen zur Thematik „Entrepreneurship“ als Ergänzungsfach für alle Fachbereiche angeboten. Ziel der Seminare ist es, möglichst viele Studenten unterschiedlichster Fachrichtungen für eine Existenzgründung zu interessieren. In den Veranstaltungen wenden die Studenten kaufmännisches Wissen, das sie sich im Grundstudium erworben haben, bei der Erarbeitung eines Geschäftplanes an. Diese Umsetzung von Kenntnissen über Gründungsformen, Markt oder Finanzierung ist aber nicht Schwerpunkt der Veranstaltungen, sondern erfolgt eher spielerisch („Monopoly-Phase“). Die Studenten sollen vielmehr durch Vorträge von erfahrenen Praktikern sowie von erfolgreichen jungen akademischen Existenzgründern und durch Unternehmensbesuche eine realistische Einstellung zur Existenzgründung gewinnen und den Aufbau eines eigenen Unternehmens als Chance ihrer Entwicklung erkennen. Sie sollen weiterhin lernen, sich aktiv in Problemdiskussionen einzubringen, sich Kritik zu stellen und ihren fachlichen Standpunkt zu verteidigen. Als Dozenten sind deshalb Existenzgründer und Fachleute aus der Region Stralsund mit regionalspezifischen Kenntnissen und pädagogischen Erfahrungen tätig, die sich mit den Gründungsideen der Studenten auseinandersetzen und deren Realisierung unter Praxisbedingungen prüfen.

Eine Zulassungsprüfung zur Lehrveranstaltung erfolgt nicht. Die Experten und Praktiker gestalten die Seminare ohne finanzielle Vergütung. Eine Bewertung der Seminare wird durch die Teilnehmer mit Hilfe von Fragebögen vorgenommen.

Das Interesse an der Thematik ist groß, so besuchten über 90 Studenten eine Einführungsveranstaltung zum Ergänzungsfach „Entrepreneurship". An der tatsächlichen Teilnehmerzahl, die zwischen 9 und 14 Studenten pro Semester lag, wird aber deutlich, daß auch unter den Fachhochschulstudenten eine Existenzgründung als Alternative zu einer Anstellung in einem Unternehmen nach wie vor wenig populär ist.[1]

Die Auswertung der Strukturierungs- und Bewertungsansätze (s. Tabelle 6.4) zeigt den interaktiven und prozeßorientierten Charakter der Lehrveranstaltungen.

Aufbau einer Trainings-Fabrik am Fachbereich Maschinenbau

Der Aufbau einer Trainings-Fabrik an der Fachhochschule Stralsund reiht sich in die Bemühungen ein, Studenten und Akademiker mit der Selbständigkeit vertraut zu machen, und hebt sich von den üblichen Lehraktivitäten ab, da an konkreten Projekten Gründungswissen vermittelt wird.[2] 1997 wurde mit der Konzipierung des Vorhabens begonnen und seit 1998 werden erwerbslose Ingenieure, Akademiker, Techniker und Meister in der Trainings-Fabrik praktisch und theoretisch zur Selbständigkeit ausgebildet. Die Teilnehmer der Trainings-Fabrik werben Fertiglohnaufträge, die sich hinsichtlich Qualität, Kosten und Liefertreue auf dem regionalen Markt bewähren müssen, ein. Diese Aufträge werden dann auch tatsächlich abgearbeitet und die produzierten Güter werden verkauft. Die dadurch gewonnenen praktischen Erfahrungen und eine zusätzliche kaufmännische Qualifikation sollen die Teilnehmer befähigen, nach Ablauf der Weiterbildungsmaßnahme ein eigenes Unternehmen zu gründen und zu führen.

Das gesamte Vorhaben wird außerdem durch eine übergreifende Forschung der Fachbereiche Maschinenbau, Elektronik und Wirtschaft begleitet. Dabei geht es um die Dokumentation des Ablaufs des Modellvorhabens und um die inhaltlich-konzeptionelle Gestaltung der Trainings-Fabrik.

---

1 Vgl. o.V. (1998), S. 42.
2 Vgl. Deutschländer (1997), S. 4 ff.

Tabelle 6.4: Strukturierungs- und Bewertungsansätze, Fachhochschule Stralsund, Lehrveranstaltungen zur Thematik „Entrepreneurship"
Quelle: Eigene Recherche.

Fachhochschule Stralsund
(1) Rahmenbedingungen (s. Kapitel 3)
(2) Kurzbeschreibung
- Bezeichnung: Lehrveranstaltungen zur Thematik „Entrepreneurship" - Zielgruppe: alle Studenten, die ein eigenes Unternehmen gründen wollen oder Interesse an der Problematik zeigen - Teilnehmeranzahl: pro Semester 9-14 Teilnehmer - Dauer: jeweils ein Semester, 2 Unterrichtsstunden pro Woche - Finanzierung: Teilnahme ist kostenlos, Lehrkräfte werden von der Hochschule bezahlt - Administrative Verankerung: Fachhochschule Stralsund, Lehrveranstaltung, Ergänzungsfach
(3) Ziele
- Interesse der Studenten an Selbständigkeit wecken und festigen - Training von Fähigkeiten zur Gründung und Führung eines Unternehmens - Erarbeitung eines Geschäftsplanes - Stärkung der unternehmerischen Kultur an der Fachhochschule Stralsund
(4) Lehre
- Methodik: • Vermittlung von theoretischem Wissen, Training von praktisch anwendbaren Fähigkeiten • Anwendung von theoretischem Wissen auf das Gründungsvorhaben • Kreativität, Lust an Problembewältigung wecken • Interaktives Arbeiten, Entscheidungen treffen • Moderierte kontroverse Diskussionen, Behandlung von erfolgreichen Beispielen, Workshops, Kleingruppenarbeit, Kurzvorträge und Präsentation durch Teilnehmer • Besuche der IHK, von Gründerzentren, Unternehmensbesuche - Inhalte: • Festigung von grundlegendem kaufmännischen Wissen (Recht, Management, Marketing, Finanzierung) • „soft skills" (Kommunikation, Krisenbewältigung, Selbstmotivation) - Unterlagen, Arbeitsmaterial: Tafel, Overheadprojektor, Beamer, Zusammenfassung von Arbeitsmaterialien, Broschüren, Informationsmaterialien - Qualifikation der Lehrkräfte: junge und erfahrene Existenzgründer, akademische Lehrkräfte, externe Fachleute aus der Region Stralsund mit regionalspezifischen Kenntnissen und Erfahrungen
(5) Organisation
- Formen und Umfang der Akquisition der Teilnehmer: Information der Studenten vor Semesterbeginn, Ankündigung im Studienführer - Zulassung: Studienfächer der Teilnehmer und die Branche des geplanten Unternehmens spielen keine Rolle - Prüfung, Abschluß • Gründung erfolgt in den meisten Fällen nicht real, sondern spielerisch • Entwicklung eines Geschäftsplanes durch die Teilnehmer • Verteidigung der Gründungsidee vor Experten und Studenten
(6) Entwicklungspolitische Wirksamkeit
- Soziale Wirkungen Regionale Verflechtungswirkungen: umfassendes regionales Netzwerk

Die Studenten der Fachhochschule Stralsund beteiligen sich am Gelingen des Projektes einerseits durch die Übernahme von kleinen Forschungs- oder Entwicklungsaufgaben, wie z. B. durch die Konstruktion von Werkstücken oder die Erarbeitung von Produktionsabläufen. Andererseits werden Studenten in die Forschungsarbeit durch Projekt- und Diplomarbeiten integriert. Die Trainings-Fabrik bietet somit die Möglichkeit, Studenten sehr konkret in ein tatsächliches Gründungsvorhaben einzubeziehen. Sie können die Probleme beim Aufbau eines Unternehmens, wie auch Möglichkeiten zu dessen Bewältigung kennen lernen.

Modellprojekt „Wasserstofftechnologie - Wasserstoff als Energieträger“

Das Modellprojekt „Wasserstofftechnologie - Wasserstoff als Energieträger“ wurde in den Jahren 1993 bis 1996 durchgeführt. Es gab arbeitslosen Ingenieuren die Möglichkeit, innovative Erzeugnisse und Dienstleistungen als Grundlage für Existenzgründungen zu entwickeln und parallel dazu Qualifikationen auf betriebs- und volkswirtschaftlichem Gebiet zu erlangen. Die Fachhochschule beteiligte sich als Kooperationspartner. Studenten und Mitarbeiter der Fachhochschule wurden besonders in die Entwicklungsarbeiten einbezogen. Sie konnten gleichzeitig einen tiefen Einblick in den Prozeß der Umsetzung von Ideen zu Produkten und Dienstleistungen gewinnen. Nach Ablauf der Förderung wurden fünf Unternehmen gegründet, die 1997 27 Arbeitsplätze bereitstellten.[1]

Eine zusammenfassende Betrachtung der Aktivitäten an der Fachhochschule in Stralsund verdeutlicht die Bemühungen, anhand realer Existenzgründungsprojekte und Ausbildungsprogramme ein unternehmerisches Klima an der Hochschule zu etablieren. Die Studenten erhalten die Möglichkeit, an „entrepreneurship education“-Veranstaltungen teilzunehmen und dort zumeist theoretisches Wissen zu erwerben oder umzusetzen. Sie können aber auch durch eigene Forschungsarbeiten oder Konstrukteurstätigkeiten an konkreten Gründungsvorhaben teilhaben. Damit wird ihnen

---

[1] Vgl. Trägergesellschaft Schiffbau (1997), S. 1 ff.

die Möglichkeit gegeben, einen Einblick in die Aufgabenstellungen beim Aufbau eines Unternehmens zu erhalten und Gründungsideen zu gewinnen.

6.2.2 Fachhochschule Neubrandenburg

An der Fachhochschule Neubrandenburg wird im Rahmen eines Lehrauftrages pro Semester eine fachübergreifende Informations- und Lehrveranstaltung „Die neue Selbständigkeit" zur Problematik Existenzgründung angeboten, an der interessierte Bürger wie auch Studenten teilnehmen können. Eine Zulassungsbeschränkung erfolgt nicht. Bisher nutzten jeweils 10-15 Teilnehmer das kostenlose Angebot, nach dessen Absolvierung eine Teilnahmebescheinigung erteilt wird.

In den Veranstaltungen werden grundlegende Kenntnisse über die Existenzgründung vermittelt und das bereits geweckte Interesse an der Selbständigkeit gefestigt. Neben einer klassischen Wissensvermittlung stehen interaktives Arbeiten, Kommunikation und Krisenbewältigung auf dem Lehrplan. Die Lehrkräfte sind erfahrene Praktiker mit regionalspezifischen Kenntnissen, die auch Kontakte zu Gründungshelfern in der Region herstellen können. Damit soll ein Beitrag zur Entwicklung eines unternehmerischen Klimas an der Fachhochschule und in der Region Neubrandenburg geleistet werden. Eine Evaluierung und wissenschaftliche Begleitung der Maßnahme erfolgen nicht. Durch die Lehrveranstaltungen konnten bisher zwei Existenzgründungen pro Semester aus der Hochschule unterstützt werden. Ein kontinuierlich angebotenes Ausbildungsprogramm für Studenten zur Vorbereitung auf eine Existenzgründung ist an der Fachhochschule bisher nicht vorgesehen. Durch die Anwendung der Bewertungs- und Strukturierungsansätze (Tabelle 6.5.) ist zu erkennen, das erste Schritte in Richtung einer anspruchsvollen problemlösungsorientierten Ausbildung gegangen werden.

Tabelle 6.5: Strukturierungs- und Bewertungsansätze, Fachhochschule Neubrandenburg, „Die neue Selbständigkeit"
Quelle: Eigene Recherche.

Fachhochschule Neubrandenburg
(1) Rahmenbedingungen (s. Kapitel 3)
(2) Kurzbeschreibung
Bezeichnung: „Die neue Selbständigkeit" - Zielgruppe, Teilnehmerzahl: wird für alle Fachbereiche angeboten, offen für Studenten, Absolventen und Externe, insgesamt ca. 10-15 Teilnehmer pro Veranstaltung - Dauer: jeweils ein Semester - Finanzierung: für die Teilnehmer fallen keine Kosten an, Finanzierung über die Hochschule im Rahmen eines Lehrauftrages - Administrative Verankerung, Projektträger: Fachhochschule Neubrandenburg, Ergänzungsfach, realisiert über Lehrauftrag
(3) Ziele
- Interesse der Studenten an Selbständigkeit wecken und festigen - Vermittlung von grundlegendem Wissen zur Gründung und Führung eines Unternehmens - Stärkung der unternehmerischen Kultur an der Fachhochschule Neubrandenburg
(4) Lehre
- Methodik: • Vermittlung von theoretischem Wissen und Training von Fähigkeiten • Kurzvorträge und Präsentation durch Teilnehmer, moderierte kontroverse Diskussion, • interaktives Arbeiten - Inhalte: • Festigung von grundlegendem kaufmännischen Wissen (Recht, Management, Marketing, Finanzierung) • „soft skills" (Kommunikation, Krisenbewältigung, Selbstmotivation) - Arbeitsmaterial: Tafel, Overheadprojektor, Skripte - Qualifikation der Lehrkräfte: erfahrene externe Fachleute aus der Region Neubrandenburg mit regionalspezifischen Kenntnissen und Erfahrungen
(5) Organisation
- Formen und Umfang der Akquisition der Teilnehmer: Information der Studenten vor Semesterbeginn - Zulassung: Studienfächer der Teilnehmer und die Branche des geplanten Unternehmens spielen keine Rolle - Prüfung, Abschluß: Teilnahmebescheinigung
(6) Entwicklungspolitische Wirksamkeit
- Wirtschaftliche und soziale Wirkungen: Wirkung auf Selbsthilfemobilisierung: bisher 2 Gründungen/Semester

6.2.3 Fachhochschule Wismar

An der Fachhochschule Wismar lernen Studenten vor allem durch Praxissemester Unternehmen und Existenzgründer kennen.[1] Unterstützt wird dieser Lern- und Erfahrungsprozeß durch studienbegleitende Angebote. So werden Veranstaltungen mit dem Technologie- und Gewerbezentrum Schwerin/Wismar, sogenannte „Gründerseminare", durchgeführt, um die Motivation der Studenten zur Existenzgründung besonders von innovativen Unternehmen zu stärken. Ein Beispiel ist die Informationsveranstaltung[2] „In Zukunft selbständig". Die Strukturierung und Bewertung der Informationsveranstaltung werden in Tabelle 6.6 dargestellt.

Tabelle 6.6: Strukturierungs- und Bewertungsansätze, Fachhochschule Wismar, Informationsveranstaltung „In Zukunft selbständig"
Quelle: Eigene Recherche.

Fachhochschule Wismar
(1) Rahmenbedingungen (s. Kapitel 3)
(2) Kurzbeschreibung
- Bezeichnung: Informationsveranstaltung „In Zukunft selbständig" - Zielgruppe: Informationsveranstaltung speziell für Studenten - Teilnehmerzahl: 30 Teilnehmer - Dauer, zeitliche Verteilung: 5 Stunden, einmalige Veranstaltung - Finanzierung: für die Teilnehmer entstehen keine Kosten, Finanzierung über die Fachhochschule - Administrative Verankerung: Veranstaltung der Technologietransferstelle der Fachhochschule Wismar
(3) Ziel
- Information und Motivation von potentiellen Existenzgründern, Erfahrungsaustausch mit Experten
(4) Lehre
- Methodik: Workshop - Inhalt: Erfahrungsberichte junger Existenzgründer und Beratung durch Fachleute - Qualifikation der Lehrkräfte: erfahrene Praktiker
(5) Organisation
- Formen und Umfang der Akquisition der Teilnehmer: persönliche Einladungen, Internet
(6) Entwicklungspolitische Wirksamkeit
- Soziale Wirkungen: Regionale Verflechtungswirkungen: Zusammenarbeit mit dem Bildungswerk der Wirtschaft GmbH in Schwerin, dem Technologie- und Gewerbezentrum Schwerin/Wismar, dem Institut für Regionalentwicklung Wismar

[1] Vgl. Fachhochschule Wismar (1998).
[2] Vgl. Fachhochschule Wismar (1999[a]).

Darüber hinaus findet eine Zusammenarbeit mit dem Forschungsverbund Mecklenburg-Vorpommern e.V. zu Fragen der Qualifizierung von Forschungspersonal, Forschungsmanagement und -marketing statt. Die Innovations- und Technologietransferstelle der Fachhochschule unterstützt ebenfalls Existenzgründer. Im Ergebnis aller dieser Bemühungen kam es seit 1997 zu drei spin-offs. Seit dem Jahr 2000 wird zur Forcierung des Existenzgründungsprozesses ein Projekt INFEX (Information und Begleitung von Existenzgründern, Studenten, Absolventen und jungen Unternehmen an der Hochschule Wismar) an der Hochschule in Wismar, initiiert durch das Bildungswerk der Wirtschaft GmbH und die Agentur für Technologietransfer und Innovationsförderung GmbH, angeboten. Informationen, Qualifizierung und individuelle Beratung von Studenten sollen einen nachhaltigen Impuls für das Gründungsgeschehen geben.

Die Ausbildungsprogramme und Projekte an den Universitäten und Fachhochschulen in Mecklenburg-Vorpommern unterscheiden sich besonders hinsichtlich der Zielsetzungen und der Methodik. Das Projekt „ROXI“ der Rostocker Universität unterstützt unmittelbar tatsächliche Existenzgründungen, die übrigen bisher beschriebenen Aktivitäten zielen vorrangig auf Informationsvermittlung. Beide Vorgehensweisen haben unter dem Gesichtspunkt der Nachhaltigkeit ihre Berechtigung. Im Ergebnis der Projekte und Programme kam es zu den in Tabelle 6.7 dargestellten Gründungsfällen.

Tabelle 6.7: Ausbildungsprogramme, Projekte und Anzahl der Existenzgründungen (Universitäten und Fachhochschulen)
Quelle: Eigene Recherche.

Hochschule	**Ausbildungsprogramm/Projekt**	**Anzahl der Existenzgründungen**
Universität Rostock	„ROXI“	20
Universität Greifswald	Gruppe Existenzgründung	6
Fachhochschule Stralsund	Ergänzungsfach Entrepreneurship	0
Fachhochschule Neubrandenburg	Informationsveranstaltung	6
Fachhochschule Wismar	Informationsveranstaltung	3

6.3 Externe Anbieter

6.3.1 Forschungsverbund Mecklenburg-Vorpommern e.V.

Nicht nur die Hochschulen in Mecklenburg-Vorpommern bieten Ausbildungsprogramme für potentielle akademische Existenzgründer an, sondern auch private Bildungsträger, die Industrie- und Handelskammern oder Banken. In den nächsten Abschnitten werden exemplarisch die Ausbildungsprogramme des Forschungsverbunds Mecklenburg-Vorpommern e.V. (FMV) und des Technologiezentrums Vorpommern GmbH (TZV) untersucht. Die Auswahl dieser außerhalb der Hochschulen angesiedelten Anbieter erfolgte, da sie sich besonders auf die Zielgruppe Studenten und Akademiker konzentrieren.

Der FMV agiert im Rahmen des Schulungs- und Beratungsprogramms[1] „Spin off" an allen Hochschulen in Mecklenburg-Vorpommern mit dem Ziel, Akademiker bei einer Existenzgründung zu begleiten und darüber hinaus im ersten Jahr des Bestehens des Unternehmens zu unterstützen. Seit 1995 nahmen 490 Wissenschaftler und 70 Unternehmer dieses Angebot wahr. Weiterbildungsveranstaltungen und Beratungsgespräche, die Bestandteile des Projektes sind, finden berufsbegleitend statt und werden von Experten, die langjährige Erfahrungen im Gründungsbereich aufweisen und in Netzwerken von Gründungshelfern arbeiten, gestaltet. In den Seminaren wird pragmatisches kaufmännisches Gründungswissen zu Finanzierungsfragen oder über Unternehmenssteuerung vermittelt, wie auch Rhetorik und Kommunikation trainiert. Der Forschungsverbund ermöglicht außerdem im Rahmen von Workshops und Kontaktbörsen ein Zusammentreffen von Existenzgründern mit potentiellen Investoren für Technologievorhaben. Durch das Projekt erhalten Existenzgründer eine umfassende Unterstützung von der Bewertung der Machbarkeit eines Vorhabens bis hin zur Markteinführung neuer Produkte.

[1] Die Begriffe Programme und Projekte werden oft synonym verwandt. Es handelt sich hier um ein Projekt, da es auf einen bestimmten Zeitraum begrenzt angeboten wird. Das Gleiche gilt auch für das Projekt „start" des TZV.

Der Erfolg dieses Konzeptes wird durch die Gründung von 32 Unternehmen und durch 150 zusätzlich geschaffene Arbeitsplätze bestätigt (Arbeitsplätze durch Unternehmensgründungen von Teilnehmern der FMV-Maßnahme bis 31.12.1999 siehe Anhang 11).[1]

Das Ministerium für Arbeit und Bau des Landes Mecklenburg-Vorpommern und die Europäische Union finanzieren die Schulungs- und Beratungsleistungen. Eine Evaluierung und Bewertung des Erfolgs oder eine wissenschaftliche Begleitung des Programmes erfolgen bisher nicht. Bei der Anwendung der entwickelten Strukturierungs- und Bewertungsansätze (s. Tabelle 6.8) zeigt sich, daß der Forschungsverbund ein Programm anbietet, das besonders die Gründung innovativer Unternehmen unterstützt.

Das Ausbildungsprogramm „Spin off“ des Forschungsverbundes steht auch Teilnehmern des Projektes „start“, das am Technologiezentrum Vorpommern in Greifswald angesiedelt ist, offen und das nun im folgenden analysiert werden soll.

[1] Vgl. Forschungsverbund Mecklenburg-Vorpommern e.V. (2001); Gau (2001), S. 3.

Tabelle 6.8: Strukturierungs- und Bewertungsansätze, Existenzgründungsprogramm für Wissenschaftler „Spin off"
Quelle: Eigene Recherche.

Forschungsverbund Mecklenburg-Vorpommern e.V.
(1) Rahmenbedingungen (s. Kapitel 3)
(2) Kurzbeschreibung
- Bezeichnung: Existenzgründungsprogramm für Wissenschaftler „Spin off" - Zielgruppe: Akademiker, Mitarbeiter eines Unternehmens, eingeschränkt auf eine technologieorientierte oder innovative Gründung in Mecklenburg-Vorpommern - Teilnehmerzahl: bisher 490 Wissenschaftler, 70 Unternehmer - Dauer: individuell planbar, 480 Seminarstunden sind möglich, Beratungsleistungen auch im ersten Jahr der Existenzgründung - Finanzierung: durch das Ministerium für Arbeit und Bau des Landes Mecklenburg-Vorpommern und die Europäische Union, jährlich 600.000,- DM, 3.600.000,- DM seit 1996
(3) Ziele
- Begleitung von Wissenschaftlern und Angestellten bei der Existenzgründung - Begleitung von Hochschulabsolventen bei der Existenzgründung über das Programm „start" - Erstellung und Umsetzung von Geschäftsplänen
(4) Lehre
- Methodik: • Kombinierte Gruppen- und Einzelschulungen • Vorträge von Experten • Workshops, Kleingruppen und Projektarbeit, Plan- und Rollenspiele - Inhalte: Finanzierung, Produktentwicklung, Marketing, Vertrieb, Projektmanagement, Rechnungswesen und Finanzen, Recht, Persönlichkeit, Personalentwicklung - Unterlagen, Arbeitsmaterial: Auszüge aus Gesetzestexten, Fallbeispiele, Flipcharts, Moderatorenkoffer, White Boards, Fernsehapparat, Videorekorder - Qualifikation der Lehrkräfte: Fachexperten aus der Praxis
(5) Organisation
- Formen und Umfang der Akquisition der Teilnehmer: persönliche Akquisition in den Hochschulen und Forschungszentren, Pressemitteilungen, Faltblätter
(6) Entwicklungspolitische Wirksamkeit
- Wirtschaftliche und soziale Wirkungen: Regionale Verflechtungswirkungen mit dem Technologiezentrum Vorpommern (Programm „start"), mit Universitäten und Fachhochschulen in Mecklenburg-Vorpommern, mit dem BioTechnikum Greifswald - Kulturelle Wirkungen: Nachhaltigkeit durch die Existenzgründung von 32 Wissenschaftlern

6.3.2 Technologiezentrum Vorpommern GmbH

Das Projekt „start“[1], dessen Grundlage im Programm „TOP“ aus den Niederlanden zu finden ist, wurde 1996 durch das Technologiezentrum Vorpommern GmbH initiiert. „start“ richtet sich ausschließlich an Absolventen der Hochschulen des Landes Mecklenburg-Vorpommern, die ein technologieorientiertes, innovatives Unternehmen in Mecklenburg-Vorpommern gründen wollen. Über die Teilnahme am Projekt entscheidet ein Gremium, das die Gründungideen hauptsächlich nach dem Neuheitsgrad und dem voraussichtlichen Markterfolg bewertet. Den Existenzgründern wird nach Aufnahme in „start“ neben einer theoretischen Ausbildung, die in Zusammenarbeit mit dem FMV erfolgt, auch eine praktische Betreuung durch einen Projektleiter des TZV während der Gründungsvorbereitung und bei der Gründung angeboten. Bei Bedarf werden außerdem externe Berater mit Branchenwissen hinzugezogen, die im regionalen und überregionalen Netzwerk des Technologiezentrums eingebunden sind.

„start“ wird durch das Wirtschafts- und das Sozialministerium des Landes Mecklenburg-Vorpommern und durch die Europäische Union finanziert. Die Teilnehmer erhalten während der Gründungsvorbereitung für maximal 12 Monate einen monatlichen Betrag von 1.000,- DM zur Bestreitung des Lebensunterhaltes. Diese Form der Unterstützung ist für Mecklenburg-Vorpommern einmalig und soll das Abwandern von jungen Akademikern oder eine Inanspruchnahme von Sozialhilfe verhindern helfen. Bisher konnten zehn Absolventen dieses Angebot nutzen.

Die Anwendung der Bewertungs- und Strukturierungsansätze (s. Tabelle 6.9) zeigt, daß das Ausbildungsprogramm in vielen Aspekten auf eine traditionelle Gründungsvorbereitung ausgerichtet ist, die vor allen Dingen auf der Vermittlung von kaufmännischem Wissen und auf der Erarbeitung eines Geschäftsplanes basiert. Durch die Verbindung zum Programm „Spin off“ erhalten die Existenzgründer aber auch die Möglichkeit, darüber hinaus „soft skills“ zu trainieren.

[1] Vgl. Technologiezentrum Vorpommern (2001).

Tabelle 6.9: Strukturierungs- und Bewertungsansätze, „start", Existenzgründungsprogramm für Hoch- und Fachhochschulabsolventen
Quelle: Eigene Recherche.

Technologiezentrum Vorpommern
(1) Rahmenbedingungen (s. Kapitel 3)
(2) Kurzbeschreibung
- Bezeichnung: „start", Existenzgründungsprogramm für Hoch- und Fachhochschulabsolventen - Zielgruppe: Absolventen der Hochschulen des Landes Mecklenburg-Vorpommern, die ein innovatives Unternehmen in Mecklenburg-Vorpommern gründen wollen - Teilnehmerzahl: 1996-1998: 7 Teilnehmer, 1999: 3 Teilnehmer - Dauer: maximal ein Jahr - Finanzierung: Teilnehmer erhalten Unterstützung von 1.000,- DM/Monat, Krankenversicherung muß von den Teilnehmern getragen werden - Administrative Verankerung: Wirtschafts- und Sozialministerium M-V, Europäischer Sozialfond, Kooperationsvertrag mit dem FMV, Verbindung zum Programm „Spin-off"
(3) Ziele
- Vermittlung von theoretischen Kenntnissen zur Existenzgründung und Führung eines Unternehmens - Erarbeitung eines Geschäftsplanes - Praktische Vorbereitung und Realisierung der Gründung
(4) Lehre
- Methodik: • kombinierte Gruppen- und Einzelschulungen • Vorträge von Experten - Inhalte: Finanzierung, Produktentwicklung, Marketing, Vertrieb, Projektmanagement, Rechnungswesen und Finanzen, Recht, Personalentwicklung - Unterlagen, Arbeitsmaterial: Auszüge aus Gesetzestexten, Fallbeispiele, Flipcharts, Moderatorenkoffer, White Boards, Fernsehapparat, Videorekorder - Qualifikation der Lehrkräfte: Fachexperten aus der Praxis - Qualifikation der Projektleiter: Angestellte ohne Gründungs- und Praxiserfahrung
(5) Organisation
- Formen und Umfang der Akquisition der Teilnehmer: • Information der Studenten vor Semesterbeginn, Darstellung im Studienführer • Pressemitteilungen, Faltblätter • Messebesuche, Vorträge - Zulassung: • Bewerbung der potentiellen Gründer mit der Geschäftsidee, Bewertung der Idee und Auswahl der Teilnehmer durch Experten • Teilnehmer müssen aus Mecklenburg-Vorpommern kommen, Unternehmen muß in diesem Bundesland gegründet werden - Prüfung, Abschluß: Entwicklung eines Geschäftsplanes, reale Gründung
(6) Entwicklungspolitische Wirksamkeit
- Soziale Wirkungen: • Regionale Verflechtungswirkungen: Verflechtungen mit Gründungshelfern, wie Steuerberatern, Unternehmensberatern, Sparkasse Vorpommern, mit der Greifswalder Universität und der Fachhochschule Stralsund - Kulturelle Wirkungen: • Nachhaltigkeit: durch die tatsächliche Gründung von 10 Teilnehmern gegeben

Das Ergebnis der Aktivitäten des FMV und des TZV spiegelt sich im Gründungsgeschehen wider, das den jeweiligen Projekten in Tabelle 6.10 zugeordnet ist.

Tabelle 6.10: Projekte und Anzahl der Existenzgründungen (externe Anbieter)
Quelle: Eigene Recherche.

Anbieter	Projekt	Anzahl der Existenzgründungen
FMV e.V.	„Spin off"	32
TZV GmbH	„start"	10

Die Aktivitäten des FMV e.V. scheinen besonders erfolgreich zu sein, da im Vergleich zum TZV drei mal mehr Existenzgründungen unterstützt und initiiert wurden. Das läßt in einer ersten Betrachtung auf eine besonders wirksame Ausbildung schließen.

Alle beschriebene Ausbildungsprogramme und Projekte von Hochschulen oder externen Anbietern werden nunmehr einer detaillierten Bewertung unterzogen. Zunächst schätzen Experten aus den Hochschulen das makro- und mikrosoziale Umfeld, die Gründerpersönlichkeiten und auch die Ausbildungsprogramme und Projekte, die an den Hochschulen etabliert sind, ein. Dann wird der Versuch unternommen, durch die Zusammenfassung der Strukturierungs- und Bewertungsansätze aller Ausbildungsprogramme und Projekte und durch eine darauf aufbauende Nutzwertanalyse eine Bewertung vorzunehmen. Zum Schluß schätzen Existenzgründer, die an Projekten von hochschulexternen Anbietern teilgenommen haben, den Nutzen dieser Maßnahmen für ihre Unternehmensentwicklung ein.

6.4 Bewertung der Ausbildungsprogramme und Projekte

6.4.1 Experteninterviews

Im ersten Halbjahr 1999 fand eine Befragung von Hochschullehrern und Lehrbeauftragten der Fachhochschulen Stralsund und Neubrandenburg statt. Professoren und Dozenten an der Fachhochschule Wismar wurden nicht befragt, da dort bisher nur sporadisch Informationsveranstaltungen stattgefunden hatten. An der Universität Greifswald fanden 1999 Lehrveranstaltungen zur Thematik „Existenzgründung" statt, die von einem externen Referenten abgesichert wurden. Die Gruppe „Existenzgründung“, deren Mitarbeiter Auskunft zum Gründungsgeschehen an der Greifswalder Universität hätten geben können, war erst im Aufbau begriffen. Deshalb wurde auf eine Befragung der Projektmitarbeiter verzichtet. Mit dem verantwortlichen Projektleiter der Universität Rostock konnten bereits seit 1997 kontinuierlich Gespräche geführt werden. Seine Stellungnahmen und Vorschläge wurden in den nachfolgenden Ausführungen berücksichtigt.

Eine Übersicht über die Interviewpartner, die im folgenden als Experten bezeichnet werden, ist in der Tabelle 6.11 zu finden. Initiatoren von Projekten, die außerhalb der Hochschulen angeboten werden, wurden nicht befragt, da der Schwerpunkt auf die Aktivitäten an den Universitäten und Fachhochschulen gelegt wurden.

Tabelle 6.11: Befragte Experten an den Hochschulen
Quelle: Eigene Darstellung.

Hochschule	**Name**	**Verantwortlichkeit**	**Projekt/Programm**
Universität Rostock	Prof. Dr. Braun Dr. Mechthold-Jin Herr Diensberg	Professur für Wirtschaftspädagogik Projektleiter Projektleiter	Leiter des Instituts für Human Resource Development „ROXI“ „ROXI“
Fachhochschule Stralsund	Prof. Dr. Auerbach Prof. Dr. Deutschländer	Professur für Marketing, Management und Entrepreneurship Professur für Fördertechnik, Handhabungs- und Montagetechnik	Ergänzungsfach Entrepreneurship Trainings-Fabrik
Fachhochschule Neubrandenburg	Herr Kölpin	Lehrbeauftragter	„Die neue Selbständigkeit“
TU Dresden	Prof. Dr. Schefczyk	Lehrstuhlinhaber für Technologieorientierte Existenzgründung und Innovationsmanagement	SAP-Stiftungslehrstuhl

Ziel der Interviews war es, Expertenmeinungen zu folgenden Themenkomplexen zusammenzutragen:

a) notwendige Bedingungen für Existenzgründungen aus dem Hochschulbereich,
b) Bewertung von etablierten Ausbildungsprogrammen, Projekten

c) Gründungspotential an Hochschulen

d) Möglichkeiten zur Stabilisierung des Existenzgründungsaufkommens aus Hochschulen und

e) Möglichkeiten der Entwicklung und Verbesserung des unternehmerischen Klimas an Hochschulen.

Die Befragungen wurden als halbstrukturierte Interviews durchgeführt, die sich besonders zur Erhebung qualitativer Informationen über komplexe oder wenig strukturierte Merkmale eignen.[1] Sie dauerten jeweils etwa zwei Stunden. In der Tabelle 6.12 sind die Schwerpunkte, die in den Gesprächen angesprochen wurden, dargestellt. Die Antworten der Experten unterschieden sich nur unwesentlich; auch in der Bewertung herrschte Übereinstimmung, so daß die einzelnen Interviews wie folgt aufgearbeitet werden konnten:

- Zusammenfassung der Aussagen der einzelnen Experten zu Kernaussagen,
- Zusammenstellung dieser Kernaussagen zu jedem Fragepunkt,
- Gegenüberstellung dieser Kernaussagen mit den Erkenntnissen aus dem Interview mit Prof. Dr. Schefczyk[2] und mit den in der Literatur dargestellten Auffassungen.

Diese qualitativ interpretierende Inhaltsanalyse ermöglicht eine konzentrierte Darstellung der Einschätzung von Experten an Hochschulen in Mecklenburg-Vorpommern zu Fragen von „entrepreneurship education" im Vergleich zu national und international vertretenen Meinungen.[3] Im folgenden werden die Kernaussagen der Experten zu den jeweiligen Schwerpunkten widergegeben.

---

[1] Vgl. Wittkowski (1994), S. 13, 26.

[2] Die besondere Rolle von Prof. Schefczyk ergibt sich aus der Tatsache, daß Sachsen als Vergleichsbasis für Mecklenburg-Vorpommern ausgewählt wurde und die Aktivitäten an der TU Dresden als beispielhaft für die Initiierung von spin-offs gelten können. Prof. Schefczyk ist Lehrstuhlinhaber des Lehrstuhls für Technologieorientierte Existenzgründung und Innovationsmanagement an der TU Dresden. Seine Forschungsarbeit ist immanenter Bestandteil von „Dresden exists" und durch sie wird das Projekt maßgeblich beeinflußt.

[3] Vgl. Wittkowski (1994), S. 14.

Tabelle 6.12: Inhaltliche Schwerpunkte der Experteninterviews
Quelle: Eigene Darstellung.

Notwendige Bedingungen für Existenzgründungen aus dem Hochschulbereich a) Gründerpersonen - Personenbezogene Merkmale der Studenten - Mentalität - Zukunftsorientierung b) Makrosoziales und mikrosoziales Umfeld - Politisches Klima und Aktivitäten - Wirtschaftsentwicklung, Infrastruktur - Markt- und Branchencharakteristik - Regionale Einflüsse - Bestand, Forschungsschwerpunkte an den Hochschulen, Zusammenarbeit der Hochschulen
Gründungspotential und Gründungszeitpunkt - Zielgruppe Studenten und Absolventen - Zielgruppe wissenschaftliche Mitarbeiter - Zielgruppe Professoren
Bewertung von etablierten Ausbildungsprogrammen, Projekten - Einschätzung nach: • Methoden • Schwerpunkte • Erfolge - Vergleich mit Aktivitäten in anderen neuen Bundesländern - Vergleich mit internationalen Ausbildungsprogrammen, Projekten
Möglichkeiten zur Stabilisierung des Gründungsaufkommens aus Hochschulen - Berufungspolitik - Studienrichtungen und Forschungsschwerpunkte - Möglichkeiten der Ideenfindung und Produktentwicklung - Unterstützung durch die Ministerien, Stadtverwaltungen, Hochschulen - Aufbau und Nutzung eines Netzwerkes von Gründungshelfern - Kontakte zur Industrie, Drittmittelprojekte
Vorschläge zur Verbesserung und Entwicklung des unternehmerischen Klimas an Hochschulen - Etablierung neuer Projekte, Programme, Lehrstühle - Förderung durch die Landesregierung in M-V

Notwendige Bedingungen für Existenzgründungen aus dem Hochschulbereich

a) Gründerperson

Der Charakter, die familiäre Herkunft, das soziale Umfeld, die Bildung und die Berufserfahrung sind nur einige personenbezogene Faktoren, die ausschlaggebend für den Entschluß zu einer Existenzgründung wie auch für deren Verlauf sind. Besonders aussichtsreich in ihrem Vorhaben sind Personen, die sich durch starkes Dominanzstreben, hohe Begeisterungsfähigkeit, Unabhängigkeitsstreben, Kreativität, ein starkes Leistungsmotiv, soziale Initiative und Individualismus auszeichnen, und die deutlich besser als der Durchschnitt der Erwerbspersonen ausgebildet sind. Erfolgreiche Gründer streben allgemein nach mehr Handlungs- und Entscheidungsfreiheit, Durchsetzung eigener Ideen und wirtschaftlicher Unabhängigkeit.[1]

Die Studenten in Mecklenburg-Vorpommern, die als potentielle Gründer in Frage kommen könnten, werden von den Experten ziemlich differenziert eingeschätzt. So werden sie vielfach als fleißig, klug, motiviert, diszipliniert und in Netzwerken agierend beschrieben, d. h. mit Eigenschaften, die für einen Existenzgründer von großer Bedeutung sein können. Aber die Studenten zeigen im Mittel auch Mutlosigkeit, Führungsschwäche, ein Beharren in gegebenen Umständen. Sie übernehmen eher selten aus eigener Initiative Verantwortung, das Reflektieren von kreativen und innovativen Gedanken fehlt mitunter. Diese oft als typisch norddeutsch bezeichnete Mentalität kann sich für eine Existenzgründung als kritisch erweisen.

An der TU in Dresden steht nach der Einschätzung von Prof. Schefczyk eine Vielzahl der Studenten einer Existenzgründung doch recht aufgeschlossen gegenüber. Dreißig Prozent der Wirtschaftsingenieure studieren beispielsweise mit dem Ziel, nach dem Hochschulabschluß, spätestens aber in fünf Jahren nach dem Erhalt des Diploms, ein eigenes Unternehmen zu gründen. Damit kann den Studenten ein durchaus starkes Unabhängigkeitsstreben und ein ausgeprägtes Leistungsmotiv unterstellt werden. Diese Charaktereigenschaften können die Realisierung eines Gründungsvorhabens erleichtern.

Makrosoziales und mikrosoziales Umfeld

In Deutschland gründen sehr viele Unternehmer direkt an ihrem Wohnort oder maximal 30 km davon entfernt. Diese Tatsache verdeutlicht die immense Bedeutung des makrosozialen und mikrosozialen Umfeldes im Existenzgründungsprozeß. Begünstigend auf eine Gründungsentscheidung wirken sich Kooperationsangebote von Hochschulen oder Forschungseinrichtungen, ein breites Angebot an qualifizierten Arbeits-

[1] Vgl. Abschnitt 2.3.2.1.

kräften, ein funktionierendes regionales Netzwerk von Gründungshelfern, wie Banken, Industrie- und Handelskammer, wie auch ein ausreichendes Angebot an städtischen Dienstleistungen wie Schule, Kinderbetreuung usw. aus.[1] Das mikrosoziale Umfeld für Existenzgründungen aus dem Hochschulbereich in Mecklenburg-Vorpommern ist nach den Meinungen von Auerbach, Mechthold-Jin und Kölpin unter diesen Gesichtspunkten recht kritisch einzuschätzen. Eine Kooperation zwischen den Universitäten und Fachhochschulen oder zwischen Hochschulen und Unternehmen erweist sich als sehr schwierig, denn Hochschulen stehen oft in einem starken Wettbewerb zueinander. Unternehmer wie auch Professoren haben nach wie vor eine Reihe von Bedenken bezüglich einer Zusammenarbeit. Auch die Gründungshelfer und Fördereinrichtungen stehen in einem regionalen Wettbewerb um Existenzgründer. Kennzeichnend für das Umfeld ist weiterhin, daß nur einige große und mittlere Städte eine relativ gut entwikkelte gründungsfreundliche Infrastruktur aufweisen. Negativ wirkt besonders die mangelhafte Anbindung der Städte an das bundesweite Autobahnnetz. In den Bereichen Kultur, Sport und Gastronomie ist eine Steigerung der Qualität der Angebote notwendig.

Demgegenüber bietet Sachsen ein für Existenzgründungen aus Hochschulen sehr begünstigendes mikrosoziales und makrosoziales Umfeld. Die Infrastruktur läßt sich nach Meinung von Professor Schefczyk mit der in gut entwickelten Ballungsräumen in den alten Bundesländern vergleichen. Er schätzt auch ein, daß die öffentliche Förderung von Existenzgründungen zufriedenstellend verläuft und die Kontakte zwischen den Ministerien, Hochschulen und Gründungshelfern ausgebaut sind und unbürokratisch funktionieren.

---

[1] Vgl. Abschnitte 2.3.2.2 und 2.3.2.3.

Gründungspotential und Gründungszeitpunkt

Der Existenzgründer aus der Hochschule ist im Durchschnitt 35 Jahre alt und gründet nach mehreren Jahren Berufserfahrung, in denen er auch Branchenkenntnisse gewinnen konnte.[1] Eine Gründung direkt nach dem Studium stellt eher die Ausnahme dar.

Die Auffassungen der Experten zu diesem Punkt sind sehr konträr. Einerseits wird die Meinung vertreten, daß eine Gründung direkt nach dem Studium das schnelle Umsetzen von kreativen Ideen ermöglicht. „Querdenken" und „Unschuldigkeit" überwinden die Nachteile, die sich aus mangelnden Markt- und Branchenkenntnissen ergeben. Das hohe Risiko und der Einkommensverzicht bei einem spin-off nach dem Studium wird in Kauf genommen, da kein Verlust von Lebensstandard zu befürchten sei. Entscheidend ist der feste Wille zur Gründung, eine Idee oder auch die Abneigung gegen eine Anstellung in einem Unternehmen oder die Angst vor der Arbeitslosigkeit, verbunden mit dem Wunsch, weiterhin in Mecklenburg-Vorpommern zu leben. Andererseits wird geltend gemacht, daß eine Gründung mit einer Produktidee nach dem Studium fast unmöglich ist, da Studenten nicht über die notwendigen Erfahrungen der Branche und des Marktes verfügen. Teamgründungen könnten diesen Mangel beseitigen, werden aber zu wenig unterstützt.

Schefczyk vertritt die Position, daß eine realistische, wissenschaftlich untermauerte Einstellung zum Gründungsgeschehen notwendig sei. Spin-offs direkt nach dem Studium stellen seiner Meinung nach die Ausnahme und nicht die Regel dar. Deshalb scheint eine besondere Unterstützung dieser Gründungen wenig sinnvoll. Dagegen sollten Ausgründungen aus Hochschulen, die von Professoren vorgenommen und in die Studenten einbezogen werden, starke Förderung erfahren. Dann bestände nach Schefczyk die Möglichkeit für die Studenten, Branchen- und Marktkenntnisse zu erlangen, Führungsaufgaben zu übernehmen und sich auf die Gründung eines eigenen Unternehmen vorzubereiten. Auch die Gründungsaktivitäten der wissenschaftlichen Mitarbeiter werden an den Hochschulen zu wenig analysiert und gefördert. Damit wird

[1] Siehe Abschnitt 2.3.2.1.

eine Gruppe potentieller Gründer vernachlässigt, die die Bereitschaft und Fähigkeit zur Existenzgründung in verstärktem Maße aufweisen könnte.

Bewertung von etablierten Ausbildungsprogrammen, Projekten

Die in Mecklenburg-Vorpommern an den Hochschulen initiierten Projekte und bestehenden Ausbildungsprogramme für Existenzgründer sind nach Meinung der befragten Experten außerhalb der jeweiligen Einrichtung wenig bekannt. Ein Austausch zwischen den Verantwortlichen zu Inhalten, Methodik, Didaktik, Evaluation, zur wissenschaftlichen Begleitforschung oder Akquisition findet nicht statt. So war auch eine Beurteilung der aktuellen Programme in den Interviews nur eingeschränkt möglich. Positiv wird eingeschätzt, daß überhaupt Informations- und Lehrveranstaltungen angeboten werden. Die Wirksamkeit der Maßnahmen, die an den tatsächlich stattfindenden Existenzgründungen gemessen wird, sei aber eher gering. Eine Bündelung von Aktivitäten an den Hochschulen und in den Regionen und eine Qualitätsverbesserung erscheint nach Meinung der Experten notwendig.

Möglichkeiten zur Stabilisierung des Gründungsaufkommens aus Hochschulen

Gründungsentscheidungen werden, wie an mehreren Beispielen erläutert, durch eine Reihe von Rahmenbedingungen beeinflußt. Die in den USA und in den Niederlanden für spin-offs geschaffenen Bedingungen an den Hochschulen gelten international als richtungsweisend und vorbildlich. Von diesen Rahmenbedingungen, die eine Vielzahl von innovativen Neugründungen begünstigt haben, ist man an deutschen Hochschulen noch weit entfernt.

Kreatives Denken und das Entwickeln von innovativen Ideen werden in der Ausbildung bisher zum größten Teil vernachlässigt. Zur Veränderung des geschilderten Zustands bedarf es nach Auerbach psychologisch gebildeter Lehrkräfte, die die Studenten z. B. in Techniken wie Brainstorming einführen. In diesem Zusammenhang erscheint die Berufung von interdisziplinär lehrenden Professoren mit pädagogischer Eignung und mit langjährigen beruflichen Erfahrungen in kleinen oder mittleren Betrieben sinnvoll. Die angewandte Forschung aus und für die Wirtschaft als originäres Erfahrungsfeld zum Sammeln von Produktideen und Markterfahrungen spielt für Studenten eine große Rolle. An dieser Stelle können nach Auffassung von Prof. Dr. Deutschländer Projekte, wie die bereits in Abschnitt 6.2.1 beschriebene Trainings-Fabrik der Fachhochschule in Stralsund, greifen, die es ermöglichen, Netzwerke zu zukünftigen Kunden, Lieferanten und Forschungseinrichtungen aufzubauen. Den Studenten sollte nach Auffassung der befragten Experten auch die Möglichkeit geboten werden, Produktideen, die noch eine weitere grundlegende wissenschaftliche Bearbeitung benötigen, in den Räumlichkeiten der Hochschulen unter der Begleitung von Professoren und wissenschaftlichen Mitarbeitern umzusetzen.

An der TU in Dresden wird das Gründungsgeschehen vor allem durch einen gut ausgebauten und funktionierenden Technologietransfer zwischen den kleinen und mittleren Unternehmen der Region und den Wissenschaftlern an der Universität unterstützt und intensiviert. Durch Stiftung und Besetzung des sich dem Gründungsgeschehen widmenden SAP-Lehrstuhls, der als der erste in den neuen Bundesländern eingerichtet wurde, konnten an der Technischen Universität bereits nachhaltig wirkende Maßnahmen zur Stabilisierung des Gründungsaufkommens realisiert werden. Auch die im Rahmen von „Dresden exists" durchgeführten Veranstaltungen wie das Gründerfoyer, eine Kontaktbörse für junge Unternehmen, potentielle Existenzgründer und interessierte Akademiker, oder Exkursionen in junge Unternehmen und Vorträge von Existenzgründern tragen zur Steigerung des Interesses bei.

Vorschläge zur Verbesserung und Entwicklung des unternehmerischen Klimas an den Hochschulen

Eine notwendige politische Diskussion der Möglichkeiten zur Verbesserung und Entwicklung des unternehmerischen Klimas an Hochschulen soll an dieser Stelle nicht vorweggenommen werden. Dennoch erscheint eine Gegenüberstellung der in der Literatur geäußerten Empfehlungen mit den Gedanken der befragten Interviewpartner sinnvoll, um auf die Thematik einzustimmen.

Als geeignete Maßnahmen für eine Entwicklung des unternehmerischen Klimas an den Hochschulen werden in der wissenschaftlichen Literatur empfohlen:

- die Integration von Pflichtpraktika und von praxisbezogenen Forschungssemestern in den Studienplan,
- der verstärkte Einsatz projektbezogener Lehrmethoden wie EDP, Action Learning, Planspiele, Teamarbeit, studentische Consulting-Projekte,
- die interdisziplinäre Ausbildung mit stärkerer Berücksichtigung von verhaltens- und sozialwissenschaftlichen Bestandteilen,
- die verstärkte Einbeziehung von Mentoren aus der Unternehmenspraxis, engere Kooperation zwischen Wirtschaft und Hochschule und
- der Auf- und Ausbau spezieller neuer Fachrichtungen, wie z. B. Informationsmanagement und Unternehmensführung in kleinen und mittleren Unternehmen.[1]

Diese in der Literatur zu findenden Anregungen sind weitgehend kongruent mit denen der Experten. Zur Verbesserung und Entwicklung des unternehmerischen Klimas an den Hochschulen in M-V wird u. a. vorgeschlagen:[2]

- Studenten zu Generalisten und nicht zu Spezialisten ausbilden,
- Praxisbezug der angebotenen Veranstaltungen erhöhen,
- Erfahrungsaustausch zwischen Hochschulen fördern, Synergieeffekte nutzen,
- „Entrepreneurship“ an allen Hochschulen kontinuierlich als Wahlpflichtfach anbieten und offen für alle Fachbereiche gestalten,
- Einsatz von Mentoren (Professoren, Assistenten) als Hilfe bei der Gründungsvorbereitung,
- Vergabe von Lehraufträgen und Honorarprofessuren an aktive Unternehmer und

---

1 Vgl. Institut für Mittelstandsökonomie an der Universität Trier e.V. (1998); Braun (1997), S. 9.

2 Vorschläge zur Förderung der unternehmerischen Kultur an den Hochschulen wurden 1999 in den „Zehn Berliner Gründerthesen“ formuliert. Vgl. Existenzgründer-Institut (1999).

Unternehmer im Ruhestand, die als Ansprechpartner für Existenzgründer zur Verfügung stehen,

- Praktikumsemester oder praktische Arbeiten als Pflicht für alle Studenten vor dem Studium,
- Bewertung der Hochschulen auch nach der Anzahl der von ihnen unterstützten oder aus ihnen hervorgegangenen Existenzgründungen (Existenzgründungen während oder nach dem Studium).[1]

In Dresden wird zur nachhaltigen Verbesserung des unternehmerischen Klimas an der Technischen Universität bereits der Aufbau einer „Business School" geplant. Der Entwicklungsweg der akademischen Gründer soll dann perspektivisch über folgende Stationen

- Studium,
- nach dem Studium mindestens zwei Jahre Praxis in einem Unternehmen,
- anschließend weitere Ausbildung an der Universität,
- Existenzgründung.

verlaufen.

Die Professoren und wissenschaftlichen Mitarbeiter der TU Dresden wollen auch nach dem Studium als Ansprechpartner für Fach- wie auch für Gründungsfragen zur Verfügung stehen. Mit diesen Maßnahmen soll eine langfristige Bindung der Akademiker und Existenzgründer an die Hochschule erreicht werden, die dann durch Kontakte zu den Studenten und durch eine Vorbildwirkung weitere Gründungen stimulieren.

6.4.2 Nutzwertanalyse

Auf Grund der überschaubaren Hochschullandschaft in Mecklenburg-Vorpommern und der begrenzten Anzahl von Akteuren auf dem Gebiet der Unterstützung der akademischen Existenzgründung sind die Erfassung und Darstellung von Aktivitäten auf

---

[1] Diese Bewertung setzt die Ermittlung und Erfassung von Existenzgründungen aus Hochschulen voraus, die bisher in Mecklenburg-Vorpommern nur zögerlich oder gar nicht erfolgt. Durch die Initiierung oder Stärkung der Alumni-Treffen könnte eine Einschätzung von Existenzgründungsaktivitäten ermöglicht werden.

dem Gebiet von „entrepreneurship education“ für Akademiker ohne große Schwierigkeiten möglich. Anspruchsvoller ist es aber, eine Bewertung der Programme und Projekte vorzunehmen, da dieses Vorhaben einen Vergleich der unterschiedlichsten Aktivitäten voraussetzt. Dieser ist aus vielen Gründen nur teilweise realisierbar, denn die ausgewerteten Informationen zu den Ausbildungsprogrammen und Projekten sind immer nur tagesaktuell, unvollständig und der ständigen Veränderung oder Ergänzung unterworfen.[1] Jede Erfassung von Informationen erfolgt gleichzeitig mit einer ersten sehr individuellen Wertung, eine Objektivität bei der Verwendung von Informationen ist deshalb nur eingeschränkt möglich. Weiterhin sind die betrachteten Aktivitäten heterogen in der Zielsetzung und der Zielgruppe, in den Methoden und auch in den Lehrinhalten; eine inhaltliche und monetäre Vergleichbarkeit ist deshalb nicht ohne Schwierigkeiten vorzunehmen. Erschwerend wirkt außerdem, daß eine Erfassung von Daten wie Teilnehmer, Kosten/Teilnehmer, tatsächliche Gründungen, Existenz der Unternehmen nach 3 oder 5 Jahren, zusätzlich geschaffene Arbeitsplätze, Umsatzentwicklung usw. nur sporadisch von den Projektträgern vorgenommen wird. Offizielle Statistiken, auf die zurückgegriffen werden könnte, liegen nicht vor.

Dennoch ist es sinnvoll, die Ausbildungsprogramme und Projekte in ausgewählten Punkten zu vergleichen. Dadurch können Aussagen zur Qualität der Maßnahmen getroffen und darauf aufbauend wiederum Empfehlungen zur weiteren inhaltlichen und methodischen Entwicklung gegeben werden. Auch wenn diese Methode nicht auf statistisch abgesicherten Daten aufbaut, können erste Schritte zur Strukturierung, Bewertung und zum Vergleich von „entrepreneurship education“ erfolgen.

Als Hilfsmittel für diesen Vergleich wird die Nutzwertanalyse angewandt. Sie „... ist eine Bewertungsmethode, um komplexe Projektalternativen entsprechend den Präferenzen des Entscheidungsträgers bezüglich eines mehrdimensionalen Zielsystems

---

[1] Leisten nennt im Zusammenhang mit der Komplexität im wirtschaftlichen Handeln die steigenden Möglichkeiten zur Übermittlung und Generierung von Informationen als Ursache für Auswahl-, Bewertungs- und Verarbeitungsprobleme für den Informationsempfänger. Vgl. Leisten (1995), S. 7.

zu ordnen"[1]. Damit ist die Nutzwertanalyse ein Bewertungsverfahren, bei dem die zur Wahl stehenden Alternativen hinsichtlich mehrerer Maßstäbe zu bewerten sind.[2] Der Einsatz der Nutzwertanalyse wird kontrovers diskutiert. Eine Anwendung erscheint dennoch sinnvoll, da sie eine Reihe von Vorzügen aufweist. Dazu gehören die Einfachheit der formalen Struktur und die Anschaulichkeit in der Vorgehensweise. Vorteile ergeben sich, da der Bewertungsprozesses in Teilaspekte zergliedert wird und dadurch eine bessere Übersicht über das Problem möglich wird. Die Bewertung wird außerdem durch die Schematisierung transparent und einfach. Auch die einzelnen Schritte des Verfahrens sind formal transparent. Damit werden Abweichungen in der Bewertung leicht lokalisierbar. Schließlich sind eine Zusammenstellung und Auswertung detaillierter Informationen über die Bewertungsobjekte möglich.[3]

Trotz dieser Vorteile sind auch Nachteile[4] sichtbar und der Wert der Methode wird angezweifelt. Durch die Zerlegung der zu bewertenden Alternativen in Teilaspekte kann eine tatsächlich nicht erreichte Genauigkeit der Bewertung vorgetäuscht werden und die detaillierte äußere Form der Nutzwertanalyse kann über inhaltliche Mängel wie unzureichende Begründung von Kriterienauswahl, Gewichtung oder Kriterienbewertung hinwegtäuschen.[5] Dennoch: durch die Nutzwertanalyse können objektive wie auch subjektive Informationen in den Entscheidungsprozeß einbezogen werden. Das ist besonders dann von Vorteil, wenn die Bewertung maßgebender Ziele nicht in Geldeinheiten meßbar ist, wie es bei „entrepreneurship education"-Aktivitäten der Fall ist.

Die Nutzwertanalyse beginnt damit, daß „entrepreneurship education"-Aktivitäten in Mecklenburg-Vorpommern als Untersuchungsgegenstand festgelegt werden. Die in

---

1 Zangenmeister (1976), S. 45; zum Scoring-Modell vgl. Hoitsch (1993), S. 86; zum Operations Research vgl. Ellinger u. a. (2001), S. 2.

2 Vgl. Bechmann (1978), S. 20.

3 Vgl. Bechmann (1978), S. 34 f.

4 Bechmann (1978), S. 35. „Sie liegen pauschal gesprochen darin, daß sich die Nutzwertanalyse hervorragend als Täuschungsinstrument, daß heißt zur Vortäuschung von Wissenschaftlichkeit, eignet."

5 Vgl. Bechmann (1978), S. 35.

der Arbeit bereits analysierten Ausbildungsprogramme und Projekte werden als Alternativen definiert (s. Tabelle 6.13).

Tabelle 6.13: Untersuchte Ausbildungsprogramme und Projekte, (Alternativen) der Nutzwertanalyse
Quelle: Eigene Darstellung.

Alternative	Ausbildungsprogramm oder Projekt
1	Universität Rostock, Projekt „ROXI“
2	Universität Greifswald, Gruppe Existenzgründung
3	Fachhochschule Stralsund, Ergänzungsfach Entrepreneurship
4	Fachhochschule Neubrandenburg, Informationsveranstaltung „Neue Selbständigkeit“
5	Fachhochschule Wismar, Informationsveranstaltung „In Zukunft selbständig“
6	FMV e.V., Projekt „Spin off“
7	TZV GmbH, Projekt „start”

Das Ziel der Nutzwertanalyse besteht in der Ermittlung des wirksamsten Ausbildungsprogramms oder Projektes für Studenten und Absolventen der Hochschulen in Mecklenburg-Vorpommern. Deshalb wird ein Zielsystem aufgestellt, indem das wirksamste Ausbildungsprogramm als Gesamtziel bestimmt wird (Zielbaum s. Abbildung 6.1). Als Teilziele, die die Ausbildungsprogramme und Projekte erfüllen müssen, lassen sich definieren:

- Orientierung auf eine bestimmte **Zielgruppe**,
- Realisierung der **Ausbildungsziele**,
- Anwendung von **Lehrmethoden**, die der Zielgruppe entsprechen,
- Vermittlung notwendiger **Lehrinhalte,**
- besondere **Qualifikation der Lehrkräfte**,
- **wirtschaftliche und soziale Wirkungen** der Ausbildungsprogramme,
- nachhaltige **kulturelle Wirkungen** der Ausbildungsprogramme.

Diese Teilziele können wiederum durch Zielkriterien, die auch als Indikatoren bezeichnet werden, „gemessen“ werden. Da deren Gewichtung wesentlich das Modellergebnis beeinflußt, wird diese im folgenden näher erläutert. Das wirksamste Ausbildungsprogramm/Projekt läßt sich demnach dadurch selektieren, daß Studenten und Absolventen von Hochschulen die avisierte Zielgruppe darstellen.

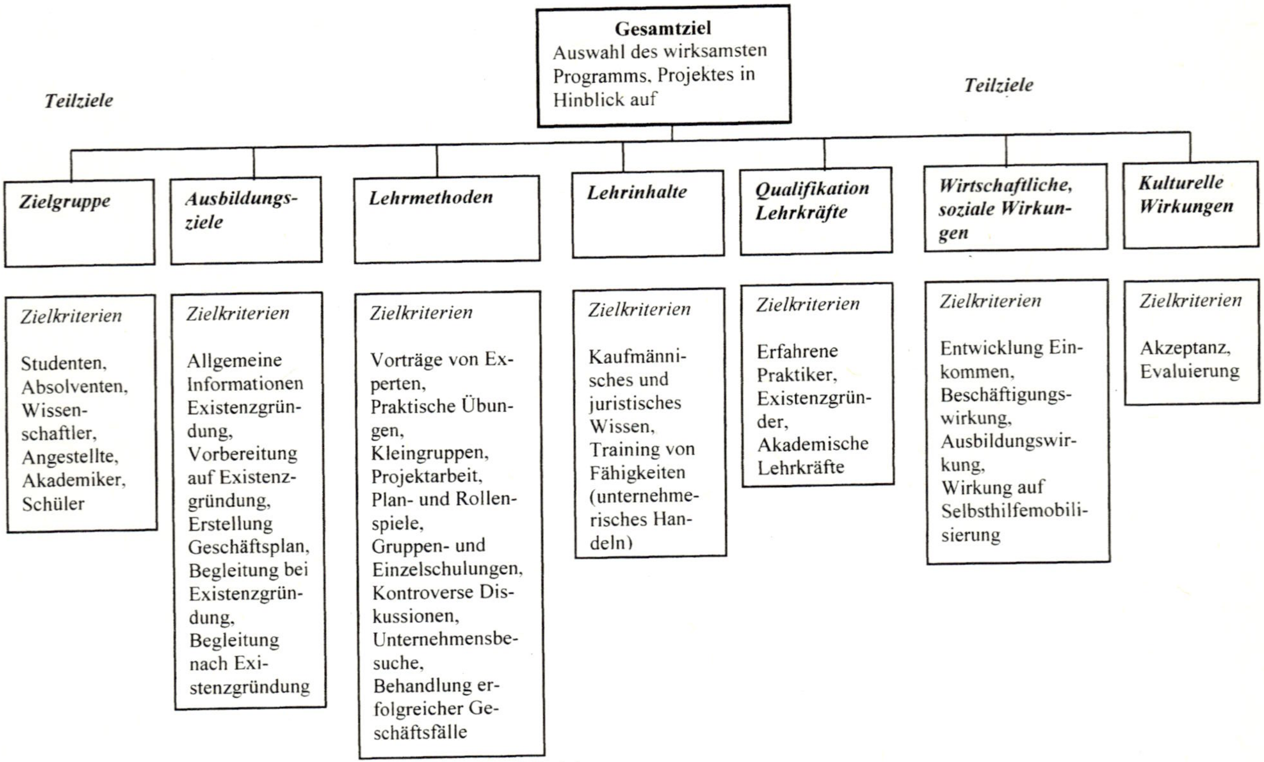

Abbildung 6.1: Zielbaum für Ausbildungsprogramme und Projekte
Quelle: Eigene Darstellung.

Dabei ist nicht die Anzahl der akquirierten Teilnehmer ausschlaggebend, sondern die eindeutige Konzentration auf und die Nähe zur angenommenen Zielgruppe. Durch die Ausbildung muß nicht nur eine Existenzgründung vorbereitet werden, die Projektverantwortlichen sollen auch während und nach der eigentlichen Gründung bei inhaltlichen und organisatorischen Fragen zur Verfügung stehen. Das Ausbildungsziel wird damit hinsichtlich der angenommenen Wichtigkeit im Gründungsprozeß bewertet. Die Lehrmethoden müssen über den Frontalunterricht weit hinaus gehen. Notwendig sind solche Bestandteile des Action Learning wie Diskussionen zwischen den Teilnehmern, den Referenten und beispielsweise erfahrenen Unternehmern. Weiterhin sollten Unternehmensbesuche und die aktive Diskussion erfolgreicher wie auch fehlgeschlagener Existenzgründungen Bestandteil der Ausbildung sein. Gerade aus der Analyse von mißlungenen Gründungsvorhaben lassen sich oft wertvolle Erkenntnisse ziehen. Hoch bewertet werden praxisnahe, interaktive Veranstaltungen, wenig bewertet werden Vorträge und Vorlesungen allgemeinen Inhalts. Die angebotenen Lehrinhalte dürfen sich nicht auf kaufmännisches oder juristisches gründungsrelevantes Wissen beschränken, sondern es müssen z. B. Fähigkeiten wie das Handeln und Entscheiden unter Streß und Unwissenheit oder „soft skills" wie die Kommunikation mit Geschäftspartnern oder Kunden trainiert werden. Die Lehrkräfte sollten nur in Ausnahmefällen „reine" Akademiker sein. Entscheidend ist die Einbeziehung von erfahrenen Praktikern oder erfolgreichen Existenzgründern, die mit pädagogischem Geschick Wissen vermitteln können. Von den Ausbildungsprogrammen und Projekten muß eine eindeutige Wirkung auf die Beschäftigungssituation und auf die erzielten Einkommen der Teilnehmer ausgehen. Das bedeutet nicht, daß eine massenhafte Einstellung von Arbeitnehmern als ausschlaggebendes Kriterium angesehen wird. Entscheidend ist, daß überhaupt gegründet wird und Arbeitsplätze geschaffen werden. Die „entrepreneurship education"-Maßnahmen sollen ihre nachhaltige kulturelle Wirkung durch eine hohe Akzeptanz bei der Zielgruppe nachweisen. Weiterhin sind eine wissenschaftliche Begleitforschung und eine Evaluierung der Maßnahmen wichtige Kriterien.

Im einzelnen wird nun wie folgt vorgegangen (s. Tabelle 6.14):

- Für jedes ermittelte Zielkriterium (k) wird eine Gewichtung (g_k) festgelegt. Damit wird die Bedeutung des Kriteriums präsentiert. Die Gewichtung wird mit ganzen

Zahlen auf der Skala 1 bis 10 vorgenommen. Hierbei bedeutet 1 völlig unwichtig und 10 sehr wichtig.

- Für jede Alternative wird mittels des Erfüllungsgrades (e_{ik}) pro Kriterium entschieden, wie gut dieses erfüllt ist. Der Erfüllungsgrad wird im Absolutverfahren angegeben. Es bedeuten 0 = keine Erfüllung des Kriteriums, 5 = mittlere Erfüllung, 10 = volle Erfüllung.
- Für jede Alternative und jedes Kriterium wird ein Teilnutzwert (n_{ik}) errechnet, der sich aus dem Produkt g_k und e_{ik} ergibt.
- Addition der Teilnutzen einer Alternative zum Nutzwert dieser Alternative.
- Angabe der Rangordnung der Alternativen aufgrund der Nutzwerte.[1]

Eine Auswertung der Nutzwertanalyse (graphische Darstellung der Nutzwertanalyse s. Abbildung 6.2), vorerst ohne monetäre Betrachtung, erlaubt die Schlußfolgerung, daß das Projekt „ROXI" der Rostocker Universität dem Gesamtziel am umfassendsten entspricht und potentiellen akademischen Existenzgründern den meisten Nutzen bietet. Die Zielgruppe der Studenten und Absolventen wird am konkretesten von den Aktivitäten an der Universität Rostock, der Universität Greifswald, an der Fachhochschule Neubrandenburg und durch das Projekt „start" erreicht. Das Ausbildungsziel, das in der Vorbereitung, der Begleitung bei und nach der Existenzgründung besteht, wird am nachhaltigsten bei „ROXI" und im Projekt „Spin off" des FMV e.V. realisiert. Die für die Vorbereitung auf die Existenzgründung am besten geeigneten Lehrmethoden wie kontroverse Diskussionen, Unternehmensbesuche, Behandlung von erfolgeichen Geschäftsfällen werden im Projekt „ROXI" und in den Veranstaltungen an der Fachhochschule Stralsund angeboten. Das Training von unternehmerischen Fähigkeiten und von „soft skills" erfolgt besonders im Projekt „ROXI". Dort werden auch, gefolgt von der Ausbildung an der Fachhochschule Stralsund, die am besten qualifizierten Lehrkräfte in die Ausbildung einbezogen.

---

[1] Vgl. Bechmann (1978), S. 28 f.

Tabelle 6.14: Nutzwertanalyse der Ausbildungsprogramme und Projekte
Quelle: Eigene Darstellung.

Alternativen (i)	g_k	**1**		**2**		**3**		**4**		**5**		**6**		**7**	
		e_{ik}	n_{ik}	e_{ik}	n_{ik}	e_{ik}	n_{ik}	e_{ik}	n_{ik}	e_{ik}	n_{ik}	e_{ik}	n_{ik}	e_{ik}	n_{ik}
Teilziele															
Zielgruppe															
Zielkriterien (k)															
- Studenten	10	10	100	10	100	10	100	10	100	10	100	5	50	10	100
- Absolventen	10	10	100	10	100	0	0	10	100	0	0	5	50	10	100
- Wissenschaftler	6	5	30	5	30	0	0	0	0	0	0	10	60	0	0
- Angestellte Akademiker	4	0	0	0	0	0	0	10	40	0	0	10	40	0	0
- Schüler	2	0	0	5	10	0	0	0	0	0	0	0	0	0	0
Zwischensumme			*230*		*240*		*100*		*240*		*100*		*200*		*200*
Ausbildungsziele															
Zielkriterien (k)															
- allgemeine Informationen Existenzgründung	4	5	20	10	40	10	40	10	40	10	40	5	20	5	20
- Vorbereitung auf Existenzgründung	10	10	100	5	50	0	0	0	0	0	0	10	100	10	100
- Erstellung eines Geschäftsplanes	6	10	60	0	0	10	60	0	0	0	0	10	60	10	60
- Begleitung bei Existenzgründung	10	10	100	0	0	0	0	0	0	0	0	10	100	10	100
- Begleitung nach Existenzgründung	8	10	80	0	0	0	0	0	0	0	0	10	80	5	40
Zwischensumme			*360*		*90*		*100*		*40*		*40*		*360*		*320*

Alternativen (i)	g_k	1		2		3		4		5		6		7	
		e_{ik}	n_{ik}	e_{ik}	n_{ik}	e_{ik}	n_{ik}	e_{ik}	n_{ik}	e_{ik}	n_{ik}	e_{ik}	n_{ik}	e_{ik}	n_{ik}
Teilziele															
Lehrmethoden															
Zielkriterien (k)															
- Vorträge von Experten	4	10	40	5	20	10	40	10	40	10	40	10	40	10	40
- Praktische Übungen	6	10	60	0	0	5	30	0	0	0	0	10	60	5	30
- Workshops	8	10	80	0	0	0	0	5	40	0	0	10	80	5	40
- Kleingruppen und Projektarbeit	8	10	80	0	0	10	80	0	0	0	0	0	80	0	0
- Plan- und Rollenspiele	6	5	30	10	60	0	0	0	0	0	0	0	0	0	0
- Gruppen- und Einzelschulungen	6	5	30	0	0	0	0	0	0	0	0	10	60	10	60
- Kontroverse Diskussionen	10	10	100	0	0	10	100	10	100	0	0	10	100	0	0
- Unternehmensbesuche	10	10	100	0	0	10	100	0	0	0	0	0	0	0	0
- Behandlung erfolgreicher Geschäftsfälle	10	10	100	0	0	10	100	5	50	5	50	5	50	5	50
Zwischensumme			*620*		*80*		*450*		*230*		*90*		*470*		*220*
Lehrinhalte															
Zielkriterien (k)															
- Kaufmännisches und juristisches Wissen	4	5	20	10	40	5	20	5	20	5	20	10	40	10	40
- Training von Fähigkeiten	10	10	100	0	0	5	50	5	50	0	0	5	50	5	50
Zwischensumme			*120*		*40*		*70*		*70*		*20*		*90*		*90*

Alternativen (i)	g_k	**1**		**2**		**3**		**4**		**5**		**6**		**7**	
		e_{ik}	n_{ik}	e_{ik}	n_{ik}	e_{ik}	n_{ik}	e_{ik}	n_{ik}	e_{ik}	n_{ik}	e_{ik}	n_{ik}	e_{ik}	n_{ik}
Teilziele															
Qualifikation der Lehrkräf-te															
Zielkriterien (k)															
- Erfahrene Praktiker	10	10	100	5	50	10	100	10	100	5	50	10	100	10	100
- Existenzgründer	10	10	100	0	0	10	100	0	0	5	50	0	0	0	0
- Akademische Lehrkräfte	4	5	20	10	40	5	20	0	0	0	0	5	20	5	20
Zwischensumme			*220*		*90*		*220*		*100*		*100*		*120*		*120*
Wirtschaftliche, soziale Wirkungen															
Zielkriterien (k)															
- Einkommensentwick-lung	10	5	50	0	0	0	0	5	50	0	0	10	100	10	100
- Beschäftigungswirkung	10	5	50	0	0	0	0	5	50	0	0	10	100	5	50
- Ausbildungswirkung	4	5	20	5	20	5	20	5	20	5	20	5	20	5	20
- Wirkung auf Selbsthilfemobilisierung	8	10	80	0	0	5	40	5	40	5	40	10	80	10	80
Zwischensumme			*200*		*20*		*60*		*160*		*60*		*300*		*250*
Kulturelle Wirkungen															
Zielkriterien (k)															
- Akzeptanz	10	10	100	5	50	10	100	5	50	5	50	10	100	5	50
- Evaluierung	8	10	80	0	0	5	40	0	0	0	0	0	0	0	0
Zwischensumme			*180*		*50*		*140*		*50*		*50*		*100*		*50*
Nutzwert			**1930**		**610**		**1140**		**890**		**460**		**1640**		**1250**
Rang			**1**		**6**		**4**		**5**		**7**		**2**		**3**

Abbildung 6.2: Nutzwertanalyse der Ausbildungsprogramme und Projekte (graphische Darstellung)
Quelle: Eigene Darstellung.

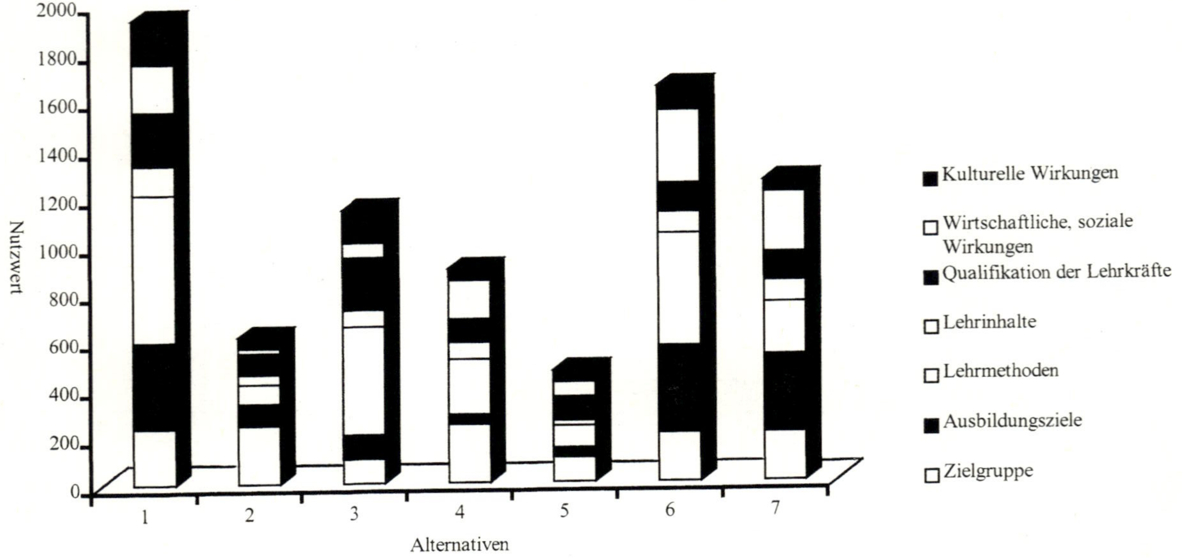

Die größte Einkommens- und Beschäftigungswirkung geht vom Projekt „Spin off" des FMV e.V. aus. Das ergibt sich aus der Zielgruppe des Projektes, die auch Wissenschaftler und Angestellte umfaßt, die in einem weit größeren Maße eine Existenzgründung realisieren als Studenten und Absolventen. Eine wissenschaftliche Evaluierung der Aktivitäten erfolgt nur innerhalb des Projektes „ROXI".

Eine Einbeziehung der Kosten in die Untersuchungen zu den wirksamsten Ausbildungsprogramme und Projekte führt zu mehreren Problemstellungen. Es stellt sich die Frage, ob man gründungsspezifische Ausbildung im Feld von Aufwand und Nutzen diskutieren soll. Zu klären wäre weiterhin, wie die Kosten-Nutzen-Relation gemessen werden kann. Eine Möglichkeit wäre, die Gesamtzahl der Teilnehmer pro Kurs, Periode oder Jahr als Nutzen anzusehen. Eine zweite Möglichkeit besteht darin, die Zahl der Unternehmen, die nach der Absolvierung der Ausbildung gegründet wurden und nach 12 Monaten noch existieren, zu ermitteln. Weiterhin können die durch die Existenzgründung zusätzlich geschaffenen Arbeitsplätze bei der Betrachtung berücksichtigt werden. Eine Vergleichbarkeit der Ausbildungsprogramme und Projekte ist aber auf Grund der unterschiedlichen Zielsetzungen der Programme schwierig. So orientieren die einen, wie „ROXI", „Spin off" oder „start", nachdrücklich auf eine tatsächliche Existenzgründung. Die anderen, wie die Entrepreneurship-Veranstaltungen an den Fachhochschulen in Wismar, Stralsund oder Neubrandenburg, sollen vorrangig zur Verbesserung des unternehmerischen Klimas an den Hochschulen und zur allgemeinen Motivation und Information der Teilnehmer dienen. Eine Einbeziehung der Kosten in die Nutzwertanalyse ist deshalb kritisch zu betrachten. Sie könnten zwar als Indikator mit dem Ziel „Kostenminimierung" behandelt werden, würden aber dem Ziel „wirksamstes Ausbildungsprogramm" nicht entsprechen. Dennoch wurde der Versuch unternommen, Aussagen zu den Kosten zu treffen, wie in Tabelle 6.15 sichtbar wird.

Der Kostenvergleich läßt eine große Bandbreite hinsichtlich der eingesetzten finanziellen Mittel pro tatsächlicher Existenzgründung oder pro Teilnehmer erkennen. Die Aktivitäten an den Fachhochschulen werden mit einem vergleichsweise geringeren

Tabelle 6.15: Kosten-Nutzen-Verhältnis der Ausbildungsprogramme und Projekte (* geschätzte Werte)
Quelle: Eigene Berechnungen.

Ausbildungsprogramme, Projekte	**Insgesamt eingesetzte finanzielle Mittel (DM)**	**Teilnehmer (Anzahl)**	**Tatsächliche Gründungen (Anzahl)**	**Geschaffene Arbeitsplätze (Anzahl)**	**Eingesetzte finanzielle Mittel pro tatsächlicher Gründung (DM)**	**Eingesetzte finanzielle Mittel pro Teilnehmer (DM)**
Universitäten						
Rostock, „ROXI“	01.12.97-31.05.2000 **551.949,-** (01.06.2000-28.02.2002 410.311,39)	SS 98-SS 2000 41	20	35	27.597,-	13.462,-
Greifswald, Gruppe Existenzgründung	04.07.1999-03.07.2002 **45.000,-**	Sommer 1999-2000 37	Sommer 1999-2000 6	Sommer 1999-2000 12	(bei der Annahme 15.000,- /Jahr) 2.500,-	(bei der Annahme 15.000,- /Jahr) 405,-
Fachhochschulen						
Stralsund, Entrepreneurship	**2.860,-** für 2 Semester	23	0	0	0	124,-
Neubrandenburg, Informationsveranstaltung	>**2.860,-*** für 2 Semester	45	6	>6*	>477,-*	>64,-*
Wismar, Informationsveranstaltung	**0**	33	3	0	0	0
Extern						
FMV Projekt „Spin off“	**3.600.000**,- seit 1996, jährlich 600.00,-	490	32	150	112.500,-	7.347,-
TZV Projekt „start“	Wirtschaftsministerium und Eigenanteil **347.900,-** Anteil Bildungsträger unbekannt	10	10	>10*	>34.790,-*	>34.790,-*

finanziellen Aufwand realisiert. Allerdings ist auch die Anzahl der tatsächlichen Existenzgründungen gering. Eine weitere Betrachtung zeigt, daß in den Projekten „Spin off“ und „start“, gefolgt von „ROXI“ die größten Beträge pro tatsächlichem Gründungsfall aufgewandt wurden.

Generell kann eingeschätzt werden, daß „entrepreneurship education“ in Mecklenburg-Vorpommern kostenintensiv ist. Das läßt sich an folgendem Vergleich festmachen: Die international üblichen durchschnittlichen Gesamtkosten für einen Kurs mit 25 Teilnehmern liegen bei einem Programm zwischen 6.000 US-$ und 8.000 US-$. Damit ergeben sich 240-320 US-$ pro Teilnehmer oder potentiellem Existenzgründer.[1] Die eingesetzten finanziellen Mittel pro Teilnehmer an vergleichbaren Projekten betragen in Mecklenburg-Vorpommern bis zu über 34.790,- DM.

Welche Probleme junge akademische Existenzgründer bei dem Aufbau eines Unternehmens überwinden müssen und ob eine Teilnahme an den Ausbildungsprogrammen und Projekten dabei hilfreich sein kann, dieser Fragestellung wird im nächsten Abschnitt nachgegangen.

6.4.3 Exemplarische Bewertung der Ausbildungsprogramme durch ausgewählte spin-off Existenzgründer

Die Auswahl der Existenzgründer erfolgte unter dem Gesichtspunkt, daß jedes von den gegründeten Unternehmen eine andere Branche präsentiert, hier die Biotechnologie, die Informatik und das Design. Damit soll ein breites Spektrum an Problemansätzen erfaßt werden. Die Teilnahme an den in Mecklenburg-Vorpommern angebotenen externen Projekten für potentielle akademische Existenzgründer wurde als zweites Auswahlkriterium berücksichtigt. Als drittes Kriterium waren die Ortsveränderung und das regionale oder überregionale Agieren der Existenzgründer ausschlaggebend.

---

1 Vgl. Braun (1997), S. 15.

6.4.3.1 ChromaTec GmbH

Die ChromaTec GmbH wurde im März 1999 von zwei Wissenschaftlern der Universität Greifswald als spin-off gegründet. Die Existenzgründer nahmen 1995 eine Anstellung in der Technologietransferstelle der Universität Greifswald an. Das Konzept der Technologietransferstelle bestand darin, Labordienstleistungen, Beratungen und F&E-Kapazitäten für die Universität und externe Kunden anzubieten und auf dieser Basis eine Ausgründung nach einer fünfjährigen Erprobungs- und Anlaufzeit zu ermöglichen.

Das Unternehmen wird heute von zwei Geschäftsführern geführt, die beide über einen Hochschulabschluß verfügen und promoviert sind. Das Angebotsspektrum der unternehmerischen Tätigkeit umfaßt einen Komplettservice auf den Gebieten der Protein-Analytik, außerdem entwickeln die Wissenschaftler diagnostische Kits, Lebensmittelzusatzstoffe und neue Medikamente.[1] Ein begünstigender Faktor für die Umsetzung des Gründungsentschlusses war das familiäre Umfeld eines der jetzigen Geschäftsführer. Eltern und Verwandte prägten früh die grundsätzlich positive Einstellung zum Unternehmertum. Durch die Familie wurde das konkrete Gründungsvorhaben kritisch, aber wohlwollend begleitet und unterstützt, wie auch Hilfe bei der Konzept- und Geschäftsplanerarbeitung angeboten. Die Theorie der sozialen Netzwerke und die Vorbildwirkung der selbständigen männlichen Familienangehörigen finden hier ihre Bestätigung.

Ausschlaggebend für den Entschluß, die ChromaTec GmbH zu gründen, waren aber in erster Linie personenbedingte Faktoren. So sind der Wille nach Unabhängigkeit, die Selbstverwirklichung, die Freiheit in den Entscheidungen, Ehrgeiz und die Einstellung „Was andere schaffen, das schaffen wir auch!“ dominierende Motive. Als weitere Charaktereigenschaften sind bei den Existenzgründern Entscheidungsfreudigkeit, Verantwortungsbewußtsein, wie auch die Fähigkeiten, Fehler zu erkennen und darauf zu reagieren, vorhanden. Die Existenzgründung wurde nicht durch negative Deplazierungsgründe wie drohende Arbeitslosigkeit determiniert, sondern durch die zu erwartende Herausforderung und den Spaß an der Sache. Damit zeigt sich die These vom starken Einfluß persönlicher Faktoren auf die Gründungsentscheidung bestätigt.

Eine Reihe von Gründungshelfern stand den potentiellen Existenzgründern zur Seite. Als „Brutkasten" fungierte das BioTechnikum Greifswald, eine Einrichtung, die hauptsächlich von der Hansestadt und der Universität Greifswald getragen wird. Dadurch war es dem jungen Unternehmen möglich, z. B. kostenlos Geräte für Labordienstleistungen zu nutzen und damit Mittel für Investitionen einzusparen. Im Gegenzug werden dafür Geräte des BioTechnikums gewartet. Die Gründer wurden in Kontaktnetzwerke eingebunden, erste Kunden konnten so akquiriert werden. Weiterhin wurde die Teilnahme an Messen und der Zugang zu Fördereinrichtungen in Mecklenburg-Vorpommern erleichtert.

Die Greifswalder Universität unterstützte das Vorhaben vor allem durch moralische und juristische Hilfeleistungen. So wurden ohne Schwierigkeiten Nebenbeschäftigungsgenehmigungen erteilt.

Die Existenzgründung wurde langfristig durch eine Teilnahme an dem Projekt „Spin-off" des Forschungsverbundes Mecklenburg-Vorpommern e.V. vorbereitet. Dabei wurden Buchhaltungs- wie auch Rhetorikseminare besucht, die sehr praxisnah gestaltet waren und in denen grundlegende gründungsrelevante Kenntnisse vermittelt wurden. In Einzelschulungen konnten außerdem Führungsfähigkeiten analysiert werden. Ein Training von unternehmerischen Fähigkeiten war aber bedingt durch die Größe der Seminargruppen nicht möglich. Als besonders wertvoll erwies sich nach Auffassung der Existenzgründer die Vermittlung von Beratern und Kontakten nach der eigentlichen Existenzgründung durch den FMV.

---

[1] Vgl. ChromaTec GmbH (2000).

In der Zukunft ist eine Reihe von Problemen von den jungen Unternehmern zu lösen, die aus gegenwärtiger Sicht für den weiteren Geschäftsaufbau als erschwerend eingeschätzt werden. Das Hauptproblem besteht nach Auffassung des interviewten Geschäftsführers im Mangel an ausgebildeten Fachkräften auf dem lokalen Arbeitsmarkt, so daß die Arbeitskräfte für eine Erweiterung der GmbH nur überregional gewonnen werden könnten. Bedingt durch den geringen Finanzspielraum ist eine Bezahlung der in den alten Bundesländern oder auch in der Großindustrie üblichen Gehälter aber nahezu unmöglich. Als Lösungsansatz dafür ist eine Gewinnbeteiligung der Angestellten vorgesehen.
Sollte das geplante Wachstum des Unternehmens realisiert werden, dann wird in 5-6 Jahren ein Auszug aus dem Inkubator unumgänglich. Eine Ansiedlung in dessen unmittelbarer Nähe oder in geringer Distanz zur Universität ist aber aus Mangel an entsprechenden Bauland nicht möglich. Dadurch werden nach der Einschätzung der Unternehmer bestehende und gut entwickelte Strukturen der Zusammenarbeit geschwächt.
Auch eine mögliche Finanzierung der Unternehmensentwicklung durch private Kapitalgeber wird auf Grund der Zinshöhe und des Erwerbs von Anteilen der GmbH durch Privatpersonen oder externe Geldgeber kritisch betrachtet. Wachstum soll durch selbst erwirtschafteten Gewinn finanziert werden.
Die Beherrschung der komplexen betriebswirtschaftlichen Problemstellungen ist neben den wissenschaftlichen Arbeiten oft nicht im vollen Umfang möglich. Hier könnten Business Angels Hilfestellung leisten, die weniger in der Bereitstellung finanzieller Mittel als vielmehr in der fachlichen kaufmännischen Beratung ihre Ziele sehen sollten.
Die weitere Entwicklung des Unternehmens ist auch durch die Inanspruchnahme von Fördermitteln des Landes Mecklenburg-Vorpommern möglich, die zahlreich vorhanden, aber für den Unternehmer unübersichtlich und in ihren Zuwendungsbedingungen

oft nicht verständlich sind. Deshalb sollten sie zur Erleichterung der Inanspruchnahme gebündelt werden.[1]

Neben der Bewältigung dieser Probleme haben sich die Unternehmer weitere ehrgeizige Ziele gesteckt. So will sich das Unternehmen in vier Jahren mit eigenen Forschungs-, Entwicklungs- und Labordienstleistungen auf dem Markt etabliert haben. Die zukünftigen Anstrengungen werden sich deshalb auch auf die aktive Vermarktung der angebotenen Dienstleistungen und die Einführung neuer Techniken richten.

Die ChromaTec GmbH ist ein Beispiel für eine akademische Existenzgründung, bei der sichtbar wird, daß

- Gründerpersonen die ausschlaggebenden Faktoren bei der Gründungsentscheidung sind,
- das mikrosoziale Umfeld maßgeblich zum Erfolg der Gründung beiträgt, besonders sind hier Ausbildungsmöglichkeiten für potentielle Existenzgründer und Beratungsangebote hervorzuheben,
- die Finanzierung nicht das ausschlaggebende Kriterium für eine positive Entscheidung zur Gründung ist, sondern erst beim Wachstum des Unternehmens beachtet werden muß und
- Existenzgründungen in einer strukturschwachen Region mit intelligenten Dienstleistungen möglich sind, da z. B. die Märkte und Kunden durch Informationsübermittlung via Postversand oder durch das Internet bedient werden können.

Die Genese des Unternehmens zeigt, daß Gründungen auf innovativen Gebieten in strukturschwachen Regionen wie Vorpommern durchaus realisierbar sind. Dafür sind in erster Linie der starke Wille der potentiellen Existenzgründer, wie auch eine umfassende Beratung und Betreuung durch Experten notwendig und weniger die Bereitstellung finanzieller Mittel.

---

[1] Nach Müller-Böling, Klandt (1993), S. 153 sind fehlende Kenntnisse und Informationslücken Hauptursachen für die Nichtinanspruchnahme von vorhandenen Gründungsförderprogrammen.

6.4.3.2 Behrens Elektronik GbR

Ähnliche Erfahrungen wurden auch von einem der Gründer der Behrens Elektronik GbR gemacht, der seinen Weg in die Selbständigkeit in Vorpommern begann und heute in Bremen erfolgreich tätig ist. Sein Standpunkt zur Notwendigkeit und Nützlichkeit von Ausbildungsprogrammen für potentielle Existenzgründer wird im folgenden Abschnitt dargestellt.

Die Behrens Elektronik GbR wurde 1995 als ein Unternehmen in der Elektronikbranche gegründet. Zu den Geschäftsfeldern können die Auftragsentwicklung und Beratung im Hardware- sowie Softwarebereich, der Verkauf von elektronischen Komponenten oder Baugruppen, die Geschäftskundenberatung im Bereich Elektronikentwicklung und Kommunikationselektronik, sowie die Entwicklung fremder und eigener Produkte gezählt werden.

Knut Köhne leitet seit 1997 als einer von zwei Geschäftsführern das Unternehmen. Er schloß eine Ausbildung zum Kommunikationselektroniker ab, um dann ein Studium an der Hochschule in Bremen und an der Fachhochschule in Stralsund in der Fachrichtung Technische Informatik zu absolvieren. Die Voraussetzungen für eine Tätigkeit in einer Entwicklungsabteilung eines großen Unternehmens waren nach dem erfolgreichen Abschluß des Studiums gegeben. Dennoch entschied er sich für eine Existenzgründung.

Das Interesse an einer selbständigen Tätigkeit war bereits lange vorhanden und wurde durch die Diplomarbeit verstärkt. In dieser setzte Knut Köhne sich mit der Entwicklung eines Gerätes auseinander. Nach der Verteidigung der Diplomarbeit arbeitete er selbständig an der Verbesserung des Gerätes weiter. Somit war eine erste Produktidee mit Marktchancen vorhanden. Der Ortswechsel nach Bremen, das Zusammentreffen mit einem ehemaligen Studienkollegen, der bereits neben einer Festanstellung selbständig tätig war, und der Wunsch, eigenverantwortlich zu arbeiten, führten dann letztendlich zu der Entscheidung, die bereits gegründete Behrens GbR mit neuen Produkten auszubauen.

Eine Betrachtung dieses Prozesses zeigt die besondere Bedeutung des persönlichen Faktors, denn nur der Wille des potentiellen Existenzgründers war ausschlaggebend bei der Entscheidung pro oder kontra Selbständigkeit. Unterstützend wirkten aber auch das Wahrnehmen einer günstigen Gelegenheit, in diesem Fall des zu verbessernden Produktes, und die Möglichkeit, im Team zu gründen. Aber auch die familiäre Hilfe spielte eine nicht zu unterschätzende Rolle. Die Eltern, nach anfänglicher Skepsis, und die Ehefrau haben den Existenzgründer mehrere Jahre finanziell und moralisch unterstützt.

Bestimmte Charaktereigenschaften und fachliche Kenntnisse sind notwendig, um ein Unternehmen zu entwickeln. Durchhaltevermögen und den Blick vorwärts zu richten, auch wenn Konflikte und Probleme auftreten, das sind nach Meinung von Herrn Köhne wichtige Eigenschaften, die bei einem Existenzgründer vorhanden sein sollten. Fachliches Wissen ist notwendig, aber scheint nicht der entscheidende Faktor in der Selbständigkeit zu sein. Vielmehr ist es wichtig, Kundenkontakte aufzubauen und einem Auftraggeber stets das Gefühl des umfassenden „Aufgehobenseins" zu vermitteln. Diese „soft skills" werden in den Projekten für akademische Existenzgründer nach der Erfahrung von Herrn Köhne, der an „start" teilnahm, nicht oder nicht ausreichend entwickelt. Weiterhin beklagt er eine mangelnde Unterstützung durch die Gründungshelfer. Bankangestellte oder auch Verantwortliche an den Hochschulen reagieren seiner Auffassung nach auf Existenzgründungen von jungen Akademikern eher abweisend. Auch an der Fachhochschule Stralsund konnte er in seinem Fachbereich keine ausreichende Unterstützung finden. Trotz dieser Erfahrungen sollten seiner Meinung nach Akademiker nach dem Studium gründen, da in dieser Lebensphase kaum familiäre und finanzielle Verpflichtungen bestehen. Wichtigste Voraussetzungen für eine erfolgreiche Existenzgründung sind aber eine tragfähige Idee und ein funktionierendes Netzwerk von Gründungshelfern, in dem individuelle Beratung angeboten wird.

6.4.3.3 Designer Lucas Fritsch

Die berufliche Entwicklung von Lucas Fritsch begann mit einer Ausbildung zum Zimmermann und Tischler. Anschließend studierte er an der Westsächsischen Hochschule Zwickau, einer Fachhochschule für Wirtschaft, Technik und Angewandte Kunst, und schloß als Diplomdesigner (Holz) die Ausbildung im Fachbereich Angewandte Kunst in Schneeberg ab.

Der Wunsch nach Selbständigkeit entwickelte sich bereits während der Lehre, die viele Möglichkeiten bot, unabhängig und eigenverantwortlich zu arbeiten. Demgegenüber bestanden in der Zeit des vierjährigen Studiums nur wenige Gelegenheiten, sich mit den Chancen und Risiken einer Existenzgründung vertraut zu machen. Allein ein dreitägiges Seminar zur Unternehmensgründung vermittelte erstes Wissen. Industriekontakte, die hilfreich für die spätere Akquirierung von Aufträgen sein können, wurden durch die Professoren kaum hergestellt. Durch ein Praktikum bei einem Produzenten von Spielplätzen konnte Herr Fritsch eine Gründungsidee gewinnen, die er aber während des Studiums weder auf Marktchancen noch auf Kosten hin überprüfen konnte. Dennoch wagte er 1995 mit 27 Jahren die Selbständigkeit, obwohl er weder Vorbilder in der Familie hatte, noch auf eine Vorbereitung durch das Studium aufbauen konnte. Charaktereigenschaften, wie der Drang, Probleme lösen zu wollen, der seiner Meinung nach an Selbstaufgabe grenzen muß, psychische Stabilität, Selbstdisziplin und die Eigenschaft, auch unter großem Streß handeln zu können, ermöglichten diesen Schritt, der durch Familie, Freunde und Bekannte unterstützt wurde.

Auch an diesem Gründungsfall zeigt sich, daß die Gründerperson und das unmittelbare mikrosoziale Umfeld bei der Entscheidung über eine Existenzgründung die entscheidenden Einflußfaktoren sind. Diese Erkenntnis gewinnt zusätzlich an Bedeutung, da die meisten Banken und die Vertreter der Wirtschaftsförderung, nach Erfahrungen von Herrn Fritsch, einer Existenzgründung im Design- und Kunstbereich kritisch und verhalten gegenüber stehen. Aus diesem Grund schätzt er eine Unterstützung für junge Akademiker im Vorgründungsbereich als wichtig ein, die neben einer finanziellen Hilfestellung vor allen Dingen Beratung in kaufmännischen Fragen anbieten sollte. Die Teilnahme am Projekt „start“ war ein erster Schritt in diese Richtung, der aber durch intensive Betreuung und Beratung nach der Existenzgründung hätte weitergeführt werden müssen.

Darüber hinaus wären aus der Sicht von Herrn Fritsch folgende Aktivitäten wünschenswert:

- Unterstützung für Künstler durch Unternehmer in Form eines „Kunst-Fonds“
  Hier könnten besonders die regionalen Unternehmen einen Beitrag zur endogenen Entwicklung leisten, indem Sie Existenzgründungen auf anderen Gebieten unterstützen würden. Marketingeffekte aber auch steuerliche Aspekte wären dabei für die Unternehmen, die als Sponsoren auftreten, zu erwarten.
- Möglichkeiten der Gewährung eines zinslosen Kredites für Existenzgründungen in der Design- und Kunstbranche durch regionale Fonds
  Dieser Vorschlag muß durchaus kritisch betrachtet werden. Auf der einen Seite stellt eine Existenzgründung in der Design- und Kunstbranche überdurchschnittlich hohe Anforderungen an den Gründer und an die Gründungsidee, da Kunstobjekte oder Dienstleistungen im Designbereich doch gegenüber lebensnotwendigen Gebrauchsgütern oft einen schwereren Marktzugang finden. Dennoch sollte auf der anderen Seite die Wirtschaftlichkeit des unternehmerischen Handelns im Vordergrund stehen und eine Subventionierung, die den Wettbewerb verzerrt, vermieden werden.
- Coaching in der Vorgründungs- und Gründungsphase durch psychologisch geschulte Betreuer
- kostenloser Zugang für Existenzgründer zu den Ausschreibungstexten von öffentlichen Einrichtungen
  Auch dieser Vorschlag ist kritisch einzuschätzen, da damit eine bestimmte Gruppe wie die Existenzgründer in der Design- und Kunstbranche gegenüber allen anderen begünstigt wird und keine einheitlichen Wettbewerbsbedingungen bestehen würden. Vielleicht sollten Überlegungen angestellt werden, wie Ausschreibungstexte für alle Interessenten kostenlos/kostenneutral angeboten werden können.

- Bereitstellung von Landesfördermitteln nicht nur für Existenzgründungen im Technologiebereich, sondern auch für die Erstellung von Präsentationsunterlagen wie Kataloge, Modelle oder Fotos für Künstler
  Diesem Gedanken ist zuzustimmen, da damit einer Gerechtigkeit in der Verteilung von Fördermitteln besser entsprochen werden könnte.
- unternehmerisches Denken und Handeln in den Behörden.

Die Gedanken von Herrn Fritsch haben unter dem Blickwinkel, daß eine Existenzgründung im Designbereich kaum Unterstützung durch Förderprogramme erfährt und oft langwierige Planungsphasen über mehrere Jahre überwunden werden müssen, durchaus eine gewisse Berechtigung. Trotzdem sind seine Vorschläge für die Förderung von Existenzgründungen kaum verallgemeinerungsfähig, da sie erstens eine kleine Gruppe betreffen und zweitens langfristige Subventionen befürworten.

Dennoch - ein einfacher Zugang zu finanziellen Mitteln, das Engagement in der Region und eine vielschichtige Betreuung in jeder Phase der Genese eines Unternehmens durch Gründungshelfer - sind Ziele, die es allgemein im Interesse der Etablierung eines nachhaltigen Gründerklimas in Mecklenburg-Vorpommern zu realisieren gilt.

6.4.4 Verallgemeinerungsfähige Erkenntnisse

Die Entwicklung der beschriebenen spin-offs zeigt, daß Gründungsaktivitäten und Gründungserfolge erwartungsgemäß in erster Linie durch die Gründerpersonen beeinflußt werden. Dabei sind die stilistischen und dynamischen Wesenszüge eines Existenzgründers für die Entscheidung über den Aufbau eines eigenen Unternehmens und für dessen weiteren Entwicklung ausschlaggebend. Das mikrosoziale Umfeld erweist sich als maßgeblicher Faktor in den Phasen der Gründungs- und Entwicklungsaktivitäten. Die Herkunft aus einer Familie mit unternehmerischen Traditionen und die moralische und finanzielle Unterstützung durch Familienangehörige beeinflussen besonders die Entscheidung zur Existenzgründung. Bereits vorhandene berufliche Erfahrungen können hilfreich bei der Entwicklung des Unternehmens sein, sind aber nicht unbedingt notwendig. „Entrepreneurship education"-Aktivitäten als Bestandteile des mikrosozialen Umfeldes unterstützen den Prozeß der Unternehmensentwicklung, wenn sie unternehmerisches Handeln trainieren und Netzwerke von Gründungshelfern für den Existenzgründer eröffnen.

7 Zusammenfassung

Existenzgründungen aus Hochschulen in Deutschland finden in der jüngeren Vergangenheit erhöhte Aufmerksamkeit, weil von ihnen innovative Produkte und zukunftssichere Arbeitsplätze erwartet werden.

In Mecklenburg-Vorpommern zeigen sich bei der Analyse des komplexen Prozesses der Existenzgründung im Umfeld der Hochschulen gegenüber anderen Bundesländern und auch im internationalen Vergleich eine Reihe von Unterschieden. Diese finden ihre hauptsächliche Ursache in der historischen Entwicklung des Landes. Es lassen sich aber auch Übereinstimmungen mit den in der Literatur zum Gründungsgeschehen beschriebenen Merkmalen erkennen. Die Rolle der den Gründungsprozeß bestimmenden Faktoren wie Gründerpersönlichkeit und mikro- sowie makrosoziales Umfeld wurden für Mecklenburg-Vorpommern untersucht und mit Ergebnissen, die aus anderen Bundesländern, z. B. aus Sachsen, sowie aus dem Ausland vorlagen, exemplarisch verglichen. Die relativ wenigen Existenzgründungen im Umkreis der Hochschulen in Mecklenburg-Vorpommern, die von landesspezifischen Besonderheiten geprägt sind und deren unzureichende statistische Erfassung erschweren aber Verallgemeinerungen.

Dennoch konnte gezeigt werden, daß der Existenzgründungsprozeß aus Hochschulen auch in Mecklenburg-Vorpommern ganz wesentlich durch die Gründerpersönlichkeit ausgelöst und bestimmt wird. In zweiter Linie spielt das mikrosoziale Umfeld der Gründer eine bedeutende Rolle.

Als großes Hemmnis für Existenzgründungen erweist sich das Fehlen eines unternehmerischen Klimas. Dieses ist auch in den anderen neuen Bundesländern gering ausgeprägt, aber es hat sich in den Ländern mit einer industriellen Tradition und diversifiziertere Wirtschaftsstruktur wie Sachsen schneller ausgebildet, als in Mecklenburg-Vorpommern. Die unterentwickelten wirtschaftlichen Aktivitäten, eine ungenügende Infrastruktur und eine für Existenzgründungen unzureichend ausgeprägte Wissenschaftslandschaft sind weitere Erschwernisse für „spin-offs“ in Mecklenburg-Vorpommern.

Nach Erkenntnissen aus der Literatur sowie nach den in dieser Arbeit präsentierten Umfragen und Fallstudien gründen junge Unternehmer meist nicht direkt nach dem berufsbefähigenden Abschluß an der Hochschule, sondern häufig aus einer Anstellung in einem Unternehmen heraus, oft nach einigen Jahren der Praxiserfahrung in unmittelbarer Nähe ihres Herkunftsortes. Die potentiellen akademischen Existenzgründer in Mecklenburg-Vorpommern, Studenten, die emotional eng an dieses Land gebunden sind, haben aber kaum Gelegenheit, diese Praxiskenntnisse im eigenen Bundesland zu erwerben. In den letzten Jahren ist deshalb eine Abwanderung gerade junger Hochschulabsolventen feststellbar. Ursache für die Wanderungsbewegungen ist, daß die Chancen für eine berufliche Karriere in Mecklenburg-Vorpommern nicht vorhanden sind, oder diese nicht gesehen werden. Gegenwärtig gibt es ein starkes West-Ost-Gefälle an freien Stellen und in der Einkommenshöhe für junge Ingenieure und Naturwissenschaftler. Lukrative Angebote großer Unternehmen aus den alten Bundesländern begünstigen die Wanderungsbewegung. Der Gedanke an eine Selbständigkeit nach dem Studium beeinflußt daher den beruflichen Werdegang wenig. Der Wille zur Existenzgründung ist bei Studenten und Absolventen in Mecklenburg-Vorpommern kaum vorhanden.

Die Ausbildungsprogramme und Projekte zur Unterstützung der Existenzgründung innerhalb und außerhalb der Hochschule allein können diese Motivation nicht erzeugen, da eine Vielzahl von weiteren Faktoren auf eine Gründungsentscheidung einwirken. Sie sind in ihrer jetzigen Struktur aber augenscheinlich auch wenig geeignet, nachhaltiges Interesse der Studenten und Absolventen an Existenzgründungen zu wekken. Insbesondere entsprechen die Angebote in Mecklenburg-Vorpommern zum Thema „entrepreneurship“ vielfach nicht den Anforderungen der Zielgruppe. Durch Übernahme und Anwendung von Erfahrungen aus den USA oder den Niederlanden werden potentielle Existenzgründer in Mecklenburg-Vorpommern offensichtlich kaum erreicht. Auch Programme, die schwerpunktmäßig auf eine Unterstützung des Gründungsprozesses, insbesondere hinsichtlich des Erwerbs betriebswirtschaftlicher Kenntnisse, abzielen, sind nicht geeignet, eine Gründungswelle auszulösen; sie sind dennoch als flankierende Maßnahmen unbedingt notwendig und hilfreich. „Entrepreneurship education" in Mecklenburg-Vorpommern sollte sich deshalb als eine Ausbildung verstehen, in der besonders unternehmerische Fähigkeiten trainiert werden und die den Zugang der potentiellen Existenzgründer in die regionalen Netzwerke ermöglicht.

Eine nachhaltige Verbesserung des Gründungsklimas ist nach allen internationalen und nationalen Erfahrungen durch umfassend ausgebaute Netzwerke von Gründungshelfern zu erzielen, die Bestandteile eines gründungsfördernden mikrosozialen Umfeldes sind. In diesen Netzwerken, in denen Inkubatoren, wie Universitäten und Unternehmen agieren, werden Grundlagenforschung, anwendungsorientierte Forschung und Produktion vereint. Der Nutzen für die Hochschuleinrichtung besteht darin, daß die Studenten an aktuellen Forschungsinhalten ausgebildet werden, und durch Verbundprojekte mit kleinen und mittleren Unternehmen Mittel für praxisnahe Forschungen eingeworben werden können. Die Themen für Diplom- und Doktorarbeiten werden hierdurch attraktiver, im Idealfall werden davon Existenzgründungsideen abgeleitet. Auch für die Entwicklung eines jungen Unternehmens ist so eine kontinuierliche Zusammenarbeit mit den Forschungseinrichtungen essentiell erforderlich, weil nur ein ständiger Fluß von Informationen und Innovationen zu neuen oder verbesserten Produkten führt.

Durch eine Reihe von Förderprogrammen, die auf diese Mechanismen aufbauen, wird versucht, entsprechende Strukturen zu erzeugen und zu vertiefen (z. B. InnoNet, InnoRegio usw.). Das läßt sich durch Existenzgründungen in funktionierenden Netzwerken belegen, wie in den verschiedenen BioRegionen, für Mecklenburg-Vorpommern in der BioRegio Greifswald-Rostock.

Auch wenn die in Mecklenburg-Vorpommern aus den Hochschulen entstandenen jungen Unternehmen sich oft noch vor der Wachstumsphase befinden, gehören sie zu den treibenden Kräfte der regionalen Entwicklung. Will man diese Entwicklung fortführen, so kommt man um eine langfristige Unterstützung durch verschiedene Fördermaßnahmen wie Forschungsfinanzierung und Ausbau von Netzwerken nicht herum. Nur in diesem Kontext kann „entrepreneurship education“ erfolgreich wirken und einen Beitrag zur Qualifizierung von potentiellen Existenzgründern und damit zur Steigerung des Gründungsaufkommens leisten.

Anhang 1

Tabelle 1: Anzahl der deutschen Studenten getrennt nach einzelnen Bundesländern an der Universität Greifswald
Quelle: Vgl. Universität Greifswald (1999[b]).

	1994/5	**1995**	**1995/6**	**1996**	**1996/7**	**1997**	**1997/8**	**1998**	**1998/9**	**1999**	**1999/00**
	WS	SS	WS	SS	WS	SS	WS	SS	WS	SS	WS
Mecklenburg-Vorpommern	2002	2286	2533	2480	2597	2404	2813	2747	3013	2908	3284
darunter Vorpommern	1414	1321	1435	1609	1727	1609	1909	1865	2040	1968	2186
Baden-Württemberg	184	135	165	171	236	220	242	223	256	235	253
Bayern	74	69	75	80	93	92	128	118	149	139	162
Berlin	137	129	141	148	171	171	195	176	211	207	251
Brandenburg	454	433	436	417	444	399	457	413	488	465	551
Bremen	22	22	27	28	27	26	30	26	28	25	29
Hamburg	52	51	65	64	65	72	79	70	77	81	92
Hessen	48	55	73	68	74	78	89	83	102	100	101
Niedersachsen	202	194	225	219	255	247	308	302	349	335	384
Nordrhein-Westfalen	231	234	290	284	318	305	388	368	395	375	425
Rheinland-Pfalz	46	49	59	57	59	57	63	57	62	61	71
Saarland	11	12	12	13	16	12	13	11	12	11	14
Sachsen	294	260	236	213	196	182	191	169	181	167	217
Sachsen-Anhalt	151	146	154	151	142	130	143	139	146	135	156
Schleswig-Holstein	102	107	147	145	162	158	182	170	202	185	201
Thüringen	87	83	89	77	62	61	74	69	81	73	89
Gesamt	4097	4265	4722	4615	4917	4617	5395	5141	5752	5502	6280
davon alte Bundesländer	972	928	1274	1277	1476	1438	1717	1604	1843	1754	1983
neue Bundesländer	3125	3337	3448	3338	3441	3179	3678	3537	3909	3748	4297

Anhang 2

Tabelle 2: Anzahl der deutschen Studenten getrennt nach Bundesländern und Studienrichtungen an der Fachhochschule Neubrandenburg
Quelle: Vgl. Schmidt (1999).

Studienrichtung	**Studentenzahl (1998)**	
	davon aus den alten Bundesländern	**davon aus den neuen Bundesländern**
Lebensmitteltechnologie	0	50
Pflege und Gesundheit	30	170
Landespflege	90	130
Vermessungswesen	10	220
Agrarwirtschaft	30	90
Bauingenieurwesen	10	300
Soziale Arbeit	40	570
Insgesamt	210	1530

Anhang 3

Tabelle 3: Anzahl der deutschen Studenten getrennt nach einzelnen Bundesländern an der Fachhochschule Wismar
Quellen: Vgl. Schimmel (1999); Fachhochschule Wismar (1999[b].

	1997/8	**1998/9**	**1999/00**
	WS	WS	WS
Baden-Württemberg	34	25	53
Bayern	20	22	21
Berlin	34	40	46
Brandenburg	82	88	109
Bremen	10	10	10
Hamburg	25	26	25
Hessen	10	6	8
Niedersachsen	80	71	77
Mecklenburg-Vorpommern	2155	2479	2758
Nordrhein-Westfalen	42	38	44
Rheinland-Pfalz	7	5	7
Saarland	0	1	1
Sachsen	57	55	68
Sachsen-Anhalt	67	67	64
Schleswig Holstein	113	123	121
Thüringen	34	35	35
Gesamt	2828	3155	3447
davon alte Bundesländer	375	367	413
neue Bundesländer	2395	2724	3034

Anhang 4

Teilnehmer am Ergänzungsfach „Entrepreneurship" an der Fachhochschule Stralsund, Potentielle Existenzgründer

Angaben zur Person

Geschlecht

☐ männlich

☐ weiblich

Alter:

Eltern selbständig

☐ Ja

☐ Nein

Wohnort/Bundesland:

Schulische Ausbildung

☐ Abitur

☐ Berufsausbildung

Studienrichtung:

... Semester

Einstellung zur Unternehmensgründung

Halten Sie es für erstrebenswert, daß man sich selbständig macht?

☐ Ja

☐ Nein

☐ Weiß nicht

Haben Sie schon einmal konkret daran gedacht, sich eine selbständige unternehmerische Existenz aufzubauen?

☐ Nein, noch nie

- ☐ Ja, flüchtig
- ☐ Ja, relativ konkret
- ☐ Ja, habe festen Entschluß mich in Zukunft selbständig zu machen

Wenn ja, wann?

- ☐ Direkt nach dem Studium
- ☐ Nach ... Jahren Berufserfahrung

Gründungsmotive

Welches wären Ihre Motive für die Gründung einer selbständigen unternehmerischen Existenz? Bitte Ranking vornehmen (1 = kein Motiv, 11 = starkes Motiv).

- ☐ Erreichen von Entscheidungs- und Handlungsfreiheit
- ☐ Durchsetzen eigener Ideen
- ☐ Streben nach wirtschaftlicher Unabhängigkeit
- ☐ Streben nach höherem Einkommen
- ☐ Erreichung eines leistungsgerechten Einkommens
- ☐ Führen von Menschen
- ☐ Geldanlage/Vermögensbildung
- ☐ Steuerliche Vorteile
- ☐ Arbeitsmarkt und konjunkturellbedingte Gründe
- ☐ Ansehen in der Öffentlichkeit
- ☐ Familientradition

Gründungsvorbehalte

Welches wären Ihre Vorbehalte gegenüber der Gründung einer selbständigen unternehmerischen Existenz? Bitte Ranking vornehmen. (1 = kein Motiv, 13 = starkes Motiv).

- ☐ Kein Startkapital
- ☐ Zu hohes Risiko

☐ Gute Karrieremöglichkeiten in unselbständiger Beschäftigung
☐ Unbefriedigende Alterssicherung
☐ Steuerliche Belastung
☐ Politische Entwicklung
☐ Ungleichmäßiges Einkommen
☐ Probleme mit Arbeitnehmern
☐ Habe nur Spezialkenntnisse, Managementkenntnisse/ Erfahrungen fehlen
☐ Mehrarbeit gegenüber unselbständiger Beschäftigung
☐ Keine geregelte Arbeitszeit
☐ Bin nicht der Typ des selbständigen Unternehmers
☐ Negatives Image in der Öffentlichkeit

Gründungsbranche/-ort

Auf welchem **Gebiet** würden Sie sich **wo** (Bundesland) selbständig machen?

Gründungsunterstützung

Welche externen Beratungsangebote würden Sie wahrnehmen?

☐ Steuerbüro
☐ Förderinstitute
☐ Versicherungen
☐ IHK
☐ andere Bildungsträger
☐ Banken
☐ Technologie- und Gründerzentren
☐ Unternehmensberater
☐ Existenzgründerlehrgänge privater

Gründungsvorbereitung an der Fachhochschule

Spiegelt sich die Thematik selbständige unternehmerische Existenz in den Regellehrveranstaltungen wider?

☐ Ja

☐ Nein

Wenn Ja, bitte Lehrveranstaltung nennen:

Werden Sie an der Hochschule auf die Existenzgründung vorbereitet?

☐ Ja

☐ Nein

☐ Weiß nicht

Wenn Ja, womit?

☐ Vorlesung, Seminare

☐ Praktika

☐ Unternehmensbesuche

☐ Forschungsprojekte

Sind Ihnen Ansprechpartner an der FH zur Problematik Unternehmensgründung bekannt?

☐ Ja

☐ Nein

Abbildung 1: Fragebogen für Teilnehmer am Ergänzungsfach „Entrepreneurship" an der Fachhochschule Stralsund
Quelle: Eigene Darstellung.

Anhang 5

Tabelle 4: Unternehmensgründungen der BioRegio Greifswald-Rostock 1996-1999
Quelle: Eigene Darstellung.

Firma	**Ort**	**Produkt, Dienstleistung**	**Gründungstermin**	**Mitarbeiter**
Medical Enzymes AG	BioTechnikum Greifswald	Enzyme, Krebstherapie	April 98	1
R&D Center of Bioengeneering GmbH	Biozentrum Rostock	Biomaterialien	September 96	10
Teraklin AG	Biozentrum Rostock	Künstliche Leber „MARS“	Dezember 96	27
Biopure GmbH (in Teraklin AG integriert)	Biozentrum Rostock	Künstliche Leber „MARS“	Dezember 96	3
B & I Biomaterialien und Implantate GmbH	Biozentrum Rostock	Validierung von Instrumenten	Januar 98	2
CellTect GmbH	Biozentrum Rostock	Zelltechnologie, Organersatz	März 98	5
ChromaTec GmbH	Greifswald	Dienstleistung DNA/Protein Analytik und Synthese	Februar 99	1
BCS Bio- und ChemoSensoren GmbH	Greifswald	Enzymatische Biosensoren	April 99	2
Meridian Industrial Solutions Corp.	Greifswald	Aquakultur	April 99	2
mediWirk GmbH	Greifswald	Entwicklung von Wundbehandlungssystemen	Februar 99	2
Pflanzenzüchtung PzG GmbH	Gülzow	Resistenzzüchtung am Roggen	Dezember 96	3
Promedicontrol GmbH	Kelkheim / Greifswald	Qualitätssicherung medizinische Mikrobiologie	Januar 99	2
ASD Advanced Simulation and Design GmbH	Rostock	Implantatoptimierung (nat. und künstl. Organe)	September 96	2

Fortsetzung Tabelle 4

Firma	Ort	Produkt, Dienstleistung	Gründungstermin	Mitarbeiter
biomun GmbH	Rostock	Neue Vaccinierung	Januar 98	1
Cortronik KG	Rostock	Entwicklung, Produktion kardiovaskulärer Stents	Februar 98	5
Vaccine	Rostock	Polyklonale Antikörper	Januar 99	1
micor	Rostock	Mikrobiologische Beratung, Biokorrosion; Entwicklung von Medizintechnik	März 99	1
AQUAZOSTA GmbH	Schwerin	Verwertung, Veredelung von Seegras	Januar 99	3
Ing. Büro Dr. Vogt	Steinfurt	Software für die Tierzucht	Januar 98	1
PlasmaSelect Teterow GmbH	Teterow	Produktion Immunadsorber	Januar 98	100
Int. Technology-Dr. Gambert GmbH	Wismar	Biosensorik	Januar 98	14

Anhang 6

Entrepreneurship Education at MIT[1]

Overview

Entrepreneurship education at MIT began in 1961 when Richard S. Morse first taught New Enterprises. Building on this tradition, the MIT Entrepreneurship Center offers courses in starting, running, and building high-tech ventures to students from all Schools and Programs at MIT. Inside and outside the classroom, these courses take advantage of MIT's unprecedented background of entrepreneurship and rich experience of its entrepreneurial alumni. MIT's entrepreneurship professors and instructors use a variety of teaching methods: case studies, internships, external review of student assignments by venture capitalists, guest lectures, and student projects. All courses involve teamwork and a focus on presentation skills. Entrepreneurship education at MIT is growing rapidly. In the 1997-98 academic year, more than 930 MIT students enrolled in entrepreneurship courses, a 221% increase from 1996-97. The Entrepreneurship Center will be adding two new courses in spring 1999 -- Entrepreneurial Marketing and Technology Entrepreneurship.

1 MIT (2001).

Entrepreneurship Education at MIT

MIT-Wide Enrolment in Entrepreneurship Courses Continues to Grow:

Course	1995-96	1997-98	Two-year Growth
New Enterprises	70	270	286%
Entrepreneurship Lab	20	138	590%
Independent Activities Period	128	283	121%
All Others	70	235	236%
Total	**288**	**926**	**221%**

Entrepreneurship Courses

New Enterprises

Entrepreneurship Without Borders (and Venture Capital Without Borders)

Technology Entrepreneurship and Integrated Product and Process Design

Special Seminar in Entrepreneurship: Entrepreneurial Finance

Entrepreneurs in the Internet: NPVD - New Product & Venture Development Proseminar

Entrepreneurship Lab

Entrepreneurial Marketing

H-1 Special Seminar in Management: Entrepreneurship Without Borders

H-2 Special Seminar in Starting New Ventures

Entrepreneurship IAP 2000

Preliminary Venture Analysis and Personal Entrepreneurial Strategy

Are you entrepreneurial and interested in strengthening your skills in business start-ups? In this course, you will develop your personal entrepreneurial career strategy and perform a preliminary venture analysis to determine if a business idea can be built into a high-potential business opportunity. This course is a solid starting point for entering the MIT $50K Entrepreneurship Competition in the Spring Semester or for registering for New Enterprises and the Entrepreneurship Lab.

The Nuts and Bolts of Business Plans

Explore the nuts and bolts of preparing a business plan. This series is particularly recommended for people interested in starting up and/or improving a new business. Students taking the course for credit will submit a 2-3-page business plan executive summary that may be used as a basis for MIT $50K Entrepreneurship Competition entries.

Starting and Building a Successful Technology Based Company

First taught in 1981 by the MIT alumni of the MIT Enterprise Forum, this course addresses this issues faced by entrepreneurs who wish to build their venture from an idea into a fast-growing company. In five class sessions, this course will present the critical issues facing a new venture in transforming initial success into long-term growth and sustainable business development. Issues of general management and strategy, team formation and leadership, growth capital, business infrastructure and outside advisors, will be covered in the context of a start-up company. Guest lectures -- successful entrepreneurs, venture capitalists, and service providers -- will discuss their experiences. The final class will cover resources available to students starting companies from MIT. Course work includes readings and a 10-page written assignment.

Selling Yourself and Your Ideas

The ability to convince others that you, your ideas, and your products are valuable is one of the most important skills of successful people. You have to be able to convince employers, your boss, investors, customers, and if you are lucky, the opposite sex. This course will give you an understanding of what is needed to launch your career successfully, and to make you a better, wealthier, and more effective engineer or scientist. You will learn specific skills and techniques that really work, including practice selling yourself. Learn how to ask the questions that get people to say "yes." Bring a copy of your resume with you.

Anhang 7

Tabelle 5: Gründungslehrstühle in den alten Bundesländern,
Quellen: Vgl. Klandt/Heil (2000), S. 6 f.; Deutsche Ausgleichsbank (1999)

Kursiv: kein expliziter Gründungslehrstuhl vorhanden

Ort	**Hochschule**
Berlin	FH Berlin
Bochum	FH Bochum
Bruchsal	International University in Germany
Darmstadt	TU Darmstadt
Deggendorf	FH Deggendorf
Gelsenkirchen	FH Gelsenkirchen
Giessen	FH Giessen Friedberg
Göttingen	FH Göttingen
Hagen	Fernuniversität Hagen
Ingolstadt	FH Ingolstadt
Kaiserslautern, Zweibrücken	*FH Kaiserslautern*
Karlsruhe	Universität Karlsruhe (TH)
Klagenfurt	Universität Klagenfurt
Köln	Universität zu Köln
Koblenz	WHU Koblenz
	FH Koblenz/Remagen
Konstanz	Universität Konstanz
Lüneburg	Universität Lüneburg
Mannheim	Universität Mannheim
München	*Ludwig Maximilians Universität München*
Münster	Westfälische Wilhelms Universität Münster
Oestrich-Winkel	European Business School, Priv. wiss. Hochschule
Paderborn	*FH der Wirtschaft*
Regensburg	*Universität Regensburg*
Siegen	*Universität Siegen*
Sankt Augustin	Fachhochschule Rhein-Sieg
Stuttgart	Universität Hohenheim
Trier	*Universität Trier*
	Trier FH Trier, Standort Birkenfeld
Witten-Herdecke	*Universität Witten-Herdecke*
Wuppertal	Bergische Universität GH Wuppertal

Die nicht zu berücksichtigenden Fälle (in der oben abgebildeten Liste kursiv gedruckt) verfügen über keinen expliziten Gründungslehrstuhl. So ist zwar ein spezieller Lehrstuhl installiert oder in Planung, jedoch handelt es sich nicht um einen Gründungslehrstuhl, der die Kernbereiche der Gründungsforschung abdeckt. Es werden jedoch benachbarte Forschungsgebiete oder Teilgebiete der Gründungsforschung als Spezialausrichtung angegeben. Oftmals handelt es sich hier um Lehrstühle, die sich insbesondere mit Klein- und Mittelständischen Unternehmen (KMU) und in diesem Rahmen auch mit dem Thema Gründung befassen.

Tabelle 6: Veranstaltungen an den Hochschulen in den alten Bundesländern (exemplarisch)
Quellen: Schulte/Klandt (1996), Anhang Fragebogenrücklauf, S. 1 ff.; vgl. o.V. (2000).

Institution	**Titel der Veranstaltung(en)**	**Fachbereich/Fakultät, Ansprechpartner**
Universität Bayreuth	Theorie und Praxis der Unternehmensgründungen Entwicklung und Struktur der Unternehmensgründer	Lehrstuhl Wirtschaftsgeographie und Regionalplanung, Prof. Dr. J. Maier
Freie Universität Berlin	Die Geschichte der Schweizer Migros Teaching Entrepreneurship Markt und Kreativität verbinden Labor für Entrepreneurship	Fachbereich Erziehungswissenschaften, Psychologie und Sportwiss., Prof. Dr. Günter Faltin
Technische Universität Berlin	Unternehmensführung - Luftverkehrsmanagement	Institut für Luft- und Raumfahrt, Sekr. F 3, Prof. Dr. Hüttig
	Innovationswerkstatt - Marktanalyse für innovative Produkte	Lehrstuhl BWL-Marketing I, Prof. Dr. Volker Trommsdorff
	Marketing für Existenzgründer	Hauptseminar im Marketing Institut f. BWL/FG Marketing II, Prof. Dr. E. Kuhlmann
Fachhochschule Bielefeld	Wirtschaftslehre - Unternehmensgründungen	Fachbereich Maschinenbau, Hoppe
	Existenzgründung	Fachbereich Wirtschaft, Prof. Dr. Rolf Wöllner
Universität Bielefeld	Veranstaltungen mit wechselnden Themen	Institut für Innovationstransfer GmbH, Josef Steffens
Ruhr-Universität Bochum	Vom Studium in die Selbständigkeit	Institut für Unternehmensführung und Unternehmensforschung, Dr. Martin Seidler
Fachhochschule Bochum	Existenzgründerseminar	Fachbereich Wirtschaft, Prof. Dr. Jürgen Bock
Technische Universität Darmstadt	Unternehmensgründung - von der Hochschule zum Entrepreneur	Fachgebiet Unternehmensführung Prof. Pfohl
Universität Dortmund	Unternehmer in der Informationstechnik	Fachbereich Informatik, Herr Dietz
	Schutzrechte - Patente	Informationszentrum Technik und Patente, Herr Geiß
Gerhard-Mercator-Universität Duisburg	Existenzgründung	Fachbereich Betriebswirtschaftslehre, insb. Steuerlehre, Prof. Dr. V. Breithecker
	small business management - Unternehmensgründung - Unternehmensführung in Kleinbetrieben	Fachbereich Betriebswirtschaftslehre, Prof. Dr. Volker Breithecker, Dipl.-Kff. Michèle Ulbrich
Fachhochschule Ostfriesland	Wie wird man Unternehmer?	Büro für Wissens- und Technologietransfer, Prof. Dr. Wächter

Fortsetzung Tabelle 6

Institution	**Titel der Veranstaltung(en)**	**Fachbereich/Fakultät, Ansprechpartner**
Fachhochschule Ostfriesland	Praxis der Existenzgründung	Fachbereich Wirtschaft, Prof. Dr. Manfred Schnekenburger
Fachhochschule Furtwangen	Projektstudien	FB Product Engineering, Prof. Dr. Werner Bornholdt
Fachhochschule Gelsenkirchen	Existenzgründung	Technologietransfer, Dr. Elisabetz Birckenstaedt
Technische Universität Hamburg-Harburg	Gründerseminar	Gründerrat, Prof. Dr.-Ing. Gerhard Matz
Universität der Bundeswehr Hamburg	Betriebswirtschaftliche Steuerlehre I (Gründungsentscheidungen)	Institut für Betriebswirtschaftliche Steuerlehre, Prof. Dr. Hans-Jochen Kleineidam
	Strukturmanagement	Fachbereich WOW, Institut für Betriebswirtschaftliche Steuerlehre, Prof. Dr. Rudolf Federmann
Fachhochschule Hamburg	Existenzgründung: Der Schritt in die Selbständigkeit	FB Elektrotechnik und Informatik, Prof. Dr. R. Völlner
	Existenzgründung- eine Einführung für Hochschulabsolventen	FB Bio-Ingenieurwesen, Produktionstechnik, Hans Dieter Neumann
Fachhochschule Hildesheim-Holzminden	Privatwirtschaftliches Management	Fachbereich Forstwirtschaft, Prof. Dr. Friedbert Bombusch
	Small Business Consulting/KMU Beratung u. Existenzgründerberatung	Fachbereich Wirtschaft, Prof. Dr. Günter Buchholz
Universität Kaiserslautern	Existenzgründer-Training	Lehrstuhl Betriebsinformatik und Operations Research, Prof. Dr. Heiner Müller-Merbach
Fachhochschule Karlsruhe	Existenzgründung	Fachbereich Wirtschaftsingenieurwesen, Prof. Dr. Klaus Schweitzer
Universität Fridericana zu Karlsruhe	Innovationsmanagement Projektmanagement Führung Kreativitätstechniken Instrumente des Projektmanagements Führungstechniken/Führungsverhalten	Institut für angewandte BWL und Unternehmensführung, Prof. Dr. Hans-Georg Gemünden
Universität Gesamthochschule Kassel	Unternehmensgründung	Fachbereich Informatik, Dr. Nathusius
Fachhochschule Kempten-Neu-Ulm	Der erfolgreiche Weg in die Selbständigkeit - Grundlagen der Existenzgründung Grundlagen der Existenzgründung - Praxisblock	Fachbereich Allgemeinwissenschaften und Betriebswirtschaft, Prof. Dr. Richard Geml
Christian-Albrechts-Universität zu Kiel	Ausgewählte Aspekte des Managements	Technische Fakultät, Dr. Foders

Fortsetzung Tabelle 6

Institution	**Titel der Veranstaltung(en)**	**Fachbereich/Fakultät, Ansprechpartner**
Christian-Albrechts-Universität zu Kiel	Existenzgründerseminar	Technische Fakultät, Prof. Dr. H. Föll
Fachhochschule Kiel	Praxis der betrieblichen Entscheidungsfindung	Fachbereich Bauwesen/Baubetrieb, Prof. Dr. Offermann
Universität zu Köln	Gründungs- und Entwicklungsmanagement Gründungsökonomie und Entrepreneurship	Lehrstuhl für Betriebswirtschaftslehre, Wiso-Fakultät, AG Gründungsökonomie und Entrepreneurship, Prof. Dr. Dr. h. c. Norbert Szyperski
Fachhochschule Nordostniedersachsen	Probleme der Gründungsplanung und Finanzierung	Fachbereich Wirtschaft, Gerda Lischke
	Entrepreneurship bzw. Erziehung zu Entrepreneurship	Institut für Interkulturelle Erziehungswissenschaft, Prof. Dr. Hermann J. Weihe
Universität Lüneburg	Junge Technologieunternehmen: Vorgehensweise und Probleme bei der Gründung	Institut für BWL - MUT -Marketing und Technologiemanagement, Prof. Dr. Ursula Weisenfeld-Schenk
Johannes-Gutenberg-Universität Mainz	Grundlagen für Existenzgründer	Transfer Beauftragter Abt. 11
Universität Mannheim	Existenzgründerseminar	Prof. Dr. Gaugler
	Existenzgründerseminar "Mein Chef, das bin ich selbst."	Institut für Mittelstandsforschung, Prof. Dr. Ralph Ganter
Ludwig-Maximilians-Universität München	Berufliche Selbständigkeit	Institut für Soziologie, Prof. Dr. Rolf Ziegler
	ABWL- Gründungsmanagement	Institut für Innovationsforschung und Technologiemanagement, Prof. Dr. Stephan Schrader †
Fachhochschule München	Unternehmensführung	Studiengang Druckereitechnik, Prof. Dr. H. Finster
Georg-Simon-Ohm-Fachhochschule Nürnberg	Technologieorientierte Unternehmensgründung	Fachbereich Elektrische Energie- und Automatisierungstechnik, Prof. Dr. K.-W. Jäger
Fachhochschule Nürtingen	English for Business and Business Studies "How to establish your own business"	Prof. Dr. D. K. Diehl

Fortsetzung Tabelle 6

Institution	**Titel der Veranstaltung(en)**	**Fachbereich/Fakultät, Ansprechpartner**
European Business School, Oestrich-Winkel	Gründungsmanagement/ Entrepreneurship I Projektseminar Geschäftskonzepte Internet: virtuelle Akademie Entrepreneurship Lesekurs Gründungsplanung und Exkursion Gründungs- und Frühentwicklungs-Planspiel „Eva" mit Seminarteil	Stiftungslehrstuhl ABWL, insb. Gründungsmanagement und Entrepreneurship, Prof. Dr. Heinz Klandt
Fachhochschule Pforzheim	Existenzgründerseminar für Modedesigner	Hochschule für Gestaltung, Technik und Wirtschaft, Prof. Dr. Jürgen Neumann
Fachhochschule Regensburg	Existenzgründungsmanagement	Fachbereich Allgemeinwissenschaften, Dr. Thomas Lärm
	Unternehmer, Staat, Marktwirtschaft (Unternehmer braucht das Land)	FB Allgemeinwissenschaften und Mikrosystemtechnik, Prof. Dr. Hofhansel
Universität Regensburg	Einführungskurs in Entrepreneurship Business Plan - Seminar Eine Einführung in das Management von wachstumsorientierten Gründungen (Ringvorlesung)	Lehrstuhl für Innovations- und Technologiemanagement, Prof. Dr. Michael Dowling
	Informationstag für Existenzgründer	Transferstelle FUTUR, Dr. Harald Schnell
Fachhochschule Rosenheim	BWL III	Fachbereich Informatik, Prof. Dr. Burkhard Feindor
Universität - Gesamthochschule Siegen	Perspektiven für Akademiker, Chancen für Selbständigkeit	Forschungstransferstelle, Ulrich Röcher
Universität Hohenheim	Innovative Unternehmensgründungen und Venture Capital	Forschungsstelle f. Internationales Management und Innovation, Prof. Dr. Alexander Gerybadze
	Blockseminar Existenzgründung	Koordinierungsstelle für wiss. Weiterbildung, Dipl.-oec. S. Eberhardt
Universität Trier	Übung Existenzgründung	Professur für Mittelstandsökonomie, FB IV/BWL, Prof. Dr. Rinsemann
	Die Existenzgründung	Kontaktstelle für Technologie- und Wissenstransfer, Dipl.-Geogr. Michael Hewera
Fachhochschule Trier	Existenzgründerseminar	Fachbereich Maschinenbau, Prof. Dr. Chr. Simon

Fortsetzung Tabelle 6

Institution	Titel der Veranstaltung(en)	Fachbereich/Fakultät, Ansprechpartner
Universität Ulm	Innovative Existenzgründung - Projektmanagement	Abt. Forschung, Entwicklung Wirtschafts-kontakte, Dr. M. Grauer
Fachhochschule Ulm	Gründung von Unternehmen	Fachbereich Grundlagen, Prof. Dr. Volkmar Liebig
Fachhochschule Furtwangen	Existenzgründung "Marketing"	Fachbereich Maschine-bau/Automatisierungstechnik, Prof. Dr. Werner Bornholdt
Fachhochschule Ravensburg-Weingarten	Existenzgründerseminar	Koordinierungsstelle für wiss. Weiterbil-dung, Dr. Marion Freek
Bergische Gesamt-hochschule und Uni-versität Wuppertal	Existenzgründerwoche	Technologiezentrum Wuppertal W-tec GmbH, Dr. Rainer Döhl-Oelze
	Entwicklungsökonomik und Unternehmensgründung	Wirtschaftswissenschaften, Dr. Christoph Zacharias
Fachhochschule Würzburg-Schweinfurt	Unternehmensgründung	Fachbereich Betriebswirtschaft, Prof. Dr. Prozelt

Anhang 8

Entrepreneurship Curriculum Babson[1]

Entrepreneurship Curriculum

Entrepreneurial thinking is the ability to see what is there, to see what might be there, and to take the actions necessary to ensure the vision and create the change. At Babson, entrepreneurship isn't just learned, it's experienced. Students are immersed from day one in entrepreneurial theory and practice in the classroom and in the field. They start actual businesses, write for the Babson Entrepreneurial Review, organize and attend lectures by successful entrepreneurs (including many alumni/ae), benchmark against the entrepreneurial giants inducted each year into the Academy of Distinguished Entrepreneurs, and live on a campus where entrepreneurship is the number one priority. The principles of entrepreneurship are infused into the Babson College educational experience. Both graduate and undergraduate students receive entrepreneurship course content as part of the required curriculum. In addition to specific entrepreneurship modules, many Babson College courses use entrepreneurship case studies and feature entrepreneurs as guest lecturers. The undergraduate and M.B.A. programs also teach entrepreneurship in a comprehensive set of elective course offerings.

Entrepreneurship Content in the Required Curriculum

Undergraduate Courses

A two-semester entrepreneurship class, the Freshman Management Experience (FME) was added to the required coursework in 1993. In the FME, the entering class is divided into teams and instructed to create new ventures. Each team develops a business plan and is provided with up to $3,000 in seed capital to start a business. The coursework then guides the students in planning, launching, and managing a for-profit venture. The businesses are liquidated at the end of the school year. Profits in excess of the seed capital fund a charitable project undertaken by the freshmen class, with the remainder donated in cash. To date, every student team has shown a profit at year's end.

Graduate Courses (The Module System)

The first year of the new two-year M.B.A. program is based on the new venture model. Students trace the business life cycle from launching a product or service, through assessing the opportunity, into building the marketing and delivery systems, and on to further product development. Students develop practical and theoretical knowledge using real business problems.

Entrepreneurship Electives

The following courses are taught at both the graduate and undergraduate levels. The three core courses, New Venture Creation, Managing Growing Businesses, and Financing Entrepreneurial Ventures, are continually offered for both full-time and part-time students. Other courses are scheduled depending on student interest and faculty availability, but each is taught at least once annually.

Entrepreneurship and New Ventures (New Venture Creation)

This course concentrates on how new businesses are started. Objectives of the course are understanding entrepreneurs, seeking and evaluating opportunities for new ventures, and gathering resources to convert those opportunities into businesses. There are two projects: each student interviews an entrepreneur, and student teams write business plans for new ventures they have chosen.

Financing Entrepreneurial Ventures

This course covers various aspects of financing an entrepreneurial venture. Major topics include attracting seed and growth capital from sources such as individuals, venture capital, investment banking, government, and commercial banks. Among the issues

---

[1] Babson College (2001).

discussed are valuing a company, going public, selling out, acquisitions, bankruptcy, different legal forms of organization, partnerships, and taxes.

Managing Growing Businesses

The course focuses on managing growing companies in an increasingly professional manner, while maintaining the entrepreneurial spirit that brought the company to its current growth position. Subject matter is organized around the following themes: measuring economic performance and obtaining information for management decision making; management control systems for innovative companies; short- and long-run planning in owner-managed businesses; and entrepreneurship and managing (professionalizing) growing companies.

Business and Tax Planning

The course examines common tax, corporate, and securities law concepts. Topics include types of business entities; ownership and control; changes in form of ownership; stockholder and partnership agreements; compensation; private placement; purchase and sale of assets; dividends, recapitalizations, and redemptions; instalment sales; spin-offs and split-offs; public offerings; and mergers and acquisitions.

Corporate Venturing: Entrepreneurship in Organizations

This course provides familiarity with readings and case study analysis leading to a thorough understanding of the four components of corporate venturing -- innovation, intrapreneurship, leadership, and corporate culture. It also gives exposure to corporate venturers who will present their living case studies on the success, or failure, of corporate venturing in their organizations. Its goal is to provide overall development of student respect for problems and risks that face intrapreneurs. This awareness improves intrapreneurial success rates by creating and evaluating opportunity, measuring risk, recognizing cultural barriers and opportunities, overcoming obstacles and institutionalizing change.

Entrepreneurial Field Studies

A practical course in which students work independently, with guidance from the instructor, on entrepreneurial projects. Faculty supervise field studies on an ad hoc basis.

Family Business Management

This course is organized around: understanding the family business in terms of systems theory, culture, and stages of evolution; individual development and career planning; management of family structure, conflicts, and relationships; and organizational issues including succession and estate planning, strategic planning, and formalizing the firm.

Franchising, Licensing, and Distributorships: Exploiting Rapid Growth Opportunities

This course encompasses theory and practice of franchising, which is an increasingly important sector of the economy. It is taught from the perspectives of both franchisers and franchisees. Franchising is a highly effective inter-organizational form. The proven operational format, trademark value, and scale economies provide a launching pad for entrepreneurship, especially rapid growth opportunities. The focus of the course is on business formal franchising but students also gain an understanding of product franchising, distributorships, and licensing

Management Buy-outs and Buy-ins (MBOs AND MBIs)

This course deals with buying a small- to mid-sized business as a way of becoming an entrepreneur. It focuses on both the entrepreneurial and financial aspects of MBOs and MBIs.

Marketing for Entrepreneurs

In-depth study of entrepreneurial marketing strategies and techniques. Examines how start-ups or small- to medium-sized businesses with distinct needs market within limited budgets. The course compares conventional marketing to "guerrilla" marketing -- where hands-on, creative methods are key to survival. These unconventional marketing tactics also can serve to revitalize larger businesses. Classes focus on case discussion and guest speakers; assignments include a team project.

The Social Entrepreneur

This practitioner-oriented course looks at the role of the social entrepreneur in society. The social entrepreneur is primarily concerned with increasing "societal wealth" -- in areas such as colleges, museums, orchestras, HMO's and welfare organizations. Tools and techniques from different disciplines will be used. The resource sets and orientations of for-profit and not-for-profit organizations in the pursuit of "social" opportunity will be compared.

Venture and Growth Capital: Theory and Practice

This course explores venture and private equity investing. The central themes of the course are: venture capital investing; deals and deal structuring; valuing high-risk, long-term equity investments; creating and realizing value; the private equity fund as an enterprise. It was taught for the first time at Babson College in the fall of 1996.

Anhang 9

Tabelle 7: Projekt „ROXI", Auszug aus dem Zeitplan, Sommersemester 1998
Quelle: Diensberg (2001), S. 24 f.

Tag	Dauer	Thema
22.04.1998	Ganztägig	Hannover-Messe
25.04.1998	10:00-18:00 Uhr	Unternehmerische Persönlichkeitsmerkmale und unternehmerisches Denken Stärkung des Selbstbewußtseins und Selbstmotivation
07.05.1998	18:00-22:00 Uhr	Kooperative Fähigkeiten
09.05.1998	10:00-18:00 Uhr	Kommunikative Fähigkeiten und Techniken der Verhandlungsführung
14.05.1998	18:00-22:00 Uhr	Kreative Fähigkeiten
16.05.1998	10:00-18:00 Uhr	Krisensituation
23.05.1998	10:00-18:00 Uhr	Unternehmensethik
30.05.1998	10:00-18:00 Uhr	Von der Idee zum Businessplan
04.06.1998	18:00-22:00 Uhr	Existenzgründungen im wirtschaftlichen Prozeß
06.06.1998	10:00-18:00 Uhr	Betriebsorganisation
11.06.1998	18:00-22:00 Uhr	Zeitmanagement Entscheidungsfindung
13.06.1998	10:00-18:00 Uhr	Finanzmanagement
20.06.1998	10:00-18:00 Uhr	Finanzmanagement Informationsmanagement

Anhang 10

Tabelle 8: Teilnehmeranzahl, Anzahl Existenzgründungen, geschaffene Arbeitsplätze Projekt „ROXI“ (1998-2000)
Quelle: Diensberg (2001), S. 28, S. 76.

Kurs	**Teilnehmeranzahl**	**Anzahl der Existenzgründungen**	**Geschaffene Arbeitsplätze**
SS 1998	9	5	12
WS 1998/1999	10	5	7
SS 1999	7	4	5
WS 1999/2000	8	3	4
SS 2000	7	3	7
WS 2000/2001	10	Noch nicht bewertet	Noch nicht bewertet

Anhang 11

Tabelle 9: Geschaffene Arbeitsplätze durch Unternehmensgründungen von Teilnehmern der FMV-Maßnahme „Qualifizierung für F+E-Personal" und durch das Teilprojekt „Spin off" bis 31.12.1999
Quelle: Zuarbeit FMV, unveröffentlichte Statistik.

Teilnehmer	Firma	Gegenstand	Gründung	Arbeitsplätze 31.12.99
Frau Müller, Herr Lowag	Innomar GmbH	Entwicklung eines Sediment-echolots	15.09.97	4
Herr Dippe	Rügen Computer GmbH	Vertrieb sowie Entwicklung und Vertrieb von Unterwas-serelektronik	01.08.98	3
Herr Dr. Altrichter	Celltect GmbH	Entwicklung eines künstlichen Teilimmunsystems	07.08.98	7
Frau Dr. Dötsch	Aquazosta GmbH	Verwertung von Seegras	02.09.98	4
Herr Goll	PreTec Nord GmbH	Präzisionstechnologien	15.10.98	4
Herr Dr. Gerike Herr Dr. Aldinger	Teraklin AG	Herstellung und Vertrieb künstliche Leber	27.10.98	24
Herr Holz	Top in Form GmbH	DV-System zur Fertigung und Steuerung im Formen- und Werkzeugbau	01.11.98	2
Herr Freese	Iluma GbR	Bau von Pflanzenkläranlagen und Analytik	01.03.99	2
Herr Dr. Hippe, Herr Dr. Schröder	Cromatec GmbH	Proteinanalytik	29.03.99	1
Herr Grönke	GTM mbH	Projektmanagement im Bereich Kommunikationstechnologien	07.04.99	2

Fortsetzung Tabelle 9

Teilnehmer	Firma	Gegenstand	Gründung	Arbeitsplätze 31.12.99
Frau Dr. Berg	mediWirk GmbH	Entwicklung, Herstellung und Vertrieb von Biomaterialien	25.05.99	4
Frau Messal	Micor	Labor für mikrobielle Prozesse und Materialkunde, Sachverständigentätigkeit	15.06.99	1
Herr Dr. Niendorf, Herr Stüpmann	Neurosystems GmbH	Forschung, Entwicklung, Produktion und Vermarktung von Hard- und Software	09.08.99	1
Herr Schwock, Herr Dr. Abel	BCS GmbH	Entwicklung, Fertigung, Vertrieb, Begutachtung von biochem. und chem. Sensoren	01.11.99	1
Herr Dr. Luderer	Adamantan Cosmetics AG	Entwicklung, Herstellung und Vertrieb innovativer Produkte im Bereich Kosmetik und Haushaltchemie	05.11.99	1
Herr Hellweg, Frau Maßmann, Frau Hamann, Herr Isenberg	Stadt-Land-Fluß	Büro für Landschaftsplanung	30.12.99	4
Summe				**65**

Literaturverzeichnis

Acs, Z. J./Audretsch, D. B. (1992): Innovation durch kleine Unternehmen, Berlin

Arbeitsgemeinschaft Deutscher Technologie- und Gründerzentren e.V. (1998): Ausgründungen technologieorientierter Unternehmen aus Hochschulen und außeruniversitären Forschungseinrichtungen, Abschlußbericht, Berlin

Babson College (2001): Entrepreneurship, www2.babson.edu/babson/babsoneshipp.nsf/Public/HomePage, Stand 12.6.2001

Bandelin, J./Braun, G. (1994): Mecklenburg-Vorpommern im Prozeß der marktwirtschaftlichen Strukturanpassung: eine empirische Bestandsaufnahme, Marburg

Bandelin, J./Braun, G. (2000): Regionalentwicklung von Vorpommern und Ostmecklenburg, Strukturelle Defizite und Entwicklungspotentiale, Rostock

Bandelin, J./Braun, G./Hosa, E. u. a. (1999): Der Beitrag der Universitäten und Fachhochschulen zur regionalen Wirtschaftsentwicklung in Mecklenburg-Vorpommern, Rostocker Beiträge zur Regional- und Strukturforschung, Heft 13, Rostock

Bannasch, H.-G. (1993): The evolution of small business in East Germany, in: Acs, Z. J./Audretsch, D. B. (Hrsg.): Small firms and entrepreneurship: an East-West perspective, Cambridge, S. 183-188

Bank Boston Economics Department (1997): MIT: The Impact of Innovation, http://web.mit.edu/newsoffice/founders, Stand 11.05.2001

Bargel, T./Ramm, M. (1998): Ingenieurstudium und Berufsperspektive, Bonn

Barth, S. (1995): Existenzgründer in den neuen Bundesländern: psychologische Dimensionen und wirtschaftlicher Erfolg, Wiesbaden

Becher, G./Gering, T./Lang, O. u. a. (1996): Patentwesen an Hochschulen, Bundesministerium für Bildung, Wissenschaft, Forschung und Technologie, Bonn

Bechman, A. (1978): Nutzwertanalyse, Bewertungstheorie und Planung, Bern, Stuttgart

Becker, A./Breitzke, S./Drewes, F. u. a. (1999): Analyse des betrieblichen Erfolgs von geförderten Existenzgründern im Arbeitsamtsbezirk Rostock, Arbeitspapier des Instituts für Soziologie Nr. 2, Rostock

Bergmann, M./Rosskopf, P. (1998[a]): Ariadne - Interview-Aktion mit Studenten, http://www.existenzgruender-institut.de/mts0003/c03a.htm, Stand 11.05.2001

Bergmann, M./Rosskopf, P. (1998[b]): Ariadne I - Not macht erfinderisch: Eine Analyse. Thema: studentische Existenzgründungen – noch immer kein Thema?, http://www.existenzgruender-institut.de/mts0003/c03a.htm, Stand 11.05.2001

Beyer, A./Fische, R./Weihe, H. J. (1996): Konzept für eine grundständige Unternehmerausbildung an deutschen Fachhochschulen, in: Mugler, J./Belak, J./Kajzer, S. (Hrsg.): Theorie und Praxis der Unternehmensentwicklung mit Besonderheiten der Klein- und Mittelbetriebe, Maribor, S. 359-360

Beywl, W. (1999): Evaluatives Denken im betrieblichen Bildungsmanagement, in: Rostocker Arbeitspapiere zu Wirtschaftsentwicklung und Human Ressource Development, Nr. 14, S. 17-34

Birch, D. L. (1979): The Job Creation Process, MIT Program on Neighbourhood and Regional Change, Cambridge

Birch, D. L. (1987): Job Creation in Amerika, New York: Free Press

Bögenhold, D. (1994): Selbständige Erwerbsarbeit in sozial- und wirtschaftshistorischer Perspektive, in: Schmude, J. (Hrsg.): Neue Unternehmen - Interdisziplinäre Beiträge zur Gründungsforschung, Wirtschaftswissenschaftliche Beiträge 108, Stuttgart, S. 11

Braukmann, U. (2000): Förderung von Existenzgründungen aus Hochschulen - im Rahmen des „bizeps"- Projektes entwickelte Konturen einer Gründungsdidaktik, http://www.fgf-ev.de/de/aktivitaeten/gforum_beitraege_detail.asp?j=1999&id=35978, Stand 22.06.2000

Braun, G. (1997): Von der Idee zum Erfolg. Partizipative Trainingskonzepte für Existenzgründer, Rostocker Arbeitspapiere zu Wirtschaftsentwicklung und Human Resource Development, Nr. 8, Rostock

Braun, G. (1999): Auf der Suche nach einer Kultur der Selbständigkeit, in: Braun, G./Diensberg, C. (Hrsg.): Unternehmertum – Eine Herausforderung für die Zukunft, Rostocker Arbeitspapiere zu Wirtschaftsentwicklung und Human Resource Development, Nr. 12, Rostock, S. 7-31

Braun, G./Diensberg, C./Mechthold-Jin, M. (1998): Mut zur Selbständigkeit - Gründungstraining und Gründungsforschung am Institut für Human Resource Development, in: Traditio Et Innovatio, Heft 1, 3. Jahrgang, S. 13-16

Braun, G./Gerlach, D. (1994): Licht am Ende des Tunnels? Mecklenburg-Vorpommern im gesamtwirtschaftlichen Anpassungsprozeß, in: Braun, G./Gerlach, D. (Hrsg.): Probleme der Regional- und Strukturpolitik in Mecklenburg-Vorpommern, Beiträge zur Regional- und Strukturforschung, Heft 1, Rostock, S. 15-29

Braun, G./Hillen, P./Schneider-Barthold, W. (1994): Trainingskonzepte für Existenzgründer in Entwicklungsländern, München, Rostock

Bräunling, G. (1986): Die Unterstützung von technologieorientierten Unternehmensgründungen durch Hochschulen: Wissens- und Technologietransfer aus deutschen und britischen Hochschulen, Bad Honef

Brett, A. M./Gibson, D. V./Smilor, R. W. (1991): University spin-off companies: economic development, faculty entrepreneurs and technology transfer, Maryland

Bruch, R. (1997): Projekt UTRANS, unveröffentlichtes Arbeitsmaterial des Business and Innovation Centre Kaiserslautern GmbH, Kaiserslautern

Brüderl, J./Preisendörfer, P./Ziegler, R. (1996): Der Erfolg neugegründeter Betriebe, Betriebswirtschaftliche Schriften, Heft 140, Berlin

Brunner, D. (1996): Entwicklung der Siedlungsstruktur in Mecklenburg-Vorpommern, in: Eckart, K./Klüter, H. (Hrsg.): Aktuelle sozialökonomische Strukturen, Probleme und Entwicklungsprozesse in Mecklenburg-Vorpommern, Berlin, S. 27-35

Bulmahn, E. (1999): Mut zur Veränderung. Deutschland braucht moderne Hochschulen. Vorschläge für eine Reform, Bonn

Bundesministerium für Bildung, Wissenschaft, Forschung und Technologie (1997[a]): Fachhochschulen - kleine und mittlere Unternehmen, Schaltstellen für Technologietransfer und Innovation, Bonn

Bundesministerium für Bildung, Wissenschaft, Forschung und Technologie (1997[b]): Anwendungsorientierte Forschung und Entwicklung an den Fachhochschulen (aFuE), Bonn

Bundesministerium für Bildung und Forschung (1999): Zur technologischen Leistungsfähigkeit Deutschlands, Bonn

Bundesministerium für Bildung und Forschung (2000[a]): exist - Existenzgründer aus Hochschulen, Netzwerke für innovative Unternehmensgründungen, Bonn

Bundesministerium für Bildung und Forschung (2000[b]): Innoregio-Wettbewerb, www.innoregio.de, Stand 17.05.2001

Bundesministerium für Bildung und Forschung (2002[a]): Gesetz zur Reform der Professorenbesoldung, www.bmbf.de/gesetz_2931.html, Stand 07.01.2002

Bundesministerium für Bildung und Forschung (2002[b]): Hochschulrahmengesetz, 5. Gesetz zur Änderung (Entwurf), ftp://ftp.bmbf.de/hrg_2001_5hrg_nrs.pdf, Stand 03.01.2002

Bundesministerium für Wirtschaft und Technologie (1996): Bericht der Bund-Länder-Arbeitsgruppe, Managementunterstützung für Unternehmen in den neuen Bundesländern, Bonn

Bundesministerium für Wirtschaft und Technologie (2000[a]): Wirtschaftsbericht 2000, www.bmwi.de/Homepage/download/wirtschaftspolitik/wirtschaftsbericht00.pdf, Stand 26.06.2001

Bundesministerium für Wirtschaft und Technologie (2000[b]): Wirtschaftsdaten zur Lage in den neuen Ländern, www.bmwi.de/Homepage/Politikfelder/Wirtschaftspolitik/Neue%20Bundesl%e4nder/neue_bundeslaender.jsp, Stand 17.05.2001

Bundesministerium für Wirtschaft und Technologie (2001): Innovation im Mittelstand, www.bmwi, Stand 16.06.2001

Bund-Länder-Kommission für Bildungsplanung und Forschungsförderung (1996): Materialien zur Bildungsplanung und zur Forschungsförderung, Gespräch der Bund-Länder-Kommission für Bildungsplanung und Forschungsförderung zur Vorbereitung auf berufliche Selbständigkeit durch die Hochschulen, Heft 51, Bonn

Chef, J./Müller-Merbach, H. (1999): Unternehmensgründungen aus Hochschulen, Europäisches Handbuch, Luxemburg

Corsten, H. (1982): Der nationale Technologietransfer: Formen, Elemente, Gestaltungsmöglichkeiten, Probleme, Berlin

Corsten, H./Junginger-Dittel, K.-O. (1982): Die Einstellung von Diplomwirtschaftsingenieuren und Diplomingenieuren zur Selbständigkeit und die Gründung technologiebasierter Unternehmungen, in: Engeleiter, H.-J./Corsten, H. (Hrsg.): Innovation und Technologietransfer. Gesamtwirtschaftliche und einzelwirtschaftliche Probleme, Berlin, S. 299-303

ChromaTec GmbH (2000): ChromaTec GmbH Angebotsspektrum, www.chromatec.de, Stand 17.05.2001

Deutsche Ausgleichsbank (1988): Bestandsfestigkeit und Entwicklungsmerkmale der in Eigenkapitalhilfe geförderten Existenzgründungen - Ergebnis einer Fragebogenaktion, Jahresbericht, Bonn

Deutsche Ausgleichsbank (1999): Gründerlehrstühle - Unternehmertum muß Leitbild werden, www.dta.de/companyline/anspr_uni.html, Stand 25.04.2000

Deutsche Ausgleichsbank (2001): Aktuelle DtA- und ERP-Konditionen, http://www.dta.de/dtaportal/Finanzierung/d040DarleK/d040DarleK.jsp, Stand 25.10.2001

Deutscher Industrie- und Handelstag (1997): Existenzgründung - Die wichtigsten Bausteine für das eigene Unternehmen, Bonn

Deutschländer, A. (1997): Angebot zum Aufbau einer Lohnfertigung im Rahmen eines Modellvorhabens, unveröffentlichtes Manuskript, Stralsund

Diensberg, C. (1999): Grundlagen von Action Learning, unveröffentlichtes Arbeitspapier, Rostock

Diensberg, C. (2001): Modellprojekt „ROXI" - Rostocker Existenzgründer Initiative an der Universität Rostock, Projektbericht (Zwischenbericht) 01.10.1997 bis 31.12.2000, unveröffentlichter Projektbericht, Rostock

Dietrich, V./Ragnitz, J./Rothfels, J. (Hrsg.) (1997): Wechselbeziehungen zwischen Transfer, Wirtschaftsstruktur und Wachstum in den neuen Bundesländer, Halle

Ellinger, T./Beuermann G./Leisten, R. (2001): Operations Research, 5. Auflage, Berlin, Heidelberg, New York

Esswein, W. (1999): Die Technische Universität auf dem Weg zum Gründer- und Innovationszentrum, in: Dresdner Transferbriefe, Nr. 2, S. 1-2

Existenzgründer Institut Berlin e.V. (1999): Die zehn Berliner Gründerthesen 1999 zur Förderung unternehmerischer Kultur an den Hochschulen, www.existenzgruender-institut.de/netzwerk/thesen.htm, Stand 26.06.2001

Fachhochschule Stralsund (1998): Beginn des Sommersemesters 1998, in: Hochschulanzeiger Fachhochschule Stralsund, Nr. 2, S. 4-5

Fachhochschule Stralsund (1999): Bericht des Rektorates über den Zeitraum 01.01. bis 31.12.1999, Stralsund

Fachhochschule Wismar (1998): Rechenschaftsbericht 1997, Wismar

Fachhochschule Wismar (1999[a]): In Zukunft selbständig!, www.hs-wismar.de/exist.htm, Stand 11.05.2001

Fachhochschule Wismar (1999[b]): Rechenschaftsbericht 1998, Wismar

Felder, J./Fier, A./Nerlinger, E. (1997): Im Osten nichts Neues? Unternehmensgründungen in High-Tech-Industrien, in: Harhoff, D. (Hrsg.): Unternehmensgründungen - Empirische Analyse für die alten und die neuen Bundesländer, Baden-Baden, S. 73-107

Felder, J./Fier, A./Nerlinger, E. (1999): High-Tech Gründungen in den neuen Bundesländern: Entwicklung und Standorte, in: Licht, G. (Hrsg.): Regionalentwicklung und junge innovative Unternehmen: Gründungsaktivitäten, Entwicklungschancen und regionalpolitische Implikationen, Mannheim, S. 19-23

Forschungsverbund Mecklenburg-Vorpommern e.V. (2001): Spin Off, www.hro.shuttle.de/fmv/Spin_off_Inhalt1.htm, Stand 17.05.2001

Frank, H./Korunka, C./Lueger, M. (1999): Konfigurationsanalyse von Unternehmensgründungen - Hemmende und fördernde Faktoren beim Gründen von Unternehmen, in: Betriebswirtschaftliche Forschung und Praxis, Nr. 3, S. 256-271

Franke, N./Lüthje, C. (2000): Studentische Unternehmensgründungen – dank oder trotz Förderung, Münchner betriebswirtschaftliche Beiträge

Gau, S. (2001): Von der Uni direkt in die eigene Firma, in: Ostseezeitung, Nr. 48, 49. Jahrgang, S. 3

Gebbert, K./Vesper, D. (1997): Zur regionalwirtschaftlichen Bedeutung der Berliner Hochschulen, Berlin

G-FORUM (1998): Protokoll des 2. Arbeitskreises „Entrepreneurshipausbildung an den Hochschulen, Virtuelle Hochschulen, Cases“, www.g-forum.de, Stand 11.05.2001

Gibb, A. A. (1993): Do we really (approach) small business in the way we should?, in: Klandt H./Mugler J./Müller-Böling D. (Hrsg.): Internationalizing Entrepreneurship Education and Training, Köln-Dortmund, S. 5-18

Gibson, D. V./Smilor, R. W. (1991): The Role of the Research University in Creating and Substaining the U.S. Technopolis, in: Brett A. M./Gibson D. V./Smilor R. W (Hrsg.): University spin-off companies: economic development, faculty entrepreneurs, and technology transfer, Maryland, S. 32-64

Gries, C. I./May-Strobl, E./Paulini, M. (1997): Die Beurteilung der Beratung für die Gründung von Unternehmen, ifm-Materialien Nr. 128, Bonn

Grundgesetz für die Bundesrepublik Deutschland: GG vom 23. Mai 1949, in: BGBl. S. 1, zuletzt geändert durch Bundesgesetz vom 27.10.1994, in: BGBl. S. 3146

Hecht, M. (1998): Innovationspotentiale in der Region - Die regionalwirtschaftliche Bedeutung der Universität Greifswald, Regensburg

Heidrich, W. (1997): Technologieorientierte Unternehmensgründungen aus Hochschulen und Forschungseinrichtungen, in: Heidrich, W./Klein, T. (Hrsg.): Campus Companies: innovative Modelle der Zusammenarbeit zwischen Hochschule und Unternehmen, Köln, S. 25-29

Hintze, P. (1996): Aktuelle Umstrukturierungsprobleme in der Industrie der Kammerregion Neubrandenburg, in: Eckart, K./Klüter, H. (Hrsg.): Aktuelle sozialökonomische Strukturen, Probleme und Entwicklungsprozesse in Mecklenburg-Vorpommern, Berlin, S. 61-66

Hinz, T. (1994): Ost-West-Netzwerke - Neugründungen in Ostdeutschland und ihre Beziehungen in die alten Bundesländer, in: Schmude, J. (Hrsg.) : Neue Unternehmen. Interdisziplinäre Beiträge zur Gründungsforschung, Stuttgart, S. 181

Hisrich, R. D. (1993): Toward an organization model for entrepreneurship education, in: Klandt, H./Müller-Böling, D. (Hrsg.): IntEnt92, Internationalizing Entrepreneurship Education and Training, Köln, Dortmund, S. 16-41

Hochschulrahmengesetz: HRG vom 26. Januar 1976, in der Fassung der Bekanntmachung vom 9. April 1987, in: BGBl. I S. 1170, zuletzt geändert durch Artikel 1 des Gesetzes vom 20. August 1998, in: BGBl. I S. 2190

Holla, G. (1996): Financing Business Development in the Netherlands, unveröffentlichte Arbeitsmaterialien der Zernike Group, Groningen

Hoitsch, H.-J. (1993): Produktionswirtschaft: Grundlagen einer industriellen Betriebswirtschaftslehre, 2. Auflage, München

Hunsdiek, D./May-Strobl, E. (1986): Entwicklungslinien und Entwicklungsrisiken neugegründeter Unternehmen, in: Schriften zur Mittelstandsforschung, Nr. 9 NF, Institut für Mittelstandsforschung, Stuttgart, S. 1-40

Institut für Mittelstandsforschung (2000): Daten und Fakten zum Mittelstand, www.ifm-bonn.de, Stand 17.05.2001

Institut für Mittelstandsökonomie an der Universität Trier e.V. (1998): Erfolgsfaktor Qualifikation - Unternehmerische Aus- und Weiterbildung in Deutschland, BMWi-Studienreihe, Nr. 98

Jaumann, A. (1986): Hochschule und Wirtschaft - Möglichkeiten der Zusammenarbeit, in: Hochschule-Wirtschaft, Politische Studien, Sonderheft 1, S. 4-5

Jepsen, H.-M. (1986): Zusammenfassung und Schlußwort beim Symposium Hochschule und Wirtschaft - Möglichkeiten der Zusammenarbeit, in: Hochschule-Wirtschaft, Sonderheft 1, S. 127

Johannisson, B. (1993) : Contrasting images of entrepreneurship-implications for academic education, in: Klandt H./Mugler J./Müller-Böling D. (Hrsg.): Internationalizing Entrepreneurship Education and Training, Köln, Dortmund, S. 21-25

Keune, E.-J./Nathusius, K. (1977): Technologische Innovation durch Unternehmensgründungen. Eine Literaturanalyse zum Route 128 Phänomen, Projektbericht INGRÜ Nr.1, Köln

Kirschbaum, G. (1982): Die Entstehung neuer Unternehmen im regionalen Kontext - Theoretische Analysen und empirische Untersuchungen zur Gründungsproblematik am Beispiel Nordrhein-Westfalens von 1973-1979, Köln

Kirschbaum, G. (1984): Wirtschaftliche Revitalisierung, Regionalwirtschaftliche Aspekte der Gründungsforschung, in: Nathusius, K./Klandt, H./Kirschbaum, G. (Hrsg.): Unternehmensgründung - Konfrontation von Forschung und Praxis, Bergisch Gladbach, S. 81-94

Klandt, H. (1980): Die Person des Unternehmensgründers als Determinante des Gründungserfolgs, in: Betriebswirtschaftliche Forschung und Praxis, Nr. 4, S. 321-335

Klandt, H. (1984[a]): Aktivitäten und Erfolg der Unternehmensgründung. Eine empirische Analyse unter Einbeziehung des mikrosozialen Umfeldes, Bergisch Gladbach

Klandt, H. (1984[b]): Überlegungen und Vorschläge zur Abgrenzung und Strukturierung des Objektbereiches der Gründungsforschung, in: Nathusius, K./Klandt, H./Kirschbaum, G. (Hrsg.): Unternehmensgründung - Konfrontation von Forschung und Praxis, Bergisch Gladbach, S. 39-59

Klandt, H. (1994[a]): Erkenntnis- und gestaltungsorientierte Überlegungen zur Unternehmerperson und ihrem mikrosozialen Umfeld als Erfolgsfaktor der Unternehmung. Ein Problemaufriß mit Orientierung auf die Unternehmerausbildung, in: Schmude, J. (Hrsg.): Neue Unternehmen. Interdisziplinäre Beiträge zur Gründungsforschung, Wirtschaftswissenschaftliche Beiträge 108, Heidelberg, S. 94-109

Klandt, H. (1994[b]): Methods of teaching: What is useful for entrepreneurship education?, in: Klandt, H./Mugler, J./Müller-Böling, D. (Hrsg.): IntEnt93, Internationalizing Entrepreneurship Education and Training, Köln, Dortmund, S. 34-43

Klandt, H. (1996): Zum Stand der akademischen Forschung und Lehre im Bereich der Kleinen und Mittleren Unternehmen und der Unternehmensgründungen in Deutschland, in: Bedeutung und Behauptung der KMU in einer neuen Umfeldkonstellation, Beiträge zu den „Rencontres de St. Gall“, St. Gallen, S. 133-156

Klandt, H. (1997): Entrepreneurship Research/Gründungsplanung, Abgrenzung des Themas und Bezug zur Betriebswirtschaftslehre, in: O.V. (Hrsg.): Forum Gründungsforschung, bifego, Bonn, Bad Godesberg, S. 16

Klandt, H. (1999): Entrepreneurship: Unternehmerausbildung an deutschen Hochschulen, in: Betriebswirtschaftliche Forschung und Praxis, Nr. 3, S. 241-255

Klandt, H./Heil, H. (2000): Gründungslehrstühle Deutschland 2000 - Eine Studie zum Stand der Gründungsprofessuren an deutschsprachigen Hochschulen, FGF-Report, http://www.fgf-ev.de/de/aktivitaeten/pdf/FGf-Report2000.pdf, Stand 22.05.2001

Klein, T. (1997): Campus Companies - synoptische Darstellung der Ansätze in sechs EU-Ländern, in: Heidrich, W./Klein, T. (Hrsg.): Campus Companies: innovative Modelle der Zusammenarbeit zwischen Hochschule und Unternehmen, Köln, S. 79-111

Kluge, N./Teichler, U. (1988): Praxisorientierung von Lehre und Studium, in: Gorzka, G./Heipcke, K./Teichler, U. (Hrsg.): Hochschule-Beruf-Gesellschaft, Ergebnisse der Forschung zum Funktionswandel der Hochschulen, Frankfurt/Main, New York, S. 211-224

Knecht, T. (1998): Universitäten als Inkubatororganisationen für innovative Spin-off-Unternehmen – ein theoretischer Bezugrahmen und die Ergebnisse einer empirischen Bestandsaufnahme in Bayern, Köln, Dortmund, Oestrich-Winkel

Knoblauch, T. (1996): Die Möglichkeit des Neuen – Innovation in einer lernenden Unternehmung, Stuttgart

Knödler, R./Tivig, T. (1996): Die Universität Rostock als regionaler Wirtschaftsfaktor, Rostock

Kokalj, L./May-Strobl, E./Paulini, M. (1997): Mittelstand in den neuen Bundesländern - Die Entwicklung von Gründungen, privatisierten Unternehmen und MBO, Schriften zur Mittelstandsforschung, Nr. 76, Stuttgart

Koschatzky, K./Zenker, A. (1999): Innovative Regionen in Ostdeutschland-Merkmale, Defizite, Potentiale, in: ISI-Arbeitspapiere Regionalforschung, Nr. 17, Karlsruhe, S. 1-20

Krätke, S. (1997): Regionen im Umbruch: Probleme der Regionalentwicklung an der Grenze zwischen „Ost" und „West", Frankfurt/Main, New York

Kück, M. (1999): Unternehmerinnen der Zukunft, Vortrag im Rahmen der Veranstaltung des Wirtschaftsbundes zum Thema „Zukunft Unternehmen - Unternehmen der Zukunft" am 27.05.1999, Wien

Kulike, M. (1987): Technologieorientierte Unternehmen in der Bundesrepublik Deutschland - Eine empirische Untersuchung der Strukturbildungs- und Wachstumsphase von Neugründungen, Europäische Hochschulschriften, Reihe V, Bd. 776, Frankfurt/Main, Bern, New York

Kulicke, M. (1993): Chancen und Risiken junger Technologieunternehmen, Heidelberg

Lamont, L. N. (1972): Entrepreneurship, Technology and the University, in: R&D Management, Vol. 2, No. 3, S. 119-123

Lassahn, R. (1993): Grundriß einer Allgemeinen Pädagogik, 3. Auflage, Heidelberg, Wiesbaden

Lehmann, U. (1994): Gründungen und Ausgründungen in den neuen Bundesländern, in: Schmude, J. (Hrsg.): Neue Unternehmen - Interdisziplinäre Beiträge zur Gründungsforschung, Wirtschaftswissenschaftliche Beiträge 108, Stuttgart, S. 147-149

Leisten, R. (1995): Iterative Aggregation und mehrstufige Entscheidungsmodelle, Heidelberg

Leisten, R./Ragg, S. (1997): Die Globalisierung der Wirtschaft – Segen, Fluch oder Rattenrennen, in: Ende der Geschichte oder Kampf der Kulturen? Der Universalismus des Westens und die Zukunft der internationalen Beziehungen, Greifswald, S. 124-134

Lersch, W. (1985): Die Dynamik des Technischen Fortschritts: Vergeistigung der Arbeitsplätze?, in: Schmidt, D. (Hrsg.): Hochschule und Wirtschaft – Möglichkeiten der Zusammenarbeit, Symposium vom 25.-26. Oktober 1985 in Budapest, Hans Seidel Stiftung e.V., Institut für Auswärtige Beziehungen, S. 51-54

Liles, P. (1974): Who are the entrepreneurs?, in: MSU Topics Vol. 22, S. 5-14

Maier, J./Dittmeier, V./Obermaier, F. (1994): Arbeitsplatzdynamik und Unternehmensneugründungen - Überprüfung der Funktion von Unternehmensgrößen und -alter in Survivoranalysen im Raum Bayreuth, in: Schmude, J. (Hrsg.): Neue Unternehmen. Interdisziplinäre Beiträge zur Gründungsforschung, Wirtschaftswissenschaftliche Beiträge 108, Stuttgart, S. 127

Maier, J./Dittmeier, V. (1998): Unternehmensbiographien von Existenzgründern im Raum Bayreuth, G-FORUM 1998, www.g-forum.de, Stand 11.05.2001

Manz, K./Albrecht, B./Müller, F. (1994): Kompaktstudium Wirtschaftswissenschaften, Organisationstheorie, Bd. 9, München

Matschke, M. J. (Hrsg.) (1999): Das Fach Wirtschaftswissenschaften und der Studiengang Betriebswirtschaftslehre in Greifswald, Denkschrift, Greifswald

May-Strobl, E./Paulini, M. (1994): Die Entwicklung junger Unternehmen in den neuen Bundesländern, Stuttgart

McClelland, D. C. (1966): Die Leistungsgesellschaft, Stuttgart

McQueen, D. H./Wallmark, J. T. (1991): University Technical Innovation: Spin-offs and Patents in Göteborg, Sweden, in: Brett, A. M./Gibson, D. V./Smilor, R. W. (Hrsg.): University spin-off companies: economic development, faculty entrepreneurs and technology transfer, Maryland, S. 104

Mechthold-Jin, M. (1998): ROXI-Zwischenbericht, Sommersemester 1998, Institut für HRD, Rostock

Mechthold-Jin, M. (1999): ROXI-Zwischenbericht, Wintersemester 1998/1999, Institut für HRD, Rostock

Minks, K.-H. (1998): Das Potential für Selbständige unter Hochschulabsolventen, HIS Kurzinformationen, A1/98

MIT (2001): Entrepreneurship Center, http://entrepreneurship.mit.edu/ecenter/educatio.html, Stand 12.06.2001

Möhling, G. (1999): Verbesserung der Existenzgründungsvorbereitung und -sicherung durch Standardisierung und Nutzung moderner Informations- und Kommunikationstechnologie, Neumagen-Dhron

Mohr, R. (1998): Kleinere Brötchen, in: Wirtschaftswoche Nr. 50 vom 3.12.1998 S. 154-156

Morrison, J. D./Wetzel, jr., W. E. (1991): A Supportive Enviroment for Faculty Spin-off Companies, in: Brett, A. M./Gibson, D. V./Smilor, R. W. (Hrsg.): University spin-off companies: economic development, faculty entrepreneurs, and technology transfer, Maryland, S. 117-130

Müller, G. F. (1998): Eigenschaftsmerkmale der unternehmerischen Persönlichkeit, G-FORUM 1998, www.g-forum.de, Stand 11.05.2001

Müller-Böling, D. (1984): Überlegungen zu Strategien der Gründungsforschung, in: Nathusius, K./Klandt, H./Kirschbaum, G. (Hrsg.): Unternehmensgründung - Konfrontation von Forschung und Praxis, Bergisch Gladbach, S. 20-21

Müller-Böling, D./Klandt, H. (1990): Bezugsrahmen für die Gründungsforschung mit einigen empirischen Ergebnissen, in: Szyperski, N./Roth, P. (Hrsg.): Entrepreneurship - Innovative Unternehmensgründung als Aufgabe, Stuttgart, S. 143-165

Müller-Böling, D./Klandt, H. (1993): Unternehmensgründung, in: Hausschild, J./Grün, O. (Hrsg.): Ergebnisse empirischer betriebswirtschaftlicher Forschung - Zu einer Realtheorie der Unternehmung, Stuttgart, S. 138-157

Müller-Merbach, H. (1999): Meinungsspiegel, in: Betriebswirtschaftliche Forschung und Praxis, Nr. 3, S. 330

Nasner, H. (1994): Geförderte Unternehmensgründung von Frauen - Ergebnisse einer empirischen Untersuchung in Baden-Württemberg, in: Schmude, J. (Hrsg.): Neue Unternehmen. Interdisziplinäre Beiträge zur Gründungsforschung, Heidelberg, S. 81-86

Nathusius, K. (1999): Meinungsspiegel, in: Betriebswirtschaftliche Forschung und Praxis, Nr. 3, S. 329

Nerlinger, E. (1998): Standorte und Entwicklung junger innovativer Unternehmen - Empirische Ergebnisse für West-Deutschland, Baden-Baden

Nerlinger, E. (1999): Unternehmensgründungen in High-Tech Industrien, Analysen auf Basis des ZEW-Gründungspanels (West), in: Licht, G. (Hrsg.): Regionalentwicklung und junge innovative Unternehmen: Gründungsaktivitäten, Entwicklungschancen und regionalpolitische Implikationen, Mannheim, S. 147-156

Nerlinger, E./Berger, G. (1999): Regionale Verteilung technologieorientierter Unternehmensgründungen, in: Licht, G. (Hrsg.): Regionalentwicklung und junge innovative Unternehmen: Gründungsaktivitäten, Entwicklungschancen und regionalpolitische Implikationen, Mannheim, Beitrag 4, S. 1-36

Niedersächsisches Ministerium für Wissenschaft und Kultur (2002): Infos zum neuen niedersächsischen Hochschulgesetz, Hochschulgremien, http://www.nhg.niedersachsen.de/nhg/home/Neue_NHG.htm, Stand 07.01.2002

OECD (1996): SMEs: Employment, Innovation and Growth, The Washington Workshop, Washington

OECD (2000): Selbständigenquote, www.wk.or.at/statistik/eu/eu17.htm, Stand 17.05.2001

Olofsson, C./ Davidsson, P./Wahlbin, C. (1994): The Growth and Roles of new Technology-Based Firms - A Study Of University Spin-Offs in Sweden, Jönköping

O.V. (1998): Stellenangebote für Hochschulabsolventen, Rosige Zeiten, in: Uni Nr. 5, S. 42

O.V. (2000): www.gruenderzeit.de/links.htm, Stand 17.05.2001

Pannenberg, M. (1997): „Neue Selbständige“ in Deutschland in den Jahren 1990 bis 1995, http://www.diw-berlin.de/deutsch/publikationen/wochenberichte/docs/97-41-1.html, Stand 11.05.2001

Paul, H. (1985): Unternehmensentwicklung als betriebswirtschaftliches Problem: ein Beitrag zur Systematisierung von Erklärungsversuchen der Unternehmensentwicklung, in: Europäische Hochschulschriften, Reihe 5, Bd. 663, S. 37-84

Paulus, J. (1998): Erfolg im Blut, in: Wirtschaftswoche Nr. 38, S. 108-111

Pichler, M. (2000): Die Kluft zwischen Lernen und Tun überwinden, in: wirtschaft & weiterbildung, Februar 2000, S. 28-31

Picot, A./Dietl, H./Franck, E. (1998): Organisation: eine ökonomische Perspektive, Stuttgart

Picot, A./Laub, U.-D./Schneider, D. (1989): Innovative Unternehmensgründungen. Eine ökonomisch empirische Analyse, Berlin, Heidelberg, New York

Pinkwart, A. (1998): Konzeptionelle Überlegungen zu einer ganzheitlichen Unternehmerausbildung an Hochschulen, www.g-forum.de, Stand 11.05.2001

Pleschak, F./Sabisch, H. (1996): Innovationsmanagement, Stuttgart

Preisendörfer, P. (1996): Prozesse der Neugründung von Betrieben in Ostdeutschland, Rostock

Preisert, H./Framheim, G. (1997): Das Hochschulsystem in Deutschland, 2. Auflage, Bonn

Reuter, H. (1984): Die Aktivierung von Nachwuchsunternehmern aus dem Hochschulbereich durch Gründerseminare und Arbeitsgemeinschaften, in: Nathusius, K./Klandt, H./Kirschbaum G. (Hrsg.): Unternehmensgründung - Konfrontation von Forschung und Praxis, Bergisch Gladbach, S. 161-164

Richert, J./Schiller, R. (1994): Fachhochschulabsolventen als Existenzgründer, Ergebnisse einer Sonderauswertung von Daten der Deutschen Ausgleichsbank, Reihe Bildung-Wissenschaft, Nr. 11, Bonn

Riedel, W. (1997): Mecklenburg-Vorpommern - Leitbilder und Szenarien für ein Bundesland der ländlichen Räume, in: Ministerium für Bau, Landesentwicklung und Umwelt des Landes Mecklenburg-Vorpommern (Hrsg.): Wissenschaftliche Konferenz, Chancen für einen nachhaltige Landesentwicklung - Leitbilder und Indikatoren, Tagungsband, Rostock, S. 23-32

Ripsas, S. (1997): Entrepreneurship als ökonomischer Prozeß: Perspektiven zur Förderung unternehmerischen Handelns, Wiesbaden

Roberts, E. B. (1991): Entrepreneurs in high technology: lessons from MIT and beyond, New York

Rothfuß, A. (1997): Hochschulen in den USA und in Deutschland. Ein Vergleich aus ökonomischer Sicht, Baden-Baden

Sanders, J. R. (1999): Handbuch der Evaluationsstandards, Opladen

Schäfer, D. (1986): Die Dynamik des technischen Fortschritts: Vergeistigung der Arbeitsplätze, in: Politische Studien, Hochschule-Wirtschaft, Sonderheft 1, S. 19

Schimmel, K. (1999): Informationsmaterial über die Hochschule Wismar, unveröffentlichtes Informationsmaterial

Schmidt, L. (1999): Statistik der Fachhochschule Neubrandenburg, http://www.fh-nb.de/verwalt/statist.asp, Stand 11.05.2001

Schmude, J. (1994): Neue Unternehmen. Interdisziplinäre Beiträge zur Gründungsforschung, Wirtschaftswissenschaftliche Beiträge 108, Stuttgart

Schmude, J. (1998): Geförderte Unternehmensgründung in den Neuen Bundesländern - eine Analyse des EKH-Programms unter besonderer Berücksichtigung von Gründungen durch Frauen, in: Schmude, J. (Hrsg.): Neue Unternehmen in Ostdeutschland. Neuaufbau und Umstrukturierung der Unternehmenslandschaft, Wirtschaftswissenschaftliche Beiträge 164, Stuttgart, S. 117

Schubert, R. (1997): Lernziele für Unternehmensgründer: dargestellt am Beispiel der Tourismusbranche, Reihe: Gründung, Innovation und Beratung, Bd. 18, Lohmar, Köln

Schulte, R./Klandt, H. (1996): Aus- und Weiterbildungsangebote für Unternehmensgründer und selbständige Unternehmer an deutschen Hochschulen, Bonn

Semlinger, K. (1994): Kooperative Regionalentwicklung durch Mittelstandsförderung, in: Fritsch, M. (Hrsg.): Potentiale für einen 'Aufschwung Ost': Wirtschaftsentwicklung und Innovationstransfer in den Neuen Bundesländern, Berlin, S. 89-95

Shapero, A. (1972): The Process of Technical Company Formation in a Local Area, in: Cooper, A. C./Komives, J. L.: Technical Entrepreneurship: A Symposium, Centre for Venture Management, Milwaukee, S. 79

Shapero, A. (1975): The Displaced, Unconfortable Entrepreneur, in: Psychology Today, November 1975, S. 83-88, S. 133

Staatliche Zentralverwaltung für Statistik (1989): Statistisches Jahrbuch der Deutschen Demokratischen Republik, 34. Jahrgang, Berlin

Staatskanzlei Mecklenburg-Vorpommern (2000): Entwicklungsbericht Vorpommern, Drucksache 3/1716, Schwerin

Statistisches Amt der DDR (1990): Statistisches Jahrbuch der Deutschen Demokratischen Republik, 35. Jahrgang, Berlin

Statistisches Bundesamt (2000): Statistisches Jahrbuch 2000 für die Bundesrepublik Deutschland, Stuttgart

Statistisches Bundesamt Deutschland (2002[a]): Bevölkerung http://www.destatis.de/jahrbuch/jahrtab1.htm, Stand 16.01.2002

Statistisches Bundesamt Deutschland (2002[b]): Räumliche Bevölkerungsbewegungen, http://www.destatis.de/jahrbuch/jahrtab5.htm, Stand 16.01.2001

Statistisches Landesamt des Freistaates Sachsen (2000): Eckdaten der sächsischen Wirtschaft, www.statistik.sachsen.de, Stand 24.04.2000

Statistisches Landesamt Mecklenburg-Vorpommern (2000): Erwerbstätigkeit, www.statistik-mv.de, Stand 17.05.2001

Statistisches Landesamt Mecklenburg-Vorpommern (2001): Statistisches Jahrbuch Mecklenburg-Vorpommern (2001), www.statistik-mv.de, Stand 13.12.2001

Steil, F. (1999): Determinanten regionaler Unterschiede in der Gründungsdynamik: Eine empirische Analyse für die neuen Bundesländer, Baden-Baden

Sternberg, R. (2001): Pressemitteilung, Deutsche Unternehmensgründungen auf dem Vormarsch, www.uni-koeln.de/wiso-fak/wigeo/veroeff/gem/gem-2000/gem2000.htm, Stand 26.10.2001

Sternberg, R./Otten, C./Tamasy, C. (2001): Global Entrepreneurship Monitor, Länderbericht Deutschland 2000, http://www.uni-koeln.de/wiso-fak/wigeo/veroeff/gem/gem-2000/gem-2000d.pdf, Stand 05.01.2002

Stille, F. (1992): Strukturwandel im Prozeß der deutschen Vereinigung - Analyse der strukturellen Entwicklung, Beiträge zur Strukturforschung, Heft 136, Berlin

Stifterverband für die Deutsche Wissenschaft (Hrsg.) (1999): Public Private Partnership; Neue Formen der Zusammenarbeit von öffentlicher Wissenschaft und privater Wirtschaft, Dokumentation des Villa-Hügel-Gesprächs am 4.11.1998 in Essen, www.iwkoeln.de/IWD/I-Archiv/iwd12-99/i12-99-8.htm, Stand 17.05.2001

Szyperski, N./Klandt, H. (1981): Wissenschaftlich-technische Mitarbeiter von Forschungs- und Entwicklungseinrichtungen als potentielle Spin-off-Gründer, Forschungsbericht des Landes Nordrhein-Westfalen Nr. 3061, Opladen

Szyperski, N./Nathusius, K. (1977[a]): Gründungsmotive und Gründungsvorbehalte - Ergebnisse einer empirischen Studie über potentielle und tatsächliche Unternehmensgründer, in: Die Betriebswirtschaft, 37. Jhrg., Nr. 2, S. 299-309

Szyperski, N./Nathusius, K. (1977[b]): Probleme der Unternehmensgründung: Eine betriebswirtschaftliche Analyse unternehmerischer Startbedingungen, Stuttgart

Tamasy, C. (1996): Technologie und Gründerzentren in Ostdeutschland - eine regionalwirtschaftliche Analyse, Wirtschaftsgeographie, Bd. 10, Münster

Tamasy, C. (2001): Gründungskultur, Länderbericht Deutschland 2000, in: Synergie Journal, Nr. 2, S. 22-23

Technische Universität Chemnitz (2001): Technische Universität Chemnitz, Fakultät für Wirtschaftswissenschaften, Professur für Unternehmensgründungen, insbesondere für innovative Produkte und Dienstleistungen, http://www.tu-chemnitz.de/wirtschaft/gruender/, Stand 17.05.2001

Technische Universität Dresden, Forschungsförderung/Transfer (1999[a]): Der SAP-Stiftungslehrstuhl für Technologieorientierte Existenzgründung und Innovationsmanagement, in: Dresdner Transferbriefe, Nr. 2, S. 3

Technische Universität Dresden, Forschungsförderung/Transfer (1999[b]): Die Gründerinitiative Dresden Exists, in: Dresdner Transferbriefe, Nr. 2, S. 4-5

Technische Universität Dresden (1999[c]): Projekt Dresden exists, http://www.dresden-exists.de/home/index.phtml /, Stand 17.05.2001

Technische Universität Dresden (2001[a]): Mr. Exister: gesucht und gefunden - Dresden exists zieht Bilanz, http://www.dresden-exists.de/proj/bilanz2000.phtml, Stand 24.05.2001

Technischen Universität Dresden (2001[b]): Zahlen und Fakten zur Technischen Universität Dresden, www.tu-dresden.de/vd57/folien/zahlfakt.htm, Stand 17.05.2001

Technische Universität Freiberg (2000): Forschungsstelle Innovationsökonomik, http://www.wiwi.tu-freiberg.de/fosti/index.htm, Stand 17.05.2001

Technologiezentrum Vorpommern (2001): start, www.technologiezentrum.de/start/index.html, Stand 17.05.2001

Topan, A. (1998): Brain drain in Mecklenburg-Vorpommern, Rostocker Arbeitspapiere zu Wirtschaftsentwicklung und Human Resource Development, Nr. 10, Rostock

Trägergesellschaft Schiffbau (1997): Idee, Experiment, Erfahrung, Stralsund

Universität Greifswald (1999[a]): Projektgruppe Existenzgründung, http://www.rsf.uni-greifswald.de/bwl/finanzwirtschaft/exgr/index.html, Stand 17.05.2001

Universität Greifswald (1999[b]): Übersicht über die Studierende an der Greifswalder Universität, Arbeitsunterlagen der Abteilung Allgemeine Verwaltung der Greifswalder Universität

Universität Rostock (1998): Rostocker Existenzgründungsinitiative, http://www.wiwi.uni-rostock.de/~hrd/roxi/, Stand 11.05.1999

Universität Rostock (2000): Transferstelle, Projekt „Exist", unveröffentlichter Bericht

Universität Trier (2001): Hochschulen, www.uni-trier.de/uni/unis/karte.htm, Stand 26.10.2001

Universität Twente (1998): TOP-Temporal Entrepreneurial Placements, Informationsmaterial, Enschede

Valerius, G. (1994): Zu sozialen und regionalen Besonderheiten der neuen Selbständigen in Ostberlin und im Land Brandenburg, in: Schmude, J. (Hrsg.): Neue Unternehmen. Interdisziplinäre Beiträge zur Gründungsforschung, Wirtschaftswissenschaftliche Beiträge 108, Stuttgart, S. 211-216

von Haake, B. (1998): Produktiver Druck, in: Wirtschaftswoche Nr. 42, S. 172-175

von Waldenfels, G. (1986): Zusammenarbeit von Hochschule-Wirtschaft: Eine Überlebensfrage für das Grenzland, in: Politische Studien, Hochschule-Wirtschaft, Sonderheft 1, S. 47

Weihe, H. J./Klenger, F./Plaschka, G./Reich, F.-R. (1991): Unternehmerausbildung - Ausbildung zum Entrepreneur. Eine Studie zur Situation der Aus- und Weiterbildung von Unternehmensgründern: Entrepreneurship-Research Monographien, Bd. 2, Köln, Dortmund

Weiß, W. (1996): Mecklenburg-Vorpommern: Bevölkerungsgeographischer Überblick, in: Eckart, K./Klüter, H. (Hrsg.): Aktuelle sozialökonomische Strukturen, Probleme und Entwicklungsprozesse in Mecklenburg-Vorpommern, Schriftenreihe der Gesellschaft für Deutschlandforschung, Band 51, Berlin, S. 18

Wild, W. (1986): Berufs- und Praxisorientierung der Hochschulausbildung - Gegensatz zur Aufgabe der Universität?, in: Politische Studien, Hochschule-Wirtschaft, Sonderheft 1/1986, S. 70.

Wilem jr., F. J. (1991): The Breeder: Forming Spin-off Corporations through University-Industry Partnerships, in: Brett, A. M./Gibson, D. V./Smilor, R. W. (Hrsg.): University spin-off companies: economic development, faculty entrepreneurs, and technology transfer, Maryland, S. 183-194

Wilkie, R./Deeks J. (1973): The Training and development of small firm owner-managers and managers, Bradford

Wimmer, R. (1996): Regionale Hemmnisse in der Gründungs- und Frühentwicklungsphase. Ein empirischer Vergleich von Erfolgsfaktoren bei Industrieunternehmen, FGF Entrepreneurship Research Monographien Band 10, Köln, Dortmund

Winkler, H. (1988): Hochschulabsolventen: Besuchte Hochschule - Qualifikation - Berufsstart, in: Gorzka G./Heipcke K./Teichler U. (Hrsg.): Hochschule-Beruf-Gesellschaft, Ergebnisse der Forschung zum Funktionswandel der Hochschulen, Frankfurt/Main, New York, S. 133-137

Wittkowski, J. (1994): Das Interview in der Psychologie: Interviewtechniken und Codierung von Interviewmaterial, Opladen

Wübker, G./Simon, H. (1998): Selbständigkeit – nein danke?!, in: Karriereführer Hochschulen, 11. Jahrgang, Ausgabe II, S. 145-146

Zangenmeister, C. (1976): Nutzwertanalyse in der Systemtechnik: Eine Methodik zur multidimensionalen Bewertung und Auswahl von Projektalternativen, 4. Auflage, München

Zdrowomyslaw, N./Rethmeier, B. (1995): Leitfaden für Hochschulinteressierte, Milow

Zedler, R. (1999): Existenzgründung und Bildung, www.iwkoeln.de/WuU/WuU01-99/W01-99-2.htm, Stand 11.05.2001